PSICOLOGIA
RELAÇÕES COM O CONTEMPORÂNEO

CB012162

IVONISE FERNANDES DA MOTTA
ANNA SILVIA ROSAL DE ROSAL
CLÁUDIA YAÍSA GONÇALVES DA SILVA
(Organizadoras)

PSICOLOGIA
RELAÇÕES COM O CONTEMPORÂNEO

Direção Editorial:
Marlos Aurélio

Conselho Editorial:
Fábio E. R. Silva
Márcio Fabri dos Anjos
Mauro Vilela

Copidesque e Revisão:
Pedro Paulo Rolim Assunção
Thalita de Paula

Diagramação:
Tatiana A. Crivellari

Capa:
Rubens Lima

Todos os direitos em língua portuguesa, para o Brasil, reservados à Editora Ideias & Letras, 2018.

1ª impressão

Rua Barão de Itapetininga, 274
República - São Paulo/SP
01042-000 (11) 3862-4831
Televendas: 0800 777 6004
vendas@ideiaseletras.com.br
www.ideiaseletras.com.br

Dados Internacionais de Catalogação na Publicação (CIP)
de acordo com ISBD

Psicologia: Relações com o Contemporâneo/Organizado por Ivonise Fernandes da Motta, Anna Silvia Rosal de Rosal, Cláudia Yaísa Gonçalves da Silva.
São Paulo: Ideias & Letras, 2018.
312 p.; 16cm x 23cm.
Inclui bibliografia.
ISBN: 978-85-5580-051-1

1. Psicologia. 2. Psicologia Infantil. 3. Psicologia Familiar. 4. Psicologia Escolar. 5. Psicoterapia. I. Motta, Ivonise Fernandes da. II. Rosal, Anna Silvia Rosal de. III. Silva, Cláudia Yaísa Gonçalves da. IV. Título.

2018-1562

CDD 150
CDU 159.9

Elaborado por Vagner Rodolfo da Silva - CRB-8/9410

Índices para catálogo sistemático:
1. Psicologia 150
2. Psicologia 159.9

Sumário

Sobre os autores – 9

Apresentação – 17

I. INFÂNCIA

1. Criança de terceira cultura: a construção da identidade transitando entre países – 21
Anna Silvia Rosal de Rosal

2. Erotização e "adultização" da infância: um fenômeno atual – 33
Maria Friedmann e Maria Eugênia Fernandes

3. Aprendizagem precoce: o percurso do desenvolvimento – 43
Ligia Cecilia Buso Sernagiotto

II. A ESCOLA

4. *Bullying* na escola – 53
Adriana Leonidas de Oliveira

5. O que os pais buscam em escolas bilíngues e internacionais – 65
Anna Silvia Rosal de Rosal e Luiza de Moura Guimarães

6. Por uma metodologia viva: docência, identidade e relações interpessoais – 79
Marcelo Silva de Souza Ribeiro

III. ADOLESCÊNCIA

7. O comportamento adolescente nas redes sociais virtuais – 95
Cláudia Yaísa Gonçalves da Silva e Ivonise Fernandes da Motta

8. Relacionamento digital: #adolescernainternet – 105
Leda Fleury e Yara Fleury van der Molen

9. *Cutting* e sofrimento na adolescência feminina – 121
*Natália Del Ponte de Assis, Carlos Del Negro Visintin
e Tânia Aiello Vaisberg*

10. *Thirteen Reasons Why*: suicídio em adolescentes – 137
Gina Khafif Levinzon

IV. JUVENTUDE

11. Modernidade *versus* pós-modernidade na transição para a vida adulta – 151
Ida Kublikowski e Clarissa Magalhães Rodrigues Sampaio

12. "Nem tão líquidos, nem tão livres": relacionamentos amorosos e casamento na contemporaneidade – 161
Rachel Lilienfeld Aragão e Ida Kublikowski

13. Jovens em movimento: política, juventude e movimentos sociais – 171
Mariana Luzia Aron

V. A FAMÍLIA

14. A família está em crise? – 181
*Ceneide Maria de Oliveira Cerveny e
Andreza Maria Neves Manfredini Tobias*

15. Mulher e maternidade – 191
Rosa Macedo

16. Psicanálise e depressão pós-parto: um caso clínico – 209
Ivonise Fernandes da Motta e Claudio Bastidas Martinez

17. Convivência familiar na atualidade: a presença real da mãe em psicoterapia infantil – 219
Veridiana da Silva Prado Vega e Ivonise Fernandes da Motta

18. Guarda compartilhada: o que é isso em uma visão psicojurídica? – 229
Verônica A. da Motta Cezar-Ferreira

19. A família e o idoso – 235
Maria Arlene de Almeida Moreira e Sonia Azevedo Menezes Prata Silva Fuentes

VI. TECNOLOGIAS

20. Infidelidades virtuais – 245
Maria Irene dos Santos Zerbini e Ceneide Maria de Oliveira Cerveny

21. Onde vocês se conheceram? A busca amorosa mediada por aplicativos para *smartphones* – 257
Lígia Baruch de Figueiredo e Rosane Mantilla de Souza

22. Você tem Facebook? Parabéns, você é tiozão – 267
Rosane Mantilla de Souza e Boris B. Keiserman

VII. PSICOLOGIA NA CONTEMPORANEIDADE

23. Entre a criação e a destruição de mundos: a sobrevivência do analista como metáfora ilusória da (in)consistência egoica do paciente – 277
Nadja Nara Barbosa Pinheiro

24. Psicologia e espiritualidade – 291
Cecília Célis Altobelli; Cláudia Yaísa G. da Silva; Ivonise Fernandes da Motta e Wellington Heleno da Silva

25. A capacidade para a esperança – 303
Ivonise Fernandes da Motta

Sobre os autores

ADRIANA LEÔNIDAS DE OLIVEIRA é psicóloga, mestre e doutora em Psicologia Clínica pela PUC-SP. Possui pós-doutorado em Administração pela FGV. Atualmente é professora assistente doutora da Universidade de Taubaté (Unitau), atuando como diretora no Departamento de Psicologia, docente no programa de pós-graduação *stricto sensu* em Gestão e Desenvolvimento Regional, docente no curso de especialização *lato sensu* em Intervenção Familiar Sistêmica, e coordenadora do curso de especialização *lato sensu* em Psicologia Hospitalar e da Saúde.
E-mail: adrianaleonidas@uol.com.br

ANDREZA MARIA NEVES MANFREDINI TOBIAS é psicóloga clínica, orientadora e terapeuta familiar. Mestre em Psicologia Clínica e doutoranda pela PUC-SP. Coordenadora do curso *lato sensu* em "Intervenção Familiar: Psicoterapia e Orientação", pela Unitau.
E-mail: andreza.m@uol.com.br

ANNA SILVIA ROSAL DE ROSAL é psicóloga clínica e intercultural com especialização em Psicanálise pela USP; mestre e doutoranda em Psicologia Clínica pela PUC-SP; pesquisadora e orientadora de pesquisa acadêmica; autora de livros e artigos científicos; professora de Psicanálise e de Metodologia da UNIP. Pioneira no Brasil com grupos breves focais destinados a advogados e/ou bacharéis em preparação para as carreiras públicas jurídicas.
E-mail: rosalderosal@gmail.com

BORIS KEISERMAN é psicólogo, mestre e doutorando do programa de estudos pós-graduados em Psicologia Clínica da PUC-SP, especialista em Redes Sociais Virtuais e professor de Psicologia da Universidade Anhanguera.

CARLOS DEL NEGRO VISINTIN é doutorando (bolsista CNPq), mestre e psicólogo pela PUC-Campinas.
E-mail: carlos.visintin@gmail.com

CECÍLIA CÉLIS ALVIM ALTOBELLI é psicóloga; mestre em Psicologia da Educação pela PUC-SP, especialista em Psicoterapia Psicanalítica pelo Departamento de Psicologia Clínica do Instituto de Psicologia da USP, especialista em Transtornos Alimentares e Obesidade pelo Centro de Estudos em Psicologia da Saúde (CEPSIC) da Divisão de Psicologia do Instituto Central do Hospital das Clínicas da Faculdade de Medicina da Universidade de São Paulo (ICHC/FMUSP), especialista em Psicoterapia Psicanalítica de Casal e Família pelo Instituto Sedes Sapientiae, psicoterapeuta psicanalítica em consultório particular e hospitalar, pesquisadora do Laboratório de Pesquisa sobre o Desenvolvimento Psíquico e a Criatividade em Diferentes Abordagens Psicoterápicas (Lapecri) do IPUSP.
E-mail: ceciliacelis@uol.com.br

CENEIDE MARIA DE OLIVEIRA CERVENY é professora doutora da pós-graduação em Psicologia Clínica da PUC-SP; vice-coordenadora do curso de Terapia e Orientação Familiar da Unitau; psicoterapeuta familiar.

CLARISSA MAGALHÃES RODRIGUES SAMPAIO é psicóloga clínica na abordagem sistêmica. Doutora em Psicologia Clínica pela PUC-SP.
E-mail: clarissamagalhaes.psico@gmail.com

CLÁUDIA YAÍSA GONÇALVES DA SILVA é psicóloga clínica e mestre em Psicologia Clínica pelo Instituto de Psicologia da USP (IPUSP). Especialista em Psicanálise pelo Núcleo de Educação Continuada do Paraná (NECPAR-UniCesumar). Pesquisadora do Lapecri. Professora assistente substituta do curso de Psicologia da UFMS, *campus* Paranaíba.
E-mail: claudia@psico.life

CLAUDIO BASTIDAS é doutor em Psicologia Clínica pela PUC-SP. Pesquisador do LAPECRI. Supervisor clínico do curso de especialização em Psicanálise do Centro de Estudos Psicanalítico. Autor de oito livros, dentre eles: *E se Freud Atendesse no Brasil de Hoje?*; *Dora, o Homem dos Ratos*; *Schreber, Hans e um caso de Fetichismo*.

E-mail: dr.claudio.bastidas@gmail.com

GINA KHAFIF LEVINZON é psicanalista, membro efetivo da Sociedade Brasileira de Psicanálise de São Paulo. Doutora em Psicologia Clínica pela USP. Professora do curso de especialização em Psicoterapia Psicanalítica pelo CEPSI-UNIP. Coordenadora do grupo de estudos sobre Parentalidade e Adoção na SBPSP. Autora dos livros: *A Criança Adotiva na Psicoterapia Psicanalítica*; *Adoção*; *Tornando-se Pais: a Adoção em Todos os seus Passos*. Trabalhos premiados nos congressos da Federação Brasileira de Psicanálise (Febrapsi) em 1998, 2001, 2003 e 2009.

E-mail: ginalevinzon@gmail.com

IDA KUBLIKOWSKI é doutora e mestre em Psicologia Clínica pela PUC-SP; professora associada do Departamento de Psicologia do Desenvolvimento da Faculdade de Ciências Humanas e da Saúde. Docente e vice-coordenadora do programa de estudos pós-graduados na PUC-SP.

E-mail: idakublikowski@pucsp.br

IVONISE FERNANDES DA MOTTA é psicoterapeuta de crianças, adolescentes e adultos; professora livre docente do Departamento de Psicologia Clínica do Instituto de Psicologia da USP (IPUSP). Orientadora do programa de pós-graduação em Psicologia Clínica do IPUSP, mestrado e doutorado. Coordenadora do Lapecri; supervisora de estágios do curso de especialização em Psicoterapia Psicanalítica da UNIP; autora do livro *Orientação de Pais: Novas Perspectivas no Desenvolvimento de Crianças e Adolescentes* e de vários artigos publicados em revistas especializadas.

E-mail: ivonise.motta@gmail.com

LEDA FLEURY MONASTERO é doutora e mestre em Psicologia Clínica pela PUC-SP. Professora, supervisora e pesquisadora na Uninove. Especialista em Terapia de Casal e Família pela PUC-SP. Terapeuta comunitária pelo Instituto de Terapia Familiar, Comunitária e Individual (Interfaci). Especialista em Psicoterapia Junguiana Direcionada a Técnicas Corporais,

pelo Instituto Sedes Sapientiae e terapeuta corporal pelo Group of Body Therapist (SKAN). Facilitadora em danças circulares pela TRION.
E-mail: ledafleury.lf@gmail.com

Lígia Baruch de Figueiredo é mestre e doutora em Psicologia Clínica pela PUC-SP. Psicóloga clínica com 25 anos de prática em atendimentos a jovens e adultos. Especialista em diversas abordagens psicocorporais e sistêmicas.
E-mail: contato@ligiabaruch.com.br

Ligia Cecilia Buso Sernagiotto é psicóloga clínica e mestre em Psicologia da Saúde pela Universidade Metodista de Ensino Superior. Especialista em Coordenação de Grupo Operativo e em Nutrição e Saúde Aplicadas à Prática Pedagógica pela Unifesp. Coordenou o curso de Psicologia do Centro Universitário Fundação Santo André (FSA) e foi supervisora em Psicologia Institucional. Atua como consultora na área de desenvolvimento humano.
E-mail: lcsernagiotto@uol.com.br

Luiza de Moura Guimarães é psicóloga, mestre em Psicologia (UFSCar/2012) e doutoranda em Psicologia na mesma instituição. Foi bolsista Fapesp (2011) e realizou estágio acadêmico na Auburn University (2012), sob a orientação da professora Phd. Linda LeBlanc. Seu interesse de pesquisa está na área da Análise do Comportamento Aplicada (ABA) e atualmente trabalha com crianças do espectro autista usando essa abordagem na clínica (Terapia ABA).

Marcelo Silva de Souza Ribeiro possui doutorado em Ciências da Educação (Université du Québec à Chicoutimi / Université du Québec à Montréal); mestrado em Educação e Pesquisa (Université du Québec); especialista em Educação Especial pela UFAL e em Educação à Distância pelo Senac. Graduado em Psicologia pelo Centro de Ensino Superior de Maceió. Professor adjunto da Univasf.
E-mail: mribeiro27@gmail.com

Maria Arlene de Almeida Moreira é médica e advogada. Mestra e doutora em Psicologia Clínica pela PUC-SP. Especializada em Terapia de Casal e de Família e em Resolução de Conflitos em Diferentes Contextos pela mesma universidade.
E-mail: arlenemoreir@gmail.com

Maria Eugênia Fernandes é psicóloga clínica, formada pela USP. Membro da Associação de Psicoterapia Psicanalítica (APP). Especialista em Psicoterapia Psicanalítica pela USP. Especialista em Ludoterapia pelo Instituto Sedes Sapientiae. Coordenadora e docente do Centro de Estudos Avançados, Pesquisas e Projetos Especiais (CEAPPE) promovido pela APP.
E-mail: meugfernandes@gmail.com

Maria Irene dos Santos Zerbini possui doutorado em Psicologia Clínica pela Pontifícia PUC-SP. Psicoterapeuta, psicodramatista, psicopedagoga. Professora convidada do curso de pós-graduação em Intervenções Familiares na disciplina de Terapia de Casal na Unitau.
E-mail: mirene.zerbini@gmail.com

Maria Regina de Moura Friedmann (Maia) é psicóloga clínica. Especialista em Psicoterapia Psicanalítica pela USP. Psicoterapeuta de casais e família formada pelo Centro de Estudos para Orientação e Aconselhamento Família/Escola (CEOAFE); vice-diretora científica da Associação de Psicoterapia Psicanalítica (APP). Docente do Centro de Estudos Avançados e Pesquisas e Projetos Especiais (CEAPPE) e do curso de Introdução em Psicoterapia Psicanalítica, promovido pela APP.
E-mail: mfriedmann@uol.com.br

Mariana Luzia Aron é psicóloga pela PUC-SP, mestre em Psicologia Social pela mesma instituição e doutoranda no programa de Psicologia Social e do Trabalho do Instituto de Psicologia da Universidade de São Paulo (USP). Professora da Universidade Presbiteriana Mackenzie (UPM) e professora convidada da especialização em Psicologia Política da USP.

Nadja Nara Barbosa Pinheiro é psicóloga (UFRJ), especialista em Psicoterapia (IPUB/UFRJ), mestre (UFRJ) e doutora em Psicologia Clínica (PUC-RJ). Possui pós-doutorado em Psicanálise e Psicopatologia (Paris-7); é professora associada do Departamento de Psicologia da UFPR e pesquisadora do Laboratório de Psicanálise da instituição.
E-mail: nadjanbp@ufpr.br

Natália Del Ponte de Assis é doutoranda (bolsista Capes), mestra e psicóloga pela PUC-Campinas.
E-mail: nataliadpassis@gmail.com

Rachel Lilienfeld Aragão é psicóloga, mestre em Psicologia Clínica pela PUC-SP. Psicóloga clínica com formação em Gestalt-terapia, Arteterapia e Terapia de Casais e Família. Atua como psicoterapeuta de crianças e adolescentes, adultos, casais e famílias e como professora convidada do curso de formação em Terapia de Casal do Espaço Integra em Fortaleza, Ceará.
E-mail: rachel@lilienfeld.com.br

Rosa Maria Stefanini de Macedo é professora emérita da PUC-SP. Coordenadora do Núcleo de Família e Comunidade do programa de pós-graduação em Psicologia Clínica. Coordenadora do curso de especialização em Terapia Familiar e de Casal – COGEAE – PUC-SP. Pesquisadora, autora de livros e artigos científicos na área de família e comunidade, psicoterapeuta individual, de casal e família.

Rosane Mantilla de Souza é doutora em psicologia clínica e professora titular do programa de estudos pós-graduados em Psicologia Clínica da PUC-SP; pesquisadora e orientadora de pesquisa, principalmente sobre relacionamento amoroso e diversidade de famílias na atualidade.

Sonia Azevedo Menezes Prata Silva Fuentes é psicóloga clínica, doutora em Psicologia Clínica pela PUC-SP. Mestre em Gerontologia Social também pela mesma instituição, onde continua como colaboradora e pesquisadora do programa. Possui vasta experiência na área de Medicina Psicossomática e Cinesiologia, com base na psicologia junguiana. Consul-

tora voltada à capacitação de pessoas que trabalham e/ou convivem com idosos, além de desenvolver Oficinas de Qualidade de Vida e Ateliês Filosóficos para o segmento idoso.
E-mail: soniapratafuentes@gmail.com

TÂNIA MARIA JOSÉ AIELLO-VAISBERG é professora livre docente em Psicopatologia, doutora e mestra em Psicologia Clínica; psicóloga pela USP. Professora aposentada sênior da USP e docente orientadora do programa de pós-graduação em Psicologia da PUC-Campinas.
E-mail: tanielo@usp.br / aiello.vaisberg@gmail.com

VERIDIANA DA SILVA PRADO VEGA é mestranda em Psicologia Clínica pelo Instituto de Psicologia da USP. Possui graduação e licenciatura em Psicologia pela Universidade Presbiteriana Mackenzie (2009), Diplomate Clinician in Viktor Frankl's Logotherapy pelo Viktor Frankl Institute of Logotherapy (EUA, 2011) e é associada ao mesmo. Sócia fundadora da Associação Brasileira de Logoterapia e Análise Existencial - ABLAE. Tem experiência na área de psicologia, com ênfase em tratamento e prevenção psicológica.
E-mail: veridianavega@usp.br

VERÔNICA A. DA MOTTA CEZAR-FERREIRA é doutora em Psicologia Clínica pela PUC-SP. Bacharel em Direito pela USP. Psicóloga e terapeuta individual, de casal e de família. Mediadora, perita e consultora psicojurídica de família. Revisora da Revista de Direito de Família e das Sucessões. Introduziu o conceito *visão psicojurídica* ao integrar Psicologia e Direito para compreender e atender famílias em conflito ou disputa.

WELLINGTON HELENO DA SILVA é filósofo pela Faculdade de Filosofia São Bento; bacharel em Teologia (Unisal); psicólogo clínico (Unimar); MBA em Gestão de Pessoas (Business School São Paulo); cursou "Formação Clínica: Conflito e Sintoma" (Sedes Sapientaie); membro efetivo do Instituto Acolher (ITA); cursando especialização em Psicoterapia Psicanalítica (UNIP).
E-mail: wellingtoncgs@yahoo.com.br

YARA FLEURY VAN DER MOLEN é terapeuta cognitivo-comportamental com atuação em distúrbios do sono e grupos para tratamento de apneia e insônia. Doutora pela Unifesp. Mestrado e graduação em Ciências Biológicas pela USP. Coautora do livro *Insônia: Guia Prático sobre Diagnóstico e Tratamento*.

Apresentação

A psicologia, como ciência e profissão, possui o compromisso ético e social de compartilhar estudos e reflexões sobre os diferentes temas que abrangem os fenômenos e processos psicológicos humanos e suas implicações psicossociais, contribuindo para a qualidade de vida e a saúde mental.

É nesta direção que este livro foi elaborado, pensando na amplitude das etapas que compõem a vida e na pluralidade das relações humanas atuais, destacando-se os desafios impostos na contemporaneidade e a forma como a psicologia pode oferecer instrumentos capazes de intervir na sociedade.

O livro está organizado em sete partes principais, as quais reúnem capítulos cujos temas percorrem as vicissitudes da vida, desde a infância à vida adulta, perpassando aspectos da tecnologia e da psicologia hoje. Os autores que contribuíram para a realização dessa obra são psicólogos, professores universitários, pesquisadores e demais profissionais que se dedicam ao aprofundamento e divulgação da ciência psicológica.

Trata-se de um livro que pretende transpor os muros do campo científico e acadêmico, fazendo circular as ideias da psicologia também para as demais pessoas e profissionais não psicólogos. Assim, os capítulos trazem discussões atuais e recorrentes na sociedade brasileira, em uma linguagem aberta para proporcionar um real proveito ao leitor.

As partes I e II, "Infância" e "A escola", respectivamente, estão direcionadas às discussões que circundam assuntos centrais quanto ao cuidado e à educação de crianças, bem como as relações escolares. Criança de terceira cultura, erotização e adultização da infância, aprendizagem precoce, *bullying*, aprendizado bilíngue e a relação professor-aluno, são os temas abordados nestas partes e em seus respectivos capítulos.

As partes III e IV, "Adolescência" e "Juventude", evidenciam reflexões sobre a atual conjuntura dessas faixas etárias, tecendo ideias que podem auxiliar os profissionais que atuam com estas categorias específicas. O leitor irá se deparar com conteúdos a respeito das redes sociais virtuais, dos relacionamentos digitais, do suicídio e da prática do *cutting* na adolescência feminina. Também a transição para a vida adulta, os relacionamentos amorosos atuais e a juventude nos movimentos políticos e sociais.

"A família" é o tema central da parte V, em que os autores levantam importantes elementos para se pensar as diferentes configurações familiares e a qualidade da relação intrafamiliar, destacando o papel dos seus integrantes nesse meio. Os temas lançam luz à questão de uma possível crise na família atual, a relação entre maternidade e o papel da mulher em nossa sociedade, a presença da mãe na psicoterapia infantil, a guarda compartilhada e o lugar do idoso na família.

Em seguida, a parte VI é dedicada às situações particulares que envolvem as relações humanas e a tecnologia. Portanto, os textos discutem a infidelidade virtual, as relações amorosas mediadas por aplicativos, o Facebook e o padrão dos seus usuários.

Como apontamos no início, este livro não é voltado exclusivamente para psicólogos, porém, como se dedica à interface da psicologia com o contemporâneo, não poderia deixar de trazer reflexões também neste campo. Assim, a última parte realça alguns assuntos nem sempre discutidos no meio acadêmico, mas que nos ajudam a pensar em perspectivas no campo da ciência psicológica. Estes capítulos abrangem os temas da relação entre analista e paciente na clínica, a ponte existente entre a espiritualidade e a psicologia e a relevância da capacidade para a esperança na construção de uma vida emocionalmente saudável.

Por fim, consideramos que a multiplicidade de conteúdos tratados neste livro é que oferece a riqueza e contribuição do mesmo. Esperamos que o leitor desfrute de uma boa leitura e que os frutos do campo psicológico sejam efetivamente compartilhados para com a sociedade.

Ivonise Fernandes da Motta
Anna Silvia Rosal de Rosal
Cláudia Yaísa Gonçalves da Silva

I
INFÂNCIA

I
INFANCIA

1
Criança de terceira cultura: a construção da identidade transitando entre países

Anna Silvia Rosal de Rosal

Guardando a recordação, das terras onde passei ... e dos amigos que lá deixei
(Luiz Gonzaga)

Está na origem de algumas instituições enviar seus profissionais para representá-las em outros países, a exemplo do Ministério das Relações Exteriores, das Forças Armadas e de entidades religiosas dos mais diversos credos. Mais recentemente, a partir do século XX, as organizações privadas adotaram, em larga escala, a transferência internacional como uma resposta à intensa concorrência alavancada pela economia globalizada.

A transferência internacional, tanto no domínio público quanto no privado, envolve o profissional e sua família que ao acompanhá-lo se depara com questões relativas à inserção na nova cultura. Viver em uma cultura diferente da cultura de origem expõe o sujeito a riscos, estranhamentos e constatações de perdas que geralmente causam confronto interno e podem provocar abalo da autoestima (FREITAS, 2000; ROSAL, 2015).

As crianças filhas desses profissionais são denominadas crianças de terceira cultura, termo derivado da expressão inglesa *Third Culture Kids* (TCK). A expressão terceira cultura (*third culture*) foi utilizada pela primeira vez em 1950, para nomear os estilos de vida originados, compartilhados e aprendidos por pessoas que vivem em meio a duas ou mais culturas (USEEM, 1999). A pesquisa que deu origem à compreensão do viver entre culturas foi realizada pelo casal de sociólogos John e Ruth Useem em comunidade de expatriados[1] na Índia. Para tanto, moraram por três anos na comunidade estudada. Desse modo, puderam entender como as pessoas lidam com as diferenças culturais e a forma como estruturas sociais se modificam em decorrência do contato com estrangeiros (BRANCO, 2012).

O termo TCK é usado também para referir-se a adultos que viveram em diversos países durante a infância e a adolescência. Segundo Cottrell (2007), utiliza-se os termos criança transcultural (do inglês *Cross-Culture Kid* - CCK) e nômade global para referir-se a criança que cresce em um determinado país, que não é o seu país de nascimento, mas integra as normas de ambas as culturas: a cultura originária e a do país de acolhimento, dando origem a uma nova: a terceira cultura.

No entanto, esta nova cultura não é um misto das culturas por onde os TCKs viveram, pois, transcende a junção de culturas, formando uma cultura distinta e própria dessa experiência intercultural (COTTRELL, 2007). Por sua vez, Hutchinson e Pang (2018) afirmam que, como a maioria dessas crianças viveu em variados países ao longo de seu desenvolvimento, a *terceira cultura* é uma reunião das culturas desses diversos locais.

Hervey (2009) apoiado em Bonebright (2009) divide as crianças transculturais em subgrupos formados a partir do tipo de trabalho que conduziu seus pais ao exterior: (1) filhos de pais que pertencem as forças armadas; (2) filhos de diplomatas; (3) filhos de expatriados, e; (4) filhos de missionários ou de pais que prestam trabalho sem fins lucrativos, como os voluntários, por exemplo. Cada uma dessas organizações adota um período de duração para transferência internacional e direciona as famílias a um tipo de grupo social com o qual, predominantemente, irão se relacionar no novo destino (VAN REKEN; BETHEL, 2005 *apud* BONEBRIGHT, 2010).

Nas últimas décadas, em função do significativo aumento da mobilidade humana e do reconhecimento da adoção como uma forma legítima de parentalidade cada vez mais frequente, outros dois subgrupos surgiram: os filhos de refugiados e os adotivos transculturais. As famílias refugiadas, não

---

1 Profissional transferido da matriz para trabalhar temporária ou permanentemente em filial localizada no exterior (ARMSTRONG; FRANCIS; GROW, 2017). O mesmo que transferência internacional.

raro, moram em diversos países até conseguirem um país em que possam fixar residência. Por sua vez, a adoção internacional expõe a criança ou o adolescente a uma cultura distinta, transmitida a partir do ingresso na nova família. Propomos, então, ampliar a abrangência da classificação de Hervey com a inclusão desses dois subgrupos.

Independente do motivo da mudança de país, viver entre culturas provoca o rompimento de relações sociais (Sluzki, 2003), interrupção de hábitos e costumes e pode levar ao adoecimento. Além disso, implica negociação constante da identidade, como defendem Hutchinson e Pang (2018). Entretanto, tal experiência é permeada não somente por perdas, mas também por ganhos, como: aquisição de outros idiomas, rede social globalizada, abertura a mudanças, entre outros.

Quadro 1. Perdas e ganhos da vida nômade

Perdas	<ul><li>Frequente rompimento da rede social;</li><li>Necessidade de construir novos grupos;</li><li>Distanciamento da família extensa (primos, tios, etc.);</li><li>Rompimento com o ambiente físico (casa, cidade, etc.) e cultural.</li></ul>
Ganhos	<ul><li>Aquisição e domínio de diversos idiomas;</li><li>Ampla formação cultural;</li><li>Abertura a mudanças;</li><li>Desenvoltura para transitar em diversos contextos;</li><li>Manter rede de amizades ao redor do mundo;</li><li>Bom posicionamento no mercado de trabalho globalizado.</li></ul>

Fonte: desenvolvido pela autora a partir de Gilbert (2008 *apud* Moore 2011).

Em consonância com Gilbert (2008), entendemos que perdas e ganhos geram especificidades no desenvolvimento psicossocial das crianças e podem levar a uma variada gama de sentimentos, da tristeza ao luto não reconhecido.

Cultura e identidade

Cultura é uma programação mental, inconsciente, originada na infância por meio de aprendizagem contínua e se estende ao longo da vida (HOFSTEDE, 2001). É um fenômeno coletivo à medida que é partilhado por diversas pessoas que vivem no ambiente social no qual é adquirida.

Freud, o pai da psicanálise, apresentou o termo cultura humana para designar a interação entre a subjetividade que o sujeito abriga em seu interior e o código universal (externo) que regula seu comportamento em sociedade, em especial as relações interpessoais (FUKS, 2007). De acordo com Freud (1976), a identidade é construída por meio do processo de identificação, o que significa assimilar e, em seguida, introjetar uma propriedade, aspecto ou característica do outro. Tal identificação é dirigida, no primeiro momento, às figuras parentais e, posteriormente, às leis e princípios que após o processo de identificação passam a pertencer ao ego. Conforme Lewisk (2002, p. 101):

> Crianças e adolescentes estão em pleno desenvolvimento biológico, psicológico e social, o que significa dizer que são vulneráveis e receptivos aos estímulos internos e externos que participam na formação de sua identidade. Carregam em si potenciais construtivos, destrutivos, reparadores e criativos, de vida e de morte que podem ser estimulados e reprimidos pela *cultura*, através da qualidade das relações afetivas e dos *valores e normas estabelecidas pela sociedade* (grifos nossos).

Ao se relacionarem com pessoas de variados países, as TCKs assimilam códigos e traços de algumas culturas. No entanto, não sentem que pertencem ou dominam plenamente qualquer uma dessas culturas (REKEN, 2009; CHOI; LUKE, 2011). Pollock e Reken (2009) afirmam que essa população alcança o sentimento de pertença no relacionamento com pessoas que têm experiência semelhante à sua. Nesse sentido, ao pesquisar jovens de terceira cultura, Branco (2012, p. 51) constatou:

> O modo como o jovem lida com esse processo de formação de sua identidade e com o contexto cultural faz a diferença na formação de seu ser como pessoa [...]. Por construírem sua identidade entre tantos territórios a fidelidade a uma só Nação pode vir a ser diminuída, mas ao mesmo tempo, esta mesma experiência de vida em muitos lugares diferentes irá construir memórias que serão essenciais na formação da identidade e do sentimento de pertença destes jovens.

Para esta população o sentimento de pertença e suas "raízes não são incorporados em um lugar, mas em pessoas" que compartilham experiências semelhantes (GORDON, 1993, p. 8). Deste modo, "filhos da terceira cultura se sentem mais em casa quando estão com outras pessoas de origens semelhantes, ou seja, móveis" (GILLIES, 1998, p. 37).

De acordo com Moore (2011), a diversidade cultural é a razão pela qual definir a identidade torna-se uma tarefa confusa para essas crianças. É comum questionarem quem são e a que cultura pertencem (COTTRELL, 2007). As TCKs não se reconhecem enquanto membros de categorias estabelecidas tradicionalmente, sentem que não se encaixam nos grupos tradicionais da sociedade. Percebem-se incompreendidas pela maioria e, quando são compreendidas, reconhecem que o outro não consegue identificar a que grupo pertencem. Sentem que os outros as veem de modo distinto de como elas próprias se veem. Entendem que são rotuladas a partir do modo superficial como o outro percebe a complexa experiência de viver entre duas ou mais culturas. Desse modo, lidam com a permanente sensação de ser um estrangeiro, o que se repete a cada transferência internacional.

Esta percepção causa lacunas na identidade e produz a sensação de marginalidade. Os prejuízos decorrentes dessa experiência se manifestam quando não conseguem superar o impacto social e físico causado pelo novo ambiente, o que Hofstede (2001) denominou choque cultural. Tudo isso leva à constante necessidade de renegociar a identidade (FAIL *et al.*, 2004 *apud* HUTCHINSON; PANG, 2018).

A ambiguidade contida nos diversos códigos culturais que apreendem pode ser estressante e fortalecer a sensação de não saberem quem são, como ser quem são e o que significa viver em diversas culturas. Gilbert (2008) identificou que as perdas são relativas a pessoas, lugares e animais de estimação e estão relacionadas também a questões existenciais como: segurança, confiança, identidade e perda de domicílio.

Como já mencionado, a TCK se reconhece em ambientes formados por pessoas com experiência similar (POLLOCK; REKEN, 2009), o que funciona como uma ponte para ultrapassar conflitos relativos à identidade e dificuldades que caracterizam as relações interpessoais com os locais. Tais ambientes são denominados terceiro espaço. Entre estes estão as "colônias" de estrangeiros, igrejas e as escolas internacionais.

Em especial, as escolas internacionais[2] se destacam nesse sentido à medida que concentram alunos, professores e funcionários desterritorializados. É nesse contexto que as TCKs reconhecem a possibilidade de superar barreiras culturais. Estas escolas acolhem e validam a negociação da identidade multicultural (MOORE; BARKER, 2012 *apud* HUTCHINSON; PANG, 2018).

Essas crianças reconhecem ter habilidade para adaptarem-se a qualquer cultura a que se proponham integrar (COTTRELL, 2007). É exatamente esta característica que as empresas multinacionais e organismos internacionais buscam em seus representantes para, desse modo, minimizar os prejuízos de uma expatriação fracassada (TUNG, 1981).

Vale ressaltar que tal experiência é particularmente difícil para os adolescentes. Nessa fase do ciclo vital a identidade é consolidada e as amizades estão mais fortalecidas em comparação com as relações da infância e têm relevante papel na construção do Eu. O rompimento com amizades e namoro, em função da mudança de país, provoca angústia, tristeza e, no limite, pode levar à depressão. Contudo, tais sentimentos tendem a diminuir após a reconstrução de rede social no novo destino, quando o adolescente manifesta interesse em conhecer o novo local e tecer amizades (GILLIES, 1998). Nesse momento se sente capaz de enfrentar desafios e reconstruir a vida em ambiente ainda desconhecido. O tempo que leva para manifestar o interesse pelo novo destino está relacionado com a personalidade de cada um e o apoio que os pais concedem.

Estudos sobre a vida adulta dos TCKs ainda são escassos. As pesquisas sobre essa temática se concentram prioritariamente na fase inicial do desenvolvimento. Contudo, mais recentemente, algumas pesquisas foram desenvolvidas com TCKs adultos, como o estudo realizado por Abe (2018) com 700 TCKs com idade entre 18 e 80 anos. Os resultados apontam para maior maturidade, forte capacidade de adaptação, alto nível de engajamento multicultural, estilo cognitivo e afetivo mais adaptativo, além de personalidade mais resiliente do que a de adultos que não viveram entre culturas quando crianças.

---

2 Para saber mais, consulte o capítulo "A crescente busca por escolas bilíngues e internacionais no Brasil".

Retorno ao país de origem

É comum, ao tornar-se adulta, a criança de terceira cultura retornar a seu país de origem (o país de nascimento) para cursar a universidade, o que geralmente leva ao choque cultural reverso. Estamos falando da dificuldade de readaptação à cultura primária. Nesse contexto, a TCK sente-se à parte do grupo da universidade, embora tenha características físicas semelhantes às de seus colegas (EAKIN, 1998 *apud* BONEGRIGHT, 2009). Esse importante choque reverso é originado em função do curto período de tempo em que viveu em sua terra natal. É comum não entender plenamente a cultura local e não compreender nuances do código cultural por não ter vivido experiências que lhe permitam desvendar os meandros dessa cultura.

Adaptar-se às tarefas do cotidiano torna-se tranquilo, mas a adaptação psicológica, via de regra, é precária. Sente-se estrangeira no país de nascimento, apesar de ser vista por seus conterrâneos como alguém perfeitamente ajustado à cultura local (POLLOCK; REKEN, 2002; BELL, 1997 *apud* COTTRELL, 2007). Esse cenário pode dificultar a oferta de ajuda ou apoio, uma vez que seus colegas não percebem as dificuldades que as TCKs enfrentam para inserirem-se efetivamente na cultura local. O apoio dos colegas é de fundamental importância na promoção do sentimento de pertença.

Além do país de nascimento, as TCKs refugiam-se em busca de familiaridade e pertencimento na casa em que moram ou moraram. Lijadi e Schalkwyk (2017) explicam que a identidade com o lugar (a casa) abastece de sentido a identidade individual e também a social. É nesse espaço, principalmente nos anos iniciais da vida, que as primeiras interações e relações sociais ocorrem. A casa é o lugar que reúne a família e guarda objetos repletos de significados. Por isso, serve de âncora que sustenta a identidade em meio a múltiplas mudanças (CHOW; HEALEY, 2008 *apud* LIJADI; SCHALKWYK, 2017). Nesse sentido, as experiências vividas em casa alimentam lembranças retomadas ao longo da vida, suas referências mais importantes dos países onde viveram. A identidade com o lugar de moradia é ainda estendida aos países nos quais os TCKs viveram.

Ao entrevistar TCKs, percebo claramente que as memórias afetivas de suas vidas se concentram na casa em que viveram em cada país. Ao perguntar sobre a experiência de morar em determinado país, uma TCK de 7 anos de idade respondeu: "Lá foi excelente porque nossa casa era grande, tinha piscina e um quintal enorme para brincar. Podia convidar meus amigos da escola". A mesma TCK disse que ao mudar desse país foi horrível porque coincidiu que seus colegas (filhos de diplomatas, assim como ela) também mudaram, cada um para um país diferente. Desse modo, entendemos que o distanciamento dos amigos (forte característica na vida de uma TCK) é amenizado por lembranças contidas no espaço de moradia.

Considerações finais

A intensa mobilidade que determina o modo de vida da criança de terceira cultura é um elemento central na construção da identidade desta população. Ao mesmo tempo em que proporciona crescimento pessoal e cultural, provoca perdas e inquietação a respeito da própria identidade, dos vínculos afetivos e sociais, além do sentimento de não pertencer a nenhuma das culturas em que viveu. Esse contexto leva as TCKs a identificarem coerência e sentimento de pertença entre si, como defende Pollock; Reken (2009), diminuindo o peso da cultura local na construção da identidade.

A casa em que as crianças de terceira cultura moram em cada país torna-se importante referência identitária. As TCKs buscam fortemente o senso de pertencimento nos domicílios em que moraram ao longo de suas andanças e esses lugares repletos de lembranças e significados tornam-se referência no constante movimento de ingressos e partidas; rompimentos, construções e reconstruções.

Os primeiros estudos sobre essa população mostraram que a TCK, após mover-se intensamente pelo mundo, tem dificuldade de fundar sua vida na fase adulta. Contudo, essa mesma experiência fornece características pessoais fortemente valorizadas como: a abertura para mudanças e a flexibilidade para viver em diferentes culturas, características essenciais na sociedade globalizada. A maior valorização desses traços é observada no mercado de trabalho. Estudos mais recentes constataram na vida adulta dos TCKs, entre outras características positivas, comportamento cognitivo e afetivo mais adaptativo e personalidade mais resiliente do que adultos que não viveram uma infância entre culturas.

A criança de terceira cultura ganhou visibilidade nas últimas décadas com o significativo crescimento de pessoas que mudam sua residência de país frequentemente, sendo, contudo, ainda pouco conhecida no Brasil.

Esperamos que essa publicação possa ampliar o conhecimento em relação às TCKs e estimule outros pesquisadores a desenvolverem estudos, preferencialmente em território brasileiro.

Ampliar o conhecimento sobre a temática em questão pode aproximar psicólogos brasileiros da experiência entre mundos, o que se torna importante à medida que o número de TCKs tem se intensificado. Possivelmente, em algum momento, essa população será perene em nossa clínica, como já é em outros países.

Esperamos que ao conhecer mais as particularidades dessas crianças possamos contribuir para a diminuição do sofrimento que caracteriza viver entre culturas e favorecer a ressignificação de histórias de vida tão peculiares quanto valiosas.

Referências

ABE, J. A. A. "Personality, Well-Being, and Cognitive-Affective Styles: A Cross-Sectional Study of Adult Third Culture Kids". *Journal of Cross--cultural Psycology*, abr. 2018.

ARMSTRONG; FRANCIS; GROW. "Ethical Issues in the Employment of Expatriate Leaders in Corporations". *Journal of Economic and Social Development*, 4 (1), março, 2017. Disponível em: <http://vuir.vu.edu.au/33659/1/Vol%204%20No%201_Paper7.pdf>. Acesso em: 18 mai. 2013.

BONEBRIGHT, D. "Adult Third Culture Kids: HRD Challenges and Opportunities". *Human Resource Development International*, 13 (3): 351-359, 2010.

BRANCO, L. *Jovens em Movimento: Os TCKs e a Formação da Identidade Pessoal em Contexto Transnacional*. Lisboa: Universidade de Lisboa, Instituto de Ciências Sociais, 2012, 94 f. (Dissertação de Mestrado). Disponível em: <http://repositorio.ul.pt/bitstream/10451/7030/1/ICS_Mestrado_ASC_LidianeBranco_2012.pdf>. Acesso em: 27 nov. 2016.

CHOI, K. M.; LUKE, M. "A Phenomenological Approach to Understanding Early Adult Friendships of Third Culture Kids". *Journal of Asia Pacific Counseling*, 1 (1): 47-60, 2011. Disponível em: <https://www.researchgate.net/publication/271078765_A_Phenomenological_

Approach_to_Understanding_Early_Adult_Friendships_of_Third_Culture_Kids>. Acesso em: 01 nov. 2016.

COTTRELL, A. "TCKs and Other Cross-Cultural Kids". *Japanese Journal of Family Sociology*, 18(2): 54-65, 2007. Special Issue II: Transmigratory Families and Children in the Age of Globalization. Disponível em: <https://www.jstage.jst.go.jp/article/jjoffamilysociology1989/18/2/18_2_54/_pdf>. Acesso em: 16 abr. 2016.

FREITAS, M. E. "Como Vivem os Executivos Expatriados e Suas Famílias? Os Franceses em São Paulo". *Relatório de Pesquisa n. 7*. São Paulo: Núcleo de Pesquisas e Publicação, Escola de Administração de Empresas da Fundação Getúlio Vargas, 2000. Disponível em: <http://bibliotecadigital.fgv.br/dspace/handle/10438/3221>. Acesso em: 7 jun. 2017.

FREUD, S. "O Ego e o Superego (Ideal de Ego)". *O Ego e o Id e Outros Trabalhos* (1923-1925). Rio de Janeiro: Imago, 1976 (Obras Completas de Sigmund Freud, 19).

FUKS, B. B. *Freud e a Cultura*. 2. ed. Rio de Janeiro: Jorge Zahar, 2007.

GILBERT, K. R. "Loss and Grief between and Among Cultures: The Experience of Third Culture Kids". *Sage Journals*, 16 (2), 2008.

GILLIES, W. D. "Children Third on the Move Culture Kids". *Childhood Education*, 75 (1), 1998.

GORDON, A. D. *Don't Pig Out on Junk Food: the Mk's Guide to Survival in the U. S.* Wheaton: Evangelical Missions Information Service, 1993.

HOFSTEDE, G. *Culture's Consequences: Comparing Values, Behaviors, Institutions, and Organizations across Nations*. Thousand Oaks, CA: Sage Publications, 2001.

HUTCHINSON, C; PANG, K. "An Application of the Communication Theory of Identity: Third Culture Kids". *Pepperdine Journal of Communication Research*, 6 (5). Disponível em: <https://digitalcommons.pepperdine.edu/cgi/viewcontent.cgi?article=1082&context=pjcr>. Acesso em: 21 set. 2018.

LEWISK, D. L. "Construção da Identidade, o Processo Educacional e a Violência – uma Visão Psicanalítica". *Pro-Posições*, 13 (3): 39, set.-dez.

2002. Disponível em: <http://periodicos.sbu.unicamp.br/ojs/index.php/proposic/article/view/8643939/11395>. Acesso em: 04 jan. 2017.

LIJADI, A. A.; SCHALKWYK, G. J. V. "Place Identity Construction of Third Culture Kids: Eliciting Voices of Children with High Mobility Lifestyle". *Geoforum*, 81: 120–128, 2017.

MOORE, A. M. *Confused or Multicultural: a Phenomenological Analysis of the Self-Perception of Third Culture Kids with Regard to their Cultural Identity.* Masters Theses, 2011. Disponível em: <http://digitalcommons.liberty.edu/masters/165/>. Acesso em: 03 jan. 2017.

POLLOCK, C. D.; VAN REKEN, R. E. *Third Culture Kids: Growing up Among Worlds.* Boston e Londres: Nicholas Brealey Publishing, 2009.

ROSAL, A. S. R. *Vida de Expatriado: a Narrativa de Executivos Brasileiros Solteiros.* São Paulo: PUC, 2015, 102 f. (Dissertação de Mestrado em Psicologia Clínica). Disponível em: <https://sapientia.pucsp.br/handle/handle/15406>. Acesso em: 02 jun. 2018.

SHEALY, P. "Military Brats/Third Culture Kids: A Phenomenological Study of the Effects of Being Raised in the Military". *Dissertation Abstracts International: Section B: The Sciences and Engineering, 64*(3-B): 1555. Washington, 2003.

SLUZKI, C. "A Migração e o Rompimento da Rede Social". *In:* MCGOLDRICK, M. *Novas Abordagens da Terapia Familiar: Raça, Cultura e Gênero na Prática Clínica.* São Paulo: Roca, 2003, p. 414-424.

TUNG, R. L. "Selection and Training of Personnel for Overseas Assignments". *Columbia Journal of World Business*, 16 (1): 57-71, 1981.

USSEM, J.; USSEM, R. *The Western Educated Man in India: A Study Of His Social Roles And Influence.* Kansas: The Dryden Press, 1955. Disponível em: <https://archive.org/details/westerneducatedm010342mbp>. Acesso em: 03 set. 2016.

USSEM, R. "Third Culture Kids: Focus of Major Study - TCK 'Mother' Pens History of Field". *The Newspaper of International Schools Services*, 12 (3), jan. 1993. Princeton, NJ, 1999.

2
Erotização e "adultização" da infância: um fenômeno atual

Maria Friedmann
Maria Eugênia Fernandes

E toda aquela infância
Que não tive me vem,
Numa onda de alegria
Que não foi de ninguém.
(Fernando Pessoa)

Nos tempos atuais, a infância vem se construindo exposta a uma forte influência do ambiente midiático no qual se encontra inserida e aos produtos culturais por ele oferecidos; uma era em que determinados valores voltados para a imagem e para o consumismo são apresentados como modelos de identificação para a criança.

Temos experimentado uma crescente expansão tecnológica, a qual tem propiciado uma intensa geração de novos meios de comunicação, de modo que o acesso à informação e ao conhecimento vem sendo facilitado em todos os segmentos de nossa sociedade.

As novas gerações têm crescido sob a influência onipresente dessas diversas formas de mídias sociais. Podemos observar como elas funcionam nos dias atuais como agentes de socialização e participam de uma maneira importante na formação da identidade da criança.

Nesse processo, não é incomum vermos a infância sendo desconstruída em seus aspectos mais essenciais e presenciamos o que muitos autores denominam de *perda da infância*, uma condição em que as crianças passam a compartilhar das mesmas informações, tratamentos e estímulos que normalmente são especificidades do mundo adulto.

Deste modo, pretendemos abordar esse fenômeno que vem se tornando cada vez mais crescente nos últimos tempos em nossa sociedade: a erotização da infância.

Consiste em um processo de desconstrução do ser infantil, em que podemos observar a criança adquirindo um status pseudoadulto, de modo que a diferenciação entre infância e vida adulta fica soterrada e a experiência do ser criança é violentada e esvaziada em sua dimensão mais natural e verdadeira que é o tempo-espaço do brincar e da criatividade. Nesse contexto, as vivências e peculiaridades próprias ao ser infantil são obscurecidas em sua essência, dando lugar a comportamentos estereotipados e caricatos, em que a atitude sedutora e sensorializada passa a ser a marca principal da relação da criança consigo mesma e com o mundo a sua volta.

As descobertas da psicanálise nos levaram a reconhecer a importância fundamental dos primeiros anos de vida no desenvolvimento da personalidade e do caráter de um indivíduo, propiciando e abrindo caminho para uma série de avanços na compreensão do universo infantil e influenciando as maneiras de lidar com tudo aquilo que envolve a criança, numa perspectiva que coloca a infância como uma experiência que possui uma qualidade estruturante essencial para que o desenvolvimento emocional possa acontecer em linhas saudáveis.

A criança vai gradualmente conhecendo o mundo exterior e, a partir da relação que vai estabelecendo com ele, enquanto sujeito ativo, pode ir construindo as bases do seu próprio ser e de seu existir, os quais vão se constituindo em vínculos consigo mesma e com seu meio circundante, lhe permitindo desenvolver uma noção de si mesma enquanto um indivíduo singular, de pertinência e inclusão, e de viver como um sujeito inserido em uma determinada sociedade. Nesta perspectiva, a atenção e o cuidado com a infância então se tornam essenciais, já que ela passa a ser compreendida como um período fundamental em seu caráter estruturante no processo da criança de vir a ser um adulto, e, além disso, na construção da própria sociedade na qual está inserida.

A maneira de conceber o universo infantil veio se modificando ao longo da história ocidental no sentido de que nem sempre ocupou um lugar diferenciado e notável dentro da família e da sociedade. Na Grécia Antiga, as crianças não pareciam ter algum destaque, ainda que houvesse a preocupação com sua educação e com a disciplina, o que lhes propiciava uma forma abrangente de aquisição de noções culturais bem como certa atenção diferenciada. Nas sociedades medievais, a infância era reduzida a um curto período de tempo, de modo que logo que a criança conseguisse alguma independência, já era incluída nas atividades próprias aos adultos, o que nos remete a Ariès (1973, p. 50)

> Até por volta do século XII, a arte medieval desconhecia a infância ou não tentava representá-la. É difícil crer que essa ausência se devesse à incompetência ou à falta de habilidade. É mais provável que não houvesse lugar para a infância nesse mundo. Uma miniatura otoniana do século XI nos dá uma ideia impressionante da deformação que o artista impunha então aos corpos das crianças num sentido muito distante de nosso sentimento e de nossa visão.

Portanto, houve um período na história da sociedade ocidental em que a infância não era concebida como uma etapa natural na vida de um indivíduo, com características determinadas e peculiaridades que a diferenciam de outros períodos da vida humana. As crianças eram tratadas como se fossem um "adulto em miniatura", de modo que suas roupas, hábitos, conversas e brincadeiras não a distinguiam do mundo adulto, sendo inclusive incluídas nas rotinas de trabalho.

É com espanto que vemos ressurgir em nossa sociedade atual o mesmo processo de "adultização" da criança, agora tratada como uma espécie de objeto de consumo, um produto a ser comercializado bem como um potencial consumidor. Assim, vemos a televisão veiculando as mais diversas peças publicitárias, as quais buscam atrair o público infantil para o consumo de roupas, *games*, brinquedos, entre outras coisas; informações que em outros tempos eram dirigidas ao público adulto, mas que agora são transmitidas indiscriminadamente.

É certo que os veículos de comunicação de massa e as novas formas de tecnologia vêm dividindo com os pais e a escola, de uma maneira bastante presente, a função educativa e de transmissão de valores, oferecendo à criança as mais variadas formas de estímulo, que contribuem em sua aprendizagem, no desenvolvimento de sua criatividade e na construção de sua inserção como ser cultural. Neste sentido, não se trata de negar os seus efeitos benéficos nem de demonizá-los, mas de identificar quando neles se introduzem elementos destrutivos, caracterizados pela veiculação de valores falsos e fúteis, voltados para o culto narcísico da aparência e da imagem, para uma perspectiva voraz e imediatista na relação com a realidade, para a apatia e idealização de uma vida sem frustrações, limites ou sofrimento.

Nessa espiral em que impera a lógica consumista, o corpo e suas representações passam a ser um objeto a ser explorado e comercializado, atingindo as crianças de uma maneira que promove uma espécie de desconstrução da imagem infantil. Vemos as meninas, em sua busca de identificação com suas mães, se tornarem o alvo fácil dessa pressão midiática que veicula modas, danças sensuais, músicas e produtos de beleza, o que não seria negativo em si, mas sim pelo fato de que transmitem valores ligados à aparência e ao culto narcísico da imagem, inadequados enquanto estímulos consistentes e estruturantes para um desenvolvimento saudável. Os meninos estão menos expostos a este culto à imagem, mas passam a buscar uma masculinidade estereotipada, mostrando-se violentos e competitivos voltados para um universo de jogos cibernéticos e de relações objetivadas, em que predominam o exercício da força bruta e de poderes ilimitados, incompatíveis com a condição humana, numa pretensão de se assemelharem a super-heróis sem fragilidades e emoções.

Felipe e Guizzo (2003) falam de uma espécie de *pedofilização generalizada da sociedade*, na qual as crianças, e mais especificamente as meninas, são inseridas nesse processo de sexualização-consumo, tratadas como objetos sexuais a serem consumidas e também consumidoras de um mercado publicitário que veicula os mais diversos produtos de moda e beleza. Assim, tem sido frequente a menina ser apresentada em poses sensuais ou num ambiente de sedução em peças de publicidade, divulgando roupas infantis com o mesmo estilo de roupas provocantes para mulheres adultas, usando sapatos de salto, maquiagens e perfumes, bem como "cantoras" de estilos musicais marcados pelo apelo sexual, em danças e posturas imitativas das atitudes sedutoras tais como observamos em cantoras de funk, constituindo um novo mercado de MCs mirins, muito promissor em termos comerciais.

O corpo e a sexualidade passaram a ter enorme projeção no último século, num contexto de transformações sociais e culturais, deixando de serem objetos de repressão, vergonha e ocultamento para ocupar um lugar de ostentação e exibição, e que agora se vincula intensamente com valores de mercado voltados para o consumo da cultura narcísica do corpo.

Ainda que os homens sejam alvo desses valores veiculados pela mídia, são as mulheres que recebem o maior impacto e influência, tornando-se objetos da violência sobre seus corpos, dos quais se exige o encaixe em modelos irreais, e que jamais envelheçam, de modo que a identidade e o ser feminino acabam tendo que passar por um estreito crivo discriminatório, em que só são aceitos como referências modelos e atrizes, jovens e magras, como imperativos de beleza que se tornam escravizadores e torturantes.

Podemos relembrar o caso de 2015 que foi alvo de um processo de investigação do Ministério Público, por tratar do que se considerou uma violação ao direito, ao respeito e à dignidade de crianças e adolescentes. Uma menina de oito anos aparecia em vídeos com roupas sensuais, cantando e dançando de maneira insinuante e trabalhando em uma casa noturna paulista, dirigida por seu pai, um MC conhecido na mídia – o qual, em função disso, foi alvo de investigação e correu o risco de perder sua guarda. Este episódio acabou por levantar a questão em relação a todos os MCs mirins, incluindo meninos que cantam músicas com referências agressivas de conteúdo sexual, utilização de drogas e apologia a crimes, num cenário não só de hipersexualização de crianças, mas também de exploração de mão de obra infantil.

Neste contexto, a cultura contemporânea, particularmente nos grandes centros urbanos, promove uma erotização genital no universo da infância que propicia a oportunidade de um adolescer mais precoce e, por consequência, um "encurtamento" ou uma "turbulência" no período de latência. Freud (1905, p. 183-184) afirma:

> De tempos em tempos, uma manifestação fragmentária de sexualidade que escapou à sublimação pode libertar-se; ou alguma atividade sexual pode persistir por toda a duração do período de latência... Os educadores prestam alguma atenção à sexualidade infantil... e é como se soubessem que a atividade sexual torna uma criança ineducável, estigmatizando toda manifestação sexual como um "vício", sem poderem fazer muito a respeito.

Assim, os processos psíquicos da adolescência, desencadeados antes da puberdade, tumultuam o período de latência, levando a dificuldades de aprendizado e de organização de aspectos éticos e morais.

E é nesse caldo de cultura narcísica que nossas meninas começam a construir sua identidade, marcadas pelo culto da beleza e da aparência sensual como algo indissociável do ser feminino, bem como do que é fútil e voltado para o consumo. Exemplos disso são os brinquedos como as bonecas Barbie e Susie, cujos inúmeros acessórios, por exemplo, tornam-se objetos do desejo da menina, já que veiculam esses modelos de identificação, perseguidos pela sua própria mãe e enaltecedores da magreza, dos seios fartos e sensuais, enquanto representantes do que é ser desejável e atraente.

Evidentemente não se trata de negar a existência da sexualidade infantil, tal como descrita por Freud (1905), que a caracterizou como eminentemente autoerótica e diferente da sexualidade adulta, voltada para a genitalidade. A sexualidade infantil é assim compreendida como uma manifestação espontânea do desenvolvimento e não é de maneira nenhuma problemática em si. A questão é quando a criança é estimulada a se *adultizar* e passa a ser explorada com finalidades mercadológicas e consumistas, sem que sejam considerados os prejuízos à sua condição emocional.

Ocorre que a criança não é simplesmente um produto da cultura e da família na qual está inserida e participa também ativamente do processo de construção de sua identidade. Verificamos, assim, que muitas meninas, ainda que compartilhando todas essas estimulações oferecidas pelas mídias sociais, preservam sua condição infantil sem se submeterem a esses valores que as expõem a um processo de *adultização* e erotização precoce. Neste sentido, precisamos então levar também em consideração os fatores individuais e particulares a cada criança, que influenciam e determinam como se concretizará o caminho de seu desenvolvimento.

Sabemos que toda criança abriga em seu interior um profundo desejo de crescer, de tornar-se adulta e, neste sentido, busca constantemente imitar aquilo que os mais velhos fazem, muitas vezes sem nem mesmo compreender o sentido daquilo que está fazendo ou falando. Ela vai assimilando os valores e estímulos que a rodeiam de uma maneira um tanto indiscriminada, nessa ânsia de desenvolver competências e habilidades. Esse movimento em busca do crescimento é próprio à infância, mas o que observamos é que algumas crianças se mostram mais vulneráveis à influência e modelos externos do que outras. A esse respeito, a psicanalista Ana Olmos, em entrevista concedida ao Instituto Alana (2009, p.11), declara:

> Crianças que precisam de um reconhecimento para elevar a autoestima se sujeitam mais a modelos externos. Às vezes, a menina está brincando de boneca, em suas brincadeiras de rotina, e não está pensando em namorado, em meninos, em dar selinhos. Mas com a pressão do meio ambiente para que ela faça isso, aliada a uma falha narcísica de precisar ser reconhecida, valorizada, ela acaba indiscriminadamente se alimentando de modelos que não tem nada a ver com a sua idade emocional e cognitiva.

Sob um ponto de vista psicanalítico, esta falha narcísica está intimamente relacionada à especificidade da psicologia da menina em suas angústias mais básicas, as fantasias referentes ao interior de seu corpo e ao bom estado em que ele se encontra, em suas dúvidas e inseguranças.

De acordo com Melanie Klein (1945), o psiquismo feminino, desde a infância, é dominado por tendências introspectivas, pela grande importância que a menina dá ao seu mundo interior e, em função disso, sofre de intensas dúvidas acerca de sua capacidade de ter bebês, de modo que um de seus temores mais recorrentes é o de estar vazia, e sem recursos. O menino, ao contrário, consegue verificar o bom funcionamento de seu órgão genital devido à natureza de sua anatomia, podendo tranquilizar-se quanto a seu bom funcionamento e sua potência, desde cedo em sua vida.

Esses temores de estar vazia e a necessidade de se sentir preenchida acompanham a menina em seu desenvolvimento emocional. Neste sentido, quanto maior a sensação interna de esvaziamento, maior a possibilidade de sentir-se vulnerável às pressões culturais, o que pode levá-la a um caminho de tentar compensar o sentimento de vazio interior, enfatizando e valorizando seu aspecto exterior e sua aparência. O culto ao corpo, à beleza e à sensualidade poderão ser utilizados agora por ela como referenciais e medidas de seu próprio valor e da preservação de sua condição feminina, servindo como uma espécie de reasseguramento e tranquilização de suas angústias mais primitivas. A esse respeito, Klein (1945, p. 482) afirma:

> Apesar da proeminência do mundo interior em sua vida emotiva, a necessidade de amor da menina pequena e a sua relação real com as pessoas demonstram uma grande dependência do mundo exterior. Contudo, esta contradição é somente aparente, já que sua dependência do mundo exterior está reforçada pela sua necessidade de renovar a sua confiança no que se refere ao seu mundo interior.

Na medida em que, neste novo contexto sociocultural, modelos ligados à imagem tornam-se muito valorizados, e que predominam a perspectiva imediatista e voraz, voltada para a obtenção de prazer sensual sem necessidade da espera, valores que levam em conta a introspecção, a contenção, a necessidade do pensamento e a compreensão dos limites, das frustrações e do sofrimento como inerentes à vida humana vão cada vez mais sendo deixados de lado. E, quando este caldo de cultura que valoriza a aparência e a sensorialidade vai de encontro com o psiquismo da menina, em que dominam os medos de estar vazia em seu mundo interior, a resultante pode ser a adesão ao culto narcísico da aparência como solução para ela sentir-se valorizada e desejada. Como se trata de uma solução mágica, o sentimento de vazio interior persiste, o que estimula a menina, e mais tarde a mulher adulta, a continuar permanentemente cultuando a própria imagem e a erotização, num movimento sem fim e vicioso, em que dominam a constante insatisfação e a necessidade voraz de estar sempre consumindo novos produtos e recursos de beleza.

Nesta perspectiva, podemos pensar a erotização da infância como uma forma de expressão da patologia do vazio, em que o ser individual e peculiar a cada um é negligenciado em favor de valores externos e modelos impostos por um determinado movimento social que se detém no culto narcísico da imagem e dos aspectos materiais da existência. Consiste em uma espécie de objetivação do ser e do viver em que valores mais essenciais do existir ficam anulados, colocando nas mãos de todos nós, além dos pais e educadores, uma séria questão a ser pensada, pois envolve o destino e o futuro de nossas crianças e sociedade.

Referências

ARIÈS, P. *História Social da Criança e da Família*. Rio de Janeiro: Guanabara, 1981.

FELIPE, J.; GUIZZO, B. "A Erotização dos Corpos Infantis na Sociedade de Consumo". *Pro-Posições,* 14 (3): 42, set.-dez. 2003. Disponível em: <periodicos.sbu.unicamp.br/ojs/index.php/proposic/article/view/8643865>. Acesso em: 01 out. 2018

FREUD, S. *Três Ensaios sobre a Teoria da Sexualidade* (1905). Rio de Janeiro: Imago, 1972 (Obras Psicológicas Completas de Sigmund Freud, 7).

INSTITUTO ALANA. "Na Publicidade, o Paradigma e o Modelo de Pertencimento São Dados de Fora para Dentro". *Entrevista com Ana Olmos*. São Paulo, 2009. Disponível em: <http://www.alana.org.br/Crianca-Consumo/NoticiaIntegra.aspx?id=5928&origem=23>. Acesso em: 01 out. 2018.

KLEIN, M. "O Complexo de Édipo à Luz das Primeiras Ansiedades" (1945). *Contribuições à Psicanálise*. São Paulo: Mestre Jou, 1970.

3
Aprendizagem precoce: o percurso do desenvolvimento

Ligia Cecilia Buso Sernagiotto

A humanidade em sua evolução necessitou desenvolver um sentido de identidade. Assim, o que era válido para cada grupo também se tornou válido para cada ser humano
(E. Erikson).

Um recém-nascido... um corpo sem controle que se agita e se aquieta respondendo a impulsos e demandas internas. O que determina seu crescimento? Seu desenvolvimento? Sua humanização?

Durante séculos concebeu-se o desenvolvimento humano como determinado por dons inatos até encontrarem meninas vivendo numa alcateia de lobos. Este fato desencadeou uma forte crença de que o desenvolvimento é determinado pelo ambiente no qual vivemos. A partir de meados do século XIX, Darwin na biologia, Marx na sociologia e Freud na psicologia deflagram ideias de que o humano não é um ser dado pronto, mas que se constitui no espaço e no tempo.

Estudos de Piaget, Vygotsky e Wallon (LA TAILLE; OLIVEIRA; DANTAS, 1992) mostraram ao mundo científico que o desenvolvimento é sim uma interação de fatores internos e externos. Constitui-se através de ativas interações entre o sujeito e o meio em que vive. No início, com os pais e irmãos, depois, com a família mais abrangente e classe social a que pertence. Enquanto o ser humano age, constitui a si mesmo através dessa ação.

Piaget (1997), em seus estudos sobre a origem do pensamento humano, apresentou estágios para o desenvolvimento cognitivo para subdisiar a compreensão da construção da inteligência. Dialogou com crianças, utilizou jogos, apresentou problemas a serem resolvidos e observou-as para entendê-las nas diferentes idades, através das respostas dadas aos desafios apresentados. Constatou a existência de quatro estágios para o desenvolvimento do pensamento, e denominou-os como: sensório motor, pré-operatório, operatório concreto e operatório formal.

Henry Wallon (1995), centrado na psicogênese completa da pessoa, destacou a importância do vínculo como base do desenvolvimento orgânico, social e psíquico, realçando o componente afetivo. O desenvolvimento é um processo aberto de mudanças constantes e é determinado por condições orgânicas associadas às condições do meio social, sendo apresentado em cinco etapas: impulsivo-emocional, sensório-motor, personalismo, categorial e adolescência. A estrutura biológica do sujeito é condicionante da vida em sociedade, mas o meio social é o condicionante no desenvolvimento das capacidades do indivíduo.

Diferente dos autores acima citados, Vygotsky (1987) interpretou o desenvolvimento como transformação do ser biológico inexperiente, mediado pelos outros mais experientes que vão apresentando a realidade, a cultura e objetos, auxiliando-o num processo sócio-histórico, no qual a linguagem é o principal instrumento de comunicação e de desenvolvimento da estrutura cognitiva. Introduz o conceito de Zona de Desenvolvimento Proximal - ZDP[1]), destacando que os sujeitos mais experientes mediarão os sujeitos menos experientes, com os instrumentos culturais disponíveis num dado momento sócio-histórico, promovendo formas superiores de desenvolvimento humano.

Já um autor contemporâneo, Vitor da Fonseca (2015) destaca que a socialização da criança e do jovem depende de seus estilos de interação com os mais velhos, sendo que esses estilos condicionarão as competências das futuras gerações. Cita estudos de Maccoby e Martin (1983) e Baumrid (1967), os quais ressaltam que pais e professores que adotam práticas interativas de afetividade e disciplina com pouca frequência tendem a provocar nas

---

1 Zona de Desenvolvimento Proximal (ZDP) define aquelas funções que ainda não amadureceram, mas que estão em processo de maturação; funções que amadurecerão, mas que estão presentes em estado embrionário, Vygotsky (1987, p. 97).

crianças e nos jovens baixa autoestima. Em contrapartida, Bronfenbrenner (1996) e Brazelton (2000) afirmam que a combinação dialética entre afetividade, disciplina e autoridade produz efeitos positivos no desenvolvimento dos sujeitos menos experientes. Estes autores entendem que emergimos de ecossistemas que facilitam ou não nosso desenvolvimento global. Enfatiza-se o modo como as interações da criança durante as suas experiências precoces com o ambiente físico e social podem favorecer ou impedir processos de aprendizagem e de desenvolvimento.

Erikson (1976), proponente da teoria psicossocial do desenvolvimento, destaca que em cada estágio da vida temos desafios – tarefas a serem resolvidas. Para ele, são crises normativas que permitem às crianças se tornarem pessoas com fé, força de vontade, determinação, competência, fidelidade, amor, zelo e sabedoria. Em seus estudos, concluiu que para manter a continuidade das experiências todos os indivíduos buscam relacionar suas aprendizagens de um estágio para o outro.

Nesse mesmo sentido, J. Bowlby (1995) destaca o apego[2] que se desenvolve por meio da relação (vínculo) que o bebê estabelece com a pessoa de referência afetiva (mãe, pai, avó, outros) até os 2 anos de idade. O vínculo proporciona para o bebê a criação de laços estáveis de confiança, sendo por meio destes que a criança se comunicará com o mundo que está além da família.

Nesta perspectiva, Almeida *et al.* (2011) cita estudos (BERNHEIMER; KEOGH, 1995) sobre as rotinas da família que passam a ter uma relevância fundamental para a aprendizagem precoce, sobretudo os ambientes naturais de aprendizagem. O cotidiano e suas experiências e oportunidades, bem como o envolvimento ativo e corresponsável da família, constituem ingredientes fundamentais para a aprendizagem nos anos iniciais da infância. A valorização dos ambientes naturais proporcionadores de oportunidades de aprendizagem e desenvolvimento para as crianças, tem sido, há décadas, foco de atenção de muitos antropólogos, psicólogos e educadores (DUNST *et al.*, 2001).

---

2   Apego é a capacidade apreendida pela criança como resultado de interações recíprocas e contínuas, durante os primeiros anos de vida, caracterizadas pela proteção, satisfação das necessidades, dos limites, do amor e da confiança (Bowlby, 1960; Levy e Orlans, 1998).

Atualmente sabe-se que as crianças de pouca idade aprendem por meio de interações repetidas, e as práticas de Intervenção Precoce[3], antes utilizadas somente para crianças com desenvolvimento de risco, estão sendo utilizadas em conjunto com a prestação de ajuda centrada na família (DUNST *et al.*, 2001; DUNST; BRUDER, 2002). Essas práticas implicam num modelo de colaboração entre profissionais e pais, em que estes são capazes de tomar decisões mais seguras quanto à oferta de aprendizagem precoce.

As rotinas deverão ser repetitivas, previsíveis, desenvolvendo-se em rituais ou atividades, afirma Almeida *et al.* (2011). Os estudos de McWilliam e Bailey (1995) revelam que as intervenções de profissionais têm pouco efeito direto sobre a criança. Quando os pais são orientados por profissionais a atuarem no seu ambiente, há uma importante melhoria das competências e da autoconfiança destes e das famílias, que por sua vez têm uma influência grande na promoção do desenvolvimento da criança. Estudos (ALMEIDA, 2004; FONSECA, 2015) defendem que as intervenções aconteçam nos ambientes naturais de vida da criança, definidos como:

> A casa, a comunidade e os cenários onde estão as crianças em idades precoces é onde elas aprendem e desenvolvem as suas competências e capacidades. Ambientes naturais de aprendizagem incluem os locais, os cenários e as atividades nas quais as crianças, do nascimento aos 3 anos, teriam normalmente oportunidades e experiências de aprendizagem (DUNST; BRUDER, 2002, p. 365).

Esta definição inclui, portanto, a família, a vida na comunidade e a creche ou o jardim de infância, entendendo-os como contextos que proporcionam múltiplas oportunidades para experiências de aprendizagem, constituindo, assim, ótimos cenários de intervenção. O papel do profissional deverá ser o de apoiar os vários prestadores de cuidados, ajudando-os a identificar e aproveitar as crianças indo ao encontro dos seus interesses. Almeida (2004) cita Widerstrom, que enfatiza o brincar: segundo estes autores, a atividade lúdica deverá ser considerada o veículo privilegiado para a aquisição dos objetivos de novas aprendizagens.

Também Piaget (1997), ao descrever os processos de desenvolvimento nos primeiros anos de vida, nos remete para a importância da experiência

---

3 Intervenção precoce (IP) – um conjunto de serviços desenvolvidos no sentido de prevenir ou atenuar os problemas de desenvolvimento ou de comportamento das crianças de 0 a 6 anos, resultantes de influências biológicas e/ou ambientais. O conceito de IP surgiu nos países industrializados, principalmente nos EUA durante os anos 60, apoiando crianças socialmente desfavorecidas.

no dia a dia da criança. A inteligência pode ser alterada através da experiência, e as crianças constroem o seu conhecimento com uma atitude reflexiva, questionando quando se envolvem em determinados contextos, por meio da resolução de problemas, avaliando situações discrepantes, reavaliando acontecimentos, manipulando e experimentando tudo o que as rodeia. Se proporcionarmos à criança diversas experiências ambientais, ela é capaz de identificar diversas ideias, problemas, questões, e de relacionar objetos e situações, identificar analogias e diferenças; isto é, desenvolver uma compreensão cognitiva mais elaborada do mundo que a cerca.

Assim como Piaget, também Vygotsky (1987) declara que um bebê, ao nascer, possui padrões motores e sensoriais, mas, sublinha, se o desenvolvimento não for orientado por indivíduos de uma determinada cultura, o resultado será um ser não humano. Sustenta que o prestador de cuidados influencia a coordenação e generalização dos padrões motores e sensoriais através da linguagem interiorizada pela criança. Refere-se ao hiato entre o desempenho atual de uma criança numa dada área e o seu potencial desempenho no caso de receber orientação de alguém mais capacitado (ZDP). Deste modo, a linguagem e o pensamento tornam-se interligados para este autor. Mais recentemente, Rogoff (1994) enfatiza a importância de as comunidades de aprendizagem promoverem relações de colaboração entre o adulto e a criança e o papel desempenhado pela linguagem na mediação[4] da aprendizagem, e como aquela se torna interiorizada sendo, depois, traduzida em ação, em outros momentos e contextos. As crianças participam nas atividades da sua comunidade, interagindo com outras crianças e com adultos, em situações de rotina, bem como situações de colaboração explícita, tanto na presença umas das outras como em atividades socialmente estruturadas, preparando-se para acontecimentos ou experiências futuras. Bronfenbrenner (1996) realça que a aprendizagem e o desenvolvimento são uma função conjunta das características individuais e ambientais e dos processos que mediam as interações entre a criança em desenvolvimento, outras pessoas e o ambiente não social.

Almeida *et al.* (2011) destacam que abordagens atuais do desenvolvimento enfatizam o modo como as interações da criança, durante as suas

---

4   Mediação, termo cunhado por Vygotsky, significa um processo de intervenção de um elemento intermediário numa relação que deixa de ser direta e passa a ser mediada por esse elemento.

experiências precoces com o ambiente físico e social, podem favorecer ou impedir processos de aprendizagem e de desenvolvimento (BRONFEN-BRENNER, 1979). Já Pinto (2006) cita estudos de McWilliam e Bailey, e revela que o envolvimento, enquanto fator de aprendizagem e dimensão do desenvolvimento cognitivo precoce, pode ser visto como um fator mediador nos processos de desenvolvimento e um índice da competência da criança. O envolvimento é aqui definido como a quantidade de tempo que a criança despende a interagir ativa e atentamente com o seu ambiente (com adultos, pares ou materiais) de forma contextualizada, de maneira adequada em diferentes níveis de competência. Vemos assim que a maioria dos autores aqui citados defende a importância da aprendizagem precoce, desde que garantida a combinação dialética entre afetividade, disciplina e autoridade dos sujeitos mais experientes mediando as rotinas nos ambientes naturais onde os menos experientes circulam.

Entretanto, Cupertino (1999) aponta que a principal objeção ao aprendizado precoce na infância refere-se ao possível prejuízo da sociabilidade pela valorização de um único aspecto do desenvolvimento (o intelectual-cognitivo). Baseia-se, de fato, em um preconceito onde supõe-se que o desenvolvimento infantil aconteça de modo uniforme nas diferentes esferas – emocional, social, intelectual – e que, ao mostrar precocidade em uma área, a criança estaria preparada para adaptar-se também às demais. Nesse caso, as avaliações pedagógicas e psicológicas da criança são fundamentais para atender às discrepâncias entre diferentes níveis de maturidade. Do ponto de vista do indivíduo a ser adiantado, há de considerar-se que a diferença de ritmo e nível é apenas uma dentre as muitas possíveis: de interesses, de habilidades, daquilo que hoje se denomina como múltiplas inteligências, e assim por diante.

O desenvolvimento infantil não é homogêneo, e não há justificativa razoável para a opção de pretender atender apenas parte das diferenças existentes. Privilegiar os aspectos intelectuais e cognitivos, considerando-os mais relevantes que os emocionais e sociais, pode promover o isolamento da criança de seus pares, sugerindo para ela a possibilidade de que ser bem-sucedida implica em afastar-se do que sente e do fértil terreno do intercâmbio social. Portanto, deve-se garantir afetividade, disciplina e autoridade, buscando assim humanizar a criança, assegurando-lhe a possibilidade de assimilar o ambiente num dado momento sócio-histórico, através da mediação dos sujeitos mais experientes e de uma educação lúdica, orientada à formação de um cidadão saudável para si mesmo e para a convivência com os outros.

Referências

ALMEIDA, I. C. et al. "Práticas de Intervenção Precoce Baseadas nas Rotinas: Um Projeto de Formação e Investigação". *Análise Psicológica*, 29 (1): 83-98, 2011 (Lisboa). Disponível em: <http://www.scielo.mec.pt/scielo.php?pid=S0870-82312011000100006&script=sci_arttext&tlng=pt>. Acesso em: 10 mai. 2016.

ALMEIDA, I. C. "Intervenção Precoce: Focada na Criança ou Centrada na Família e na Comunidade". *Análise Psicológica*, 22 (1): 65-72, mar. 2004 (Lisboa). Disponível em: <http://www.scielo.mec.pt/scielo.php?script=sci_arttext&pid=S0870-82312004000100007&lng=pt&nrm=iso>. Acesso em: 16 jun. 2017.

BOWLBY, J. *Cuidados Maternos e Saúde Mental*. São Paulo: Martins Fontes, 1995.

_____. "Ethology and the Development of Object Relations". *The International Journal of Psycho-Analysis*, 41(2), 1960.

BRAZELTON, T. *Tornar-se Família: o Crescimento da Vinculação Antes e Depois do Nascimento*. Lisboa: Terramar, 2000.

BRONFENBRENNER, U. *A Ecologia do Desenvolvimento Humano: Experimentos Naturais e Planejados*. Porto Alegre: Artes Médicas, 1996.

CUPERTINO, C. "Alfabetização Precoce: Condição para Adiantamento Escolar?". *Dois Pontos - Teoria & Prática da Educação*, 5 (41): 59-61, mar.-abr. 1999.

DUNST, C. J.; BRUDER, M. B. "Values Outcomes of Service Coordination, Early Intervention and Natural Environments". *Exceptional Children*, 68 (3): 361-375, 2002.

DUNST, C. J. et al. "Contrasting Approaches to Natural Learning Environment Interventions". *Infants & Young Children*, 14 (2): 48-63, 2001.

ERIKSON, E. H. *Identidade, Juventude e Crise*. Rio de Janeiro: Zahar, 1976.

FONSECA, V. *Cognição, Neuropsicologia e Aprendizagem*. 7. ed. Rio de Janeiro: Vozes, 2015.

LA TAILLE, I.; OLIVEIRA, M. K.; DANTAS, H. *Piaget, Vygotsky, Wallon: Teorias Psicogenéticas em Discussão*. São Paulo: Summus, 1992.

LEVY, T. M.; ORLANS, M. Attachment, Trauma, and Healing: Understanding and Treating *Attachment Disorder in Children and Families*. Washington, D.C.: Child Welfare League of America, 1998.

MCWILLIAM, R. A.; BAILEY, D. B. "Effects of Classroom Social Structure and Disability on Engagement". *Topics in Early Childhood Special Education*, 15 (2): 123-147, 1995.

PIAGET, J. *Seis Estudos em Psicologia*. São Paulo: Martins Fontes, 1997.

PINTO, A. I. *O Envolvimento da Criança em Contexto de Creche: os Efeitos de Características da Criança, da Qualidade do Contexto e das Interacções Educativas*. Faculdade de Psicologia e de Ciências da Educação, Universidade do Porto, 2006, 524f. (Tese de Doutorado).

ROGOFF, B. *Aprendices de Pensamiento*. Barcelona: Paidós, 1994.

VYGOTSKY, L. S. *Pensamento e Linguagem*. São Paulo: Martins Fontes, 1987.

WALLON, H. *Origens do Pensamento na Criança*. São Paulo: Nova Alexandria, 1995.

II
A ESCOLA

II
A ESCOLA

4
Bullying na escola

Adriana Leonidas de Oliveira

*Lembre-se sempre que não só tem o direito de ser um indivíduo,
você tem a obrigação de ser.*
(Eleanor Roosevelt)

É indiscutível a importância da escola para o desenvolvimento psicossocial da criança e do adolescente. Constitui-se como um espaço privilegiado não apenas para transmissão de conteúdos formais e acadêmicos, mas também para se aprender a lidar com as emoções e com as dificuldades, a conviver, a respeitar as diferenças e se relacionar de forma saudável com os pares. Embora compreendida como espaço central de aprendizagem e crescimento para a criança e o adolescente, a escola também pode se tornar palco de conflitos e agressividades, os quais revelam um fenômeno que não pode ser ignorado na atualidade: a violência escolar. Uma das formas de violência escolar é o *bullying*, objeto de análise nesse capítulo.

O *bullying* é um fenômeno pelo qual o indivíduo ou grupo é sistematicamente exposto a um conjunto de atos agressivos, diretos ou indiretos, que acontecem sem motivação aparente, mas de forma intencional e repetida, protagonizada por um ou mais agressores. É marcado por desequilíbrio de poder e ausência de reciprocidade (LISBOA; BRAGA; EBERT, 2009; MALTA *et al.*, 2014; SALMIVALLI *et al.*, 1998; WENDT; CAMPOS; LISBOA, 2010; ZEQUINÃO *et al.*, 2016). Assim, o que distingue o *bullying* de outros tipos de agressão é seu caráter repetitivo e sistemático, e a intencionalidade de causar dano a alguém que normalmente é percebido como mais frágil e que dificilmente consegue reverter a situação ou se defender (LISBOA; BRAGA; EBERT, 2009; FANTE, 2005; MALTA et al., 2014; SALMIVALLI et al., 1998).

O *bullying* é um fenômeno complexo, assim como a violência escolar em um sentido mais amplo, e ocorre devido à interação de diferentes fatores individuais, sociais e culturais. Compreendido como um fenômeno dinâmico e grupal, o *bullying* pode ser reforçado ou enfraquecido por uma complexa rede de interação entre os vários estímulos aos quais estão expostos os jovens, as famílias e as escolas, inseridos em um contexto sociocultural que sempre deve ser considerado (LISBOA; BRAGA; EBERT, 2009; WENDT; CAMPOS; LISBOA, 2010). A violência identificada no ambiente escolar não está restrita aos muros da escola, mas deve ser considerada um fenômeno social (OLIVEIRA; CHAMON; MAURÍCIO, 2010, 2009). Assim, também o *bullying* é um processo que ocorre na esfera coletiva, e é um fenômeno social pela sua natureza (SALMIVALLI; VOETEN, 2004), não podendo ser compreendido fora da dinâmica da sociedade, e não podendo ser dissociado do contexto social, urbano, relacional e familiar no qual crianças e adolescentes estão inseridos (SALMIVALLI et al., 1998; ZEQUINÃO et al., 2016).

Buscarei, nesse capítulo, apresentar algumas importantes ideias para compreensão do fenômeno do *bullying*, discutindo os tipos, suas características, consequências, formas de enfrentamento e de prevenção.

Compreendendo os tipos de *bullying* e suas características

O termo *bullying* vem do inglês *bully*, que é traduzido como os substantivos "valentão", "tirano", e como os verbos "brutalizar", "tiranizar", "amedrontar". O termo em si não possui tradução literal para o português, e tem sido traduzido por "intimidação" ou ainda "intimidação sistemática", nomenclatura adotada na Lei n. 13.185 de 6 novembro de 2015 (BRASIL, 2015), que institui o Programa de Combate à Intimidação Sistemática (*Bullying*) e será comentada posteriormente. Debate-se que ainda não há um termo em português que abarque todo o seu significado (PIGOZI; MACHADO, 2014), sendo que o termo "intimidação" reduz a complexidade do fenômeno a uma de suas várias formas de manifestação (LISBOA; BRAGA; EBERT, 2009).

Outros termos também utilizados por pesquisadores na língua portuguesa têm sido "maus tratos entre pares" e "vitimização". Entretanto, a utilização do termo no inglês (*bullying*) ainda tem sido a opção recorrente para abarcar a complexidade do fenômeno (LISBOA; BRAGA; EBERT, 2009).

O *bullying* é definido como uma subcategoria de violência, caracterizado por atos agressivos, repetitivos e com assimetria de poder entre pares (LISBOA; BRAGA; EBERT, 2009; MALTA *et al.*, 2014; PIGOZI; MACHADO, 2014), que traz sérias consequências à saúde de crianças e adolescentes. Dan Olweus, precursor dos estudos mundiais sobre o tema, não considera como *bullying* a agressão entre pares que apresentam características físicas e emocionais similares (OLWEUS, 2003). Em consonância a essas ideias, na Lei 13.185, no seu artigo primeiro, considera-se intimidação sistemática (*bullying*):

> Todo ato de violência física ou psicológica, intencional e repetitivo que ocorre sem motivação evidente, praticado por indivíduo ou grupo, contra uma ou mais pessoas, com o objetivo de intimidá-la ou agredi-la, causando dor e angústia à vítima, em uma relação de desequilíbrio de poder entre as partes envolvidas (BRASIL, 2015).

Para que o *bullying* ocorra, as pessoas devem conviver por um período prolongado em um mesmo contexto e, embora a prática seja mais estudada no contexto escolar, permeia diversos outros espaços e faixas etárias (MALTA *et al.*, 2014; PIGOZI; MACHADO, 2014).

A prática do *bullying* tem sido tipificada de três maneiras (MALTA *et al.* 2014; PIGOZI; MACHADO, 2014): *direta e física* (bater, chutar, empurrar, forçar comportamentos sexuais ou ameaçar fazê-lo, assediar, fazer gestos, estragar e roubar pertences); *direta e verbal* (apelidar, insultar, importunar, "tirar sarro", fazer comentários racistas ou que digam respeito a qualquer diferença no outro, xingar); e *indireta (atos de* exclusão sistemática de uma pessoa do grupo, fazer fofocas, espalhar boatos, isolamento da vítima).

Há ainda outro tipo de *bullying*: o *cyberbullying*, violência entre pares que ocorre no espaço virtual e que se caracteriza pelo uso de instrumentos próprios para depreciar, enviar mensagens intrusivas da intimidade, adulterar fotos e dados pessoais que resultem em sofrimento ou com o intuito de criar constrangimento psicossocial. Tratam-se, portanto, de expressões de *bullying* que têm sido observadas com frequência na atualidade, devido ao aumento do uso de internet e celulares por crianças e adolescentes. O anonimato que ocorre nesse tipo de *bullying* pode encorajar os agressores a ameaçar, intimidar e humilhar os outros, assim como dificultar a solução do problema por parte da vítima. A velocidade das redes sociais e o livre acesso tornam o problema ainda mais complexo (LISBOA; BRAGA; EBERT, 2009; PIGOZI; MACHADO, 2014).

O *bullying* não deve ser considerado como uma característica normal e corriqueira do desenvolvimento da criança e do adolescente e não pode ser confundido com brincadeira; por envolver sofrimento, não é e não pode ser considerado uma brincadeira entre amigos. O *bullying* é fator de risco para violência institucional e social, assim como para a adoção de comportamentos violentos mais graves, incluindo o porte de armas, agressões e lesões frequentes, e expõe crianças e adolescentes à condição de vulnerabilidade (LISBOA; BRAGA; EBERT, 2009; MALTA *et al.*, 2014).

Pode-se afirmar que o *bullying* é encontrado na maioria das escolas, independentemente das características sociais, culturais e econômicas dos alunos (MALTA *et al.*, 2014), tratando-se de um problema mundial (OMS, 2008). Segundo a última Pesquisa Nacional de Saúde do Escolar (PeNSE), realizada em 2012 pelo IBGE (IBGE, 2013), ocorreu aumento de *bullying* nas capitais brasileiras, passando de 5,4% para 6,8% entre 2009 e 2012 (MALTA *et al.*, 2014).

Pela sua gravidade e incidência, é muito importante que pais, professores e a comunidade escolar em geral saibam identificar os sinais do *bullying* quando este se faz presente. Pode-se estar envolvido no *bullying* em diferentes papéis: como vítima, agressor, vítima-agressor e, ainda, como espectador.

As vítimas normalmente não reagem às agressões, são mais inseguras, temem a rejeição, têm poucos amigos, são retraídos, sofrem com a vergonha, medo, são desesperançados quanto à possibilidade de adequação ao grupo (PIGOZI; MACHADO, 2014; ZEQUINÃO *et al.*, 2016).

Alguns sinais têm sido identificados quando a criança ou adolescente tem sido alvo de *bullying*, os quais têm sido apresentados em cartilhas e manuais de orientação sobre o assunto (ESCOREL, 2009; MPSP, 2011; SILVA, 2010): não quer ir à escola, sente-se mal perto da hora de sair de casa, pede constantemente para trocar de escola, apresenta baixo rendimento escolar, isola-se do grupo no recreio, na sala de aula apresenta postura retraída, volta da escola com roupas ou livros rasgados, tem alterações de humor com explosões repentinas de irritação ou raiva, aparece com hematomas e ferimentos após a aula.

Os agressores (*bullies*) são descritos como líderes de grupos, populares, costumam demonstrar insatisfação com a escola (PIGOZI; MACHADO, 2014). Outras características já descritas: são mais extrovertidos e seguros; têm confiança em si; ausência de medo, ansiedade ou culpa; apresentam mais comportamentos violentos; muitas vezes são hiperativos; têm dificuldade de atenção; desempenho escolar deficiente; veem sua agressividade como qualidade (ZEQUINÃO *et al.*, 2016).

Também alguns sinais de quem tem praticado *bullying* têm sido apresentados para que sirvam de alerta a pais e professores/diretores (SILVA, 2010; MPSP, 2011): regressam da escola com roupas amarrotadas; apresentam atitude hostil e desafiante com os pais e irmãos; são convincentes para sair de situações difíceis; frequentemente exteriorizam sua autoridade sobre alguém; portam objetos ou dinheiro que não justificam; fazem brincadeiras de mau gosto; colocam apelidos pejorativos nas pessoas; ameaçam, constrangem, e menosprezam pessoas; divertem-se à custa do sofrimento alheio; manipulam pessoas para se safar de confusões que se envolvem; mentem; negam reclamações da escola, dos irmãos ou dos empregados domésticos.

As vítimas-agressoras têm um duplo envolvimento no processo de *bullying*, pois a mesma criança ou adolescente pode assumir ambos os papéis em diferentes situações. São indivíduos vitimizados pelo *bullying* e que passam a ser agressores de outros, ou que oscilam entre esses dois papéis (FANTE, 2005; WENDT; CAMPOS; LISBOA, 2010). Nesse grupo existem maiores fatores de risco, níveis mais elevados de comportamentos violentos fora da escola, de uso de drogas e piores resultados em avaliações de ajustamento psicossocial (ZEQUINÃO *et al.*, 2016).

As consequências do *bullying* são negativas para todos os envolvidos, mas especialmente para as vítimas. Na próxima seção tais consequências serão analisadas.

Analisando as consequências do *bullying*

A vivência do *bullying* expõe as crianças e os adolescentes à condição de vulnerabilidade e traz muitas e variadas consequências.

Para as vítimas, pode acarretar problemas comportamentais e emocionais, destacando-se o stress, a diminuição ou perda da autoestima, a ansiedade, a depressão, o baixo rendimento escolar e, até mesmo, em casos mais severos, o suicídio (JANKAUSKIENE *et al.*, 2008; ZEQUINÃO *et al.*, 2016). Outras consequências identificadas são: cefaleia, dores abdominais, insônia, enurese noturna e agressividade (PIGOZI; MACHADO, 2014). Sofrer *bullying* na infância e adolescência pode estar associado a traços emocionais de tristeza, menor capacidade de foco e de *coping*, e maior fragilidade emocional na vida adulta (FRIZZO; BISOL; LARA, 2013). Em comparação com estudantes não envolvidos com *bullying*, vítimas e vítimas-agressoras apresentam maiores níveis de ansiedade (ISOLAN *et al.*, 2013).

Quanto aos agressores, consequências identificadas são problemas nos relacionamentos afetivos e sociais, dificuldade de respeitar regras, menor autocontrole, aumento de probabilidade de se tornarem pessoas mais agressivas ou envolvimento com criminalidade (ZEQUINÃO *et al.*, 2016). Tendem a se envolver em relações afetivas permeadas por violência, com elevado índice de conflitos, participando de um ciclo vicioso de violência (WENDT; CAMPOS; LISBOA, 2010).

As testemunhas são alunos que não sofrem nem praticam *bullying*, mas convivem diariamente com o problema e se silenciam por medo e insegurança. As testemunhas do *bullying* também sofrem consequências, podendo ser acometidas em seu desempenho escolar e em seu meio social por vivenciar um ambiente violento (PIGOZI; MACHADO, 2014). Sentem-se geralmente intimidadas, indefesas e inseguras; sofrem em silêncio e não sabem como ajudar a quem é vítima de *bullying*. Podem também sentir medo de ir à escola, e apresentar ansiedade.

Constata-se que em qualquer esfera de participação, o *bullying* pode trazer repercussões físicas e psicológicas, impactando negativamente no desenvolvimento das crianças e adolescentes. Assim, formas de enfrentamento devem ser buscadas e ações para prevenir essa problemática são necessárias.

Refletindo sobre o enfrentamento do *bullying* e formas de prevenção

As vítimas de *bullying* tornam-se, na maioria das vezes, reféns dos agressores. Isso porque raramente contam a outros sobre as agressões sofridas ou pedem ajuda às autoridades escolares ou aos pais, por medo de represálias e por vergonha. Há uma falsa crença de que essa postura possa evitar possíveis retaliações dos agressores e/ou julgamento de fragilidade ou covardia por parte das pessoas com quem convive. Relatam Kubwalo *et al.* (2013), que crianças e adolescentes vítimas de *bullying* sentem-se indefesas e carentes de apoio. Alertam Zequinão *et al.* (2016), que muitos professores e funcionários são omissos ou despreparados para lidar com esse comportamento violento na escola. Assim, é imprescindível a necessidade de se identificar precocemente, combater e principalmente prevenir o *bullying* no contexto escolar.

A participação de múltiplos atores sociais (família, escola, comunidade) e a atuação de forma intersetorial, articulando redes de proteção social no sentido de implementar políticas públicas que visem estimular valores e atitudes de paz e convivência saudável é o caminho a ser percorrido para o enfrentamento do *bullying*. Nesse sentido e buscando avanço no campo, foi instituído no Brasil o Programa de Combate à Intimidação Sistemática (*Bullying*), por meio da Lei n. 13.185 (BRASIL, 2015), que constitui como objetivos a prevenção e o combate à prática de *bullying* em toda a sociedade, por meio da capacitação de profissionais para implementar ações de discussão, prevenção e solução do problema, assim como orientação de pais e familiares diante da identificação de vítimas e agressores. Também estabelece que sejam realizadas campanhas educativas, de conscientização e informação e fornecida assistência psicológica, social e jurídica às vítimas e aos agressores. Para implementação e execução de tais objetivos, a lei indica que estabelecimentos de ensino, clubes e agremiações recreativas poderão firmar convênios e estabelecer parcerias.

Uma vez que o fenômeno tratado é bastante complexo, faz-se necessário que o trabalho interventivo seja realizado de forma continuada. Ações relativamente simples e de baixo custo podem ser incluídas no cotidiano das escolas, inserindo-as como temas transversais em todos os momentos da vida escolar. As escolas devem aperfeiçoar suas técnicas de intervenção, assim como buscar a cooperação de outras instituições, como os centros de saúde, conselhos tutelares e redes de apoio social (LOPES NETO, 2005), uma vez que, quanto mais extensa for a rede intersetorial de estratégias, mais eficaz será o cuidado à saúde mental das crianças e adolescentes.

Todas as formas de intervenção a serem desenvolvidas devem ver as escolas como sistemas dinâmicos e complexos, considerando sempre as características sociais, econômicas e culturais de sua população. O envolvimento de professores, funcionários, pais e alunos é fundamental para a implementação de projetos de redução e prevenção do *bullying*, sendo que os melhores resultados são obtidos por meio de intervenções precoces. A participação de todos visa estabelecer normas, diretrizes e ações coerentes, que devem priorizar a conscientização geral, o apoio às vítimas, a conscientização dos agressores sobre seus atos e a garantia de um ambiente escolar sadio e seguro (LOPES NETO, 2005).

Encontramos na literatura alguns exemplos de intervenções de sucesso nessa área. Um deles é o Programa de Prevenção do *Bullying* criado por Dan Olweus, que é considerado como um dos mais efetivos na redução do *bullying*, na diminuição de comportamentos antissociais e em melhorias importantes na interação social entre crianças e adolescentes, com aumento de participação positiva nas atividades escolares (LOPES NETO, 2005).

Outro importante exemplo é o da Associação Brasileira Multiprofissional de Proteção à Infância e à Adolescência (Abrapia), que desenvolveu o Programa de Redução do Comportamento Agressivo entre Estudantes. Este teve como objetivo investigar as características desses atos entre alunos de quinta à oitava série do ensino fundamental e sistematizar estratégias de intervenção capazes de prevenir a sua ocorrência (LOPES NETO, 2005).

Podemos ainda encontrar exemplos interessantes em programas apoiados pela Unicef (Fundo das Nações Unidas para a Infância), os quais buscam promover apoio psicossocial na escola, integrados à intersetorialidade, cujos estudos evidenciaram eficácia em promover saúde e manter o bem-estar entre jovens (PIGOZI; MACHADO, 2014).

Algumas sugestões são apresentadas no sentido de contribuir para transformar o ambiente escolar em um ambiente cooperativo:
- Encorajar os alunos a participarem ativamente da supervisão e intervenção dos atos de *bullying*;
- Desenvolver treinamento de habilidades interpessoais nos alunos;
- Treinar e amparar os profissionais da educação para lidar com o *bullying* na escola;
- Formar grupos de apoio que protejam os alvos e auxiliem na solução de situações de *bullying*;

- Fazer reuniões com professores e familiares, a fim de construir estratégias sobre prevenção da violência;
- Realizar grupos de discussões sobre o tema;
- Estabelecer coletivamente regras contra o *bullying*.

Considerações finais

O diálogo, a criação de pactos de convivência, o apoio e o estabelecimento de elos de confiança e informação são instrumentos eficazes para o fortalecimento de um ambiente escolar saudável. A atuação interdisciplinar pode trazer grande contribuição para o alcance desse objetivo. Nesse sentido, psicólogos podem ajudar a escola a lidar com o fenômeno e atuar de forma preventiva nos efeitos nocivos do *bullying* escolar, contribuir no processo de orientação de pais e professores no manejo dessas situações, e contribuir para mobilização da comunidade escolar em prol de uma cultura de paz e de respeito às diferenças.

Por se tratar de um fenômeno de extrema complexidade, a necessidade de investigação e estudo constante sobre o *bullying* se faz presente. Assim, deixo ao final desse capítulo o convite para que a reflexão sobre o tema continue.

Referências

BRASIL. *Lei n. 13.185 de 6 de novembro de 2015*. Institui o Programa de Combate à Intimidação Sistemática (*Bullying*), 2015.

ESCOREL, S. S. N. *Bullying Não é Brincadeira*. Paraíba: Ministério Público da Paraíba; Promotoria da Infância e Juventude da Capital, 2009.

FANTE, C. *Fenômeno Bullying: Como Prevenir a Violência nas Escolas e Educar para a Paz*. Campinas: Verus, 2005.

FRIZZO, M. N.; BISOL, L. W.; LARA, D. R. "Bullying Victimization is Associated with Dysfunctional Traits and Affective Temperaments". *Journal of Affective Disorder*, 148 (1): 48-52, 2013.

INSTITUTO BRASILEIRO DE GEOGRAFIA E ESTATÍSTICA. *Pesquisa Nacional de Saúde do Escolar 2012*. Rio de Janeiro: IBGE, 2013.

ISOLAN, L. et al. "Victims and Bully-Victims but Not Bullies Are Groups Associated with Anxiety Symptomatology Among Brazilian Children and Adolescents". *European Child & Adolescent Psychiatry*, 22 (10): 641-648, 2013.

JANKAUSKIENE, R.; KARDELIS, K.; SUKYS, S.; KARDELIENE, L. "Associations Between School Bullying and Psychosocial Factors". *Soc Behav Personal*, 36 (2): 145-62, 2008.

KUBWALO, H. et al. "Prevalence and Correlates of Being Bullied Among In-School Adolescents in Malawi: Results From the 2009 Global School--Based Health Survey". *Malawi Medical Journal*, 25 (1): 12-14, 2013.

LISBOA, C.; BRAGA, L. L.; EBERT, G. "O Fenômeno *Bullying* ou Vitimização Entre Pares na Atualidade: Definições, Formas de Manifestação e Possibilidades de Intervenção. *Contextos Clínicos*, 2 (1): 59-71, jan.-jun. 2009.

LOPES NETO, A. A. "*Bullying* – Comportamento Agressivo entre Estudantes". *Jornal de Pediatria*, 81 (5): 164-172, 2005 (Rio de Janeiro).

MALTA, D. C. et al. "Bullying in Brazilian School Children: Analysis of the National Adolescent School-based Health Survey (PeNSE 2012)". *Revista Brasileira de Epidemiologia*, 17 (1): 92-105, 2014 (São Paulo).

MINISTÉRIO PÚBLICO DO ESTADO DE SÃO PAULO. *Bullying Não é Legal*. São Paulo: MPSP, 2011.

OLIVEIRA, A. L.; CHAMON, E. M. Q. O.; MAURÍCIO, A. G. C. "Representação Social da Violência: Estudo Exploratório com Estudantes de uma Universidade do Interior do Estado de São Paulo". *Educar*, 36: 261-274, 2010 (Curitiba, UFPR).

_____. "Representação Social da Violência". *In:* CHAMON, E. M. Q. O. (Org.). *Representação Social e Práticas Organizacionais*. Rio de Janeiro: Brasport, 2009, p.162-186.

ORGANIZAÇÃO MUNDIAL DA SAÚDE. "Inequalities in Young People's Health. Health Behaviour in School-Aged Children. International Report from the 2005/2006 Survey". *Health Policy for Children and Adolescents*, 5, 2008 (Copenhagen, WHO).

OLWEUS, D. "A Profile of Bullying at School". *Creating Caring Schools*, 60 (6): 12-17, mar. 2003 (Educational Leadership).

SALMIVALLI, C.; VOETEN, M. "Connections between Attitudes, Group Norms and Behaviour in Bullying Situations". *International Journal of Behavioral Development*, 28 (3): 246-258, 2004.

SALMIVALLI, C. *et al.* "Bullying as Group Process: Participant Roles and their Relations to Social Status within the Group". *Agressive Behavior*, 22: 1-15, 1998.

SILVA, A. B. B. *Bullying: Cartilha 2010 Justiça nas Escolas*. Brasília: Conselho Nacional de Justiça, 2010.

WENDT, G. W.; CAMPOS, D. M.; LISBOA, C. S. M. "Agressão entre Pares e Vitimização no Contexto Escolar: *Bullying, Cyberbullying* e os Desafios para a Educação Contemporânea". *Cad. psicopedag.*, 8 (14): 41-52, 2010 (São Paulo).

ZEQUINÃO, M. A.; MEDEIROS, P.; PEREIRA, B.; CARDOSO, F. L. "*Bullying* Escolar: Um Fenômeno Multifacetado". *Educ. Pesqui.*, 42 (1): 181-198, jan.-mar. 2016 (São Paulo).

5
O que os pais buscam em escolas bilíngues e internacionais

Anna Silvia Rosal de Rosal
Luiza de Moura Guimarães

O que pode esta língua?
... A língua é minha pátria...
Minha pátria é minha língua
(Caetano Veloso)

Estima-se que metade da população do mundo é bilíngue. Um dos motivos para o bilinguismo ser tão difundido é a existência de cerca de 7000 línguas faladas em apenas 196 países (GROSJEAN; LI, 2012; LEWIS; SIMONS; FENNING, 2015). Em decorrência disso, muitos países têm várias línguas oficiais. A Suíça, por exemplo, reconhece oficialmente quatro idiomas: o alemão, o francês, o italiano e o romanche, reflexo da sua fronteira com países que falam esses idiomas. Na Ásia, África e Oceania, o percentual da população bilíngue é ainda mais expressivo. Papua Nova Guiné, país da região da Oceania, é recordista em número de idiomas falados: 820, sendo três destes oficiais (MINERO, 2009). Segundo o *Census Bureau* (2011), nos Estados Unidos, aproximadamente 21% da população relata falar um idioma diverso do inglês em casa.

No Brasil, apesar dos dois idiomas oficiais: português e libras, estima-se a existência de 200 idiomas falados. Destes, 170 são indígenas e outros 30 provindos de imigrantes (OLIVEIRA, 2009). Apesar do número de línguas faladas ser relevante, a imensidão do território nacional e sua densidade demográfica impedem que sejam difundidas em grande escala.

O percentual de brasileiros que fala dois ou mais idiomas, em termos proporcionais, é irrelevante. Em especial nas classes menos abastadas, apesar de o ensino de uma língua estrangeira ser obrigatório no currículo educacional.

No entanto, nos últimos anos, importantes veículos de comunicação[1] têm noticiado o crescimento da procura por escolas que oferecem educação bilíngue. Tal busca inclui os variados níveis educacionais, do berçário ao ensino médio. Inserir o filho em uma dessas escolas intensificou-se enquanto objeto de desejo da classe média brasileira, o que confirma Grigoletto (2007) *apud* Megale e Liberali (2016, p. 11) ao afirmar:

> No Brasil acabou por despertar o interesse não só pela aprendizagem dessa língua (o inglês) como uma língua estrangeira em escolas regulares ou institutos de idiomas, mas nos últimos anos tem significado também um avanço muito grande no número de escolas bilíngues.

Para compreender tal comportamento, demos voz a pais que têm filhos em escolas bilíngues e internacionais. Para tanto, recorremos a uma pesquisa de abordagem qualitativa e natureza explicativa à medida que buscamos compreender tal fenômeno, *ex-post facto* (GERHARDT; SILVEIRA, 2009).

O segundo idioma na educação brasileira

A segunda língua sempre foi ministrada em nossas escolas de forma superficial, com o objetivo de atingir algum vocabulário e conhecimento gramatical necessários para obter-se aprovação em exames técnicos, como o vestibular. Não parece existir por parte do governo uma preocupação real com o domínio da segunda língua. Com isso, famílias mais abastadas recorrem a escolas particulares de idiomas e enviam seus filhos para intercâmbio buscando assegurar o domínio de uma (ou mais) língua estrangeira, principalmente a língua inglesa. Como constata Silva (2014), no Brasil, ao longo do tempo, dominar um idioma, além da língua materna, tem sido um indicativo de pertencimento à classe social dominante.

---

[1] "Cresce Procura por Escolas Bilíngues no País". *O Estado de S. Paulo*, 22 jan. 2010. Disponível em: <http://educacao.estadao.com.br/noticias/geral,cresce-procura-por-escolas-bilingues-no-pais,499839>. Acesso em: 10 abr. 2016.

Megale e Liberali (2016, p. 11) afirmam que "a língua inglesa assume um papel fundamental de língua mundial. No Brasil, o uso do inglês é um dos meios mais rápidos de inclusão e ascensão social". Esses autores recorreram a Rajagopalan (2005) para afirmarem que a pessoa que se recusa a adquirir o inglês corre o sério risco de perder o bonde da história. Por sua vez, Grigoletto (2007) *apud* Megale e Liberali (2016) atribui à valorização do idioma inglês a espetacularização da mídia em torno de acontecimentos que envolvem a língua. Com isso, o imaginário nacional foi afetado de modo que este idioma passou a participar da identidade nacional contemporânea. Soma-se a isso, o *status* conferido à língua inglesa no mundo globalizado.

Escola bilíngue ou internacional: "eis a questão"

De acordo com Silva (2014), idealmente a criança deve ser apresentada ao segundo idioma na faixa etária que vai dos quatro meses aos sete anos. O sistema básico da linguagem se desenvolve nesse período, por isso, as crianças adquirem fluência de forma mais fácil e com maior motivação. Cortez (2015) afirma que o bilinguismo oferece vantagens quando ocorre durante o processo de alfabetização. Em crianças bilíngues a compreensão geral da leitura ocorre mais rapidamente comparada a crianças que entraram em contato com a segunda língua após a alfabetização, independente do contexto em que será adquirida: escola bilíngue ou internacional.

Escola bilíngue

O bilinguismo é definido como a utilização de duas línguas (ou dialetos) na vida cotidiana (GROSJEAN; LI, 2012), e não a habilidade pontual com mais de uma língua. Assim, escolas que oferecem curso de inglês – ou de qualquer outro idioma – ainda que desde as séries iniciais não se encaixam na definição de escola bilíngue já que não utilizam o segundo idioma de forma extensiva e diária. Conforme afirma Moura (2008, p. 48): " [...] quando uma língua estrangeira é ensinada como uma disciplina, assim como ocorre com história, química ou matemática, a escola não é considerada bilíngue", ainda que se defina como tal. Ao contrário, são escolas monolíngues que oferecem curso de idioma a seus alunos.

A definição de bilinguismo é multifacetada e pode ser explorada por diferentes perspectivas (linguística, cognitiva, sociológica, cultural, entre outras), pois não há consenso sobre esse conceito como defendem Flory e Souza (2009). Nesse trabalho adotamos a compreensão de Harmers e Blanc (2000) de que o bilinguismo é um fenômeno multidimensional. A primeira dimensão é a psicológica e individual, a segunda é a interpessoal e a terceira é a intergrupal. A educação bilíngue é, portanto, influenciada por fatores históricos, sociais, ideológicos e psicológicos.

Educação bilíngue é um sistema educacional em que a instrução é planejada em pelo menos dois idiomas. Harmers e Blanc (2000) dividem esta modalidade educacional em duas dimensões: educação bilíngue para crianças do grupo dominante e educação bilíngue para crianças de grupos minoritários. No primeiro caso, o ensino possui um caráter elitista e visa a aprendizagem de um novo idioma, o conhecimento de diferentes culturas, além de habilitação para concluir os estudos no exterior. No segundo caso, o ensino é voltado para crianças geralmente advindas de comunidades socialmente desprovidas, como os grupos indígenas e de imigrantes.

A maioria das instituições que oferecem um idioma estrangeiro, desde suas séries primárias, segue a legislação educacional brasileira, pois não há uma legislação específica que padronize esta modalidade de ensino. No entanto, quando o reconhecimento legal é solicitado, o Ministério da Educação exige ministrar entre 40% e 50% do conteúdo nacional em língua estrangeira.

Acerca do número de escolas bilíngues, em nossa experiência ao longo desse estudo, constatamos a inviabilidade do acesso ao número exato desse tipo de instituto no Brasil. A informação disponibilizada na página eletrônica do órgão[2] que as representa é datada. Registra o crescimento de 28% na quantidade dessas instituições, no período de 2005 e 2007.

Megale e Liberali (2016) afirmam que também não encontraram dados precisos. Então, apresentam uma estimativa aumentada em relação aos dados supracitados com o objetivo de evidenciar a ascensão desse segmento educacional no Brasil.

---

2   Associação Brasileira do Ensino Bilíngue - Abebi. http://abebi.com.br/

Quadro 1. Escolas Bilíngues no Brasil

ESTADO	Nº DE ESCOLAS	ESTADO	Nº DE ESCOLAS
Amazonas	1	Paraíba	5
Bahia	14	Pernambuco	7
Distrito Federal	13	Piauí	1
Espirito Santo	1	Paraná	23
Goiás	1	Rio de Janeiro	20
Maranhão	2	Rio Grande do Norte	2
Mato Grosso	1	Rio Grande do Sul	4
Minas Gerais	4	Santa Catarina	15
Mato Grosso do Sul	4	São Paulo	104
Pará	2	**TOTAL**	224

Fonte: Megale e Liberali (2016)

Escola internacional

No contexto da escola bilíngue para grupos dominantes, encontram-se também as escolas internacionais. Estas instituições têm origem em outro país e se instalam fora dele, em diversos países do mundo, incluindo o Brasil.

O currículo e calendário escolar adotados nesse tipo de escola seguem os moldes do país de origem. Todas as disciplinas são ministradas no idioma materno da escola e o português é tratado como uma língua estrangeira, quando instaladas no Brasil. O certificado de conclusão do ensino é reconhecido no exterior, oferecendo continuidade educacional a alunos que mudam de país.

A alta diversidade cultural dessas escolas oferece importante mergulho em variadas culturas em função da maior parte de seus alunos, professores e funcionários serem estrangeiros oriundos dos mais variados países. Este ambiente costuma evocar a associação com ambientes multiculturais, como as reuniões das Organização das Nações Unidas (ONU), ponto este que as diferenciam das escolas bilíngues. Concomitantemente, permitem a construção de uma rede internacional de amizades.

Para exemplificar a oferta do segundo idioma em escolas internacionais apresentamos o *modus operandi* da escola francesa na Espanha, onde Rosal e Kublikowski (2013) entrevistaram vários de seus alunos.[3] Obviamente esta instituição ministra todas as disciplinas em francês, tem o espanhol como um idioma comum a todas as séries com a finalidade de ensinar a língua local e oferece diversas outras línguas dentre as quais o aluno deve escolher uma como segundo idioma a ser estudado ao longo de sua formação. No entanto, esse segundo idioma pode ser substituído por outro (segundo idioma) após 4 anos de estudo, aproximadamente.

No Brasil, a maioria das escolas internacionais são de língua inglesa. Estimamos a existência de 43 escolas distribuídas em 10 Estados e no Distrito Federal com oferta de 10 idiomas distintos. A seguir, quadro de nossa autoria com a distribuição partindo do maior número de idiomas ofertados, de acordo com pesquisa realizada em *sites* de busca.[4]

Quadro 2. Escolas Internacionais no Brasil

Estado	Número de Escolas	Idiomas
São Paulo	20	Alemão, Árabe, Coreano, Espanhol, Francês, Holandês, Inglês, Italiano, Hebraico.
Rio de Janeiro	5	Alemão, Hebraico, Inglês.
Paraná	3	Árabe, Inglês.
Distrito Federal	5	Francês, Inglês.
Rio Grande do Sul	2	

---

3   Parte dessa experiência pode ser encontrada em Rosal e Kublikowski (2015).
4   Não obtivemos retorno dos órgãos competentes, o que justifica o levantamento em sites de busca.

Bahia	2	
Amazonas	1	
Minas Gerais	1	
Pará	1	Inglês
Pernambuco	1	
Santa Catarina	1	
Sergipe	1	
Total	**43**	**10**

Em sua tese de doutorado sobre as escolas internacionais de São Paulo, Cantuária (2005) relata que nesta cidade as primeiras escolas foram fundadas por imigrantes, no início do século XX, com o propósito de assegurar a manutenção dos vínculos com suas culturas de origem, além de preservar a solidariedade de grupo. No entanto, ao mesmo tempo, produziram a acumulação de capital cultural internacional, assim como, a acumulação estratégica do capital simbólico que alimentava a diferenciação e ingresso mais qualificado na sociedade local.

Na atualidade, além de brasileiros, expressivo número de estrangeiros (expatriados, diplomatas, funcionários de organismos internacionais) procuram essas escolas com a finalidade de garantir a continuidade dos estudos de seus filhos – crianças de terceira cultura[5] – uma vez que mudam constantemente de país ao longo do período escolar de suas crianças. Contudo, enfrentam fila de espera para efetivar a matrícula, o que indica ser insuficiente o número de institutos internacionais no país.

Todavia, nos últimos dois anos, o dinâmico segmento educacional internacional respondeu à essa demanda com o ingresso de algumas escolas, principalmente na cidade de São Paulo, que abriga a maioria dos executivos expatriados no Brasil.

Entendemos que a principal diferença entre a escola bilíngue e a internacional é marcada pela intensidade com que a segunda língua é explorada

---

5 Veja capítulo sobre o tema.

e a convivência com estrangeiros. De mais a mais, a escola internacional também oferece um segundo idioma (assim como as escolas brasileiras tradicionais oferecem o inglês), o que na verdade se torna uma terceira língua. Para exemplificar, recorremos a entrevistas feitas por Rosal, no ano de 2009, com TCKs (crianças e adolescentes) filhas de espanhóis que estudavam em escola americana no Brasil e escolheram o francês como segunda língua. Em função disso, falam fluentemente: (1) o inglês, língua em que são educadas, desde a alfabetização; (2) o espanhol, idioma falado em casa; (3) o francês que estudam desde as séries iniciais, como segunda língua e; (4) o português, pois moravam há 4 anos no Brasil quando foram entrevistadas.

Cabe, portanto, aos pais identificarem a modalidade de ensino mais adequada à educação que buscam para seus filhos ou a que melhor se comunica com as habilidades ou características destes.

Resultados: o que dizem os pais

Considerando o contexto das escolas bilíngues e internacionais no Brasil, aplicamos um questionário *online* com o objetivo de compreender os motivos que levam pais brasileiros a buscar educação em escola bilíngue ou internacional para os seus filhos. Foram respondidos 15 formulários por pais brasileiros residentes em vários estados do país cujos filhos não são portadores de necessidades especiais. Parte dos pais (70%) têm mais de um filho matriculado nas escolas em questão.

A. A maioria dos pais (60%) tem filhos em escolas bilíngues e o restante (40%) em escola internacional.

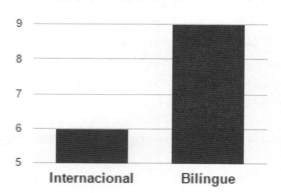

Gráfico 1. Escola internacional ou bilíngue

O que os pais buscam em escolas bilíngues e internacionais | 73

B. Quando questionados sobre o motivo pelo qual buscaram inserir seus filhos nessas escolas, 40% descreveram a possibilidade do filho circular pelo mundo (viajar, fazer amizades, comunicar-se com estrangeiros). Outros 33% indicaram a necessidade de um segundo idioma para ter sucesso no mercado de trabalho. Apenas um dos participantes sinalizou o fato de um dos pais ser estrangeiro e, por isso, o interesse em assegurar a transmissão da língua falada por uma parte da família.

Gráfico 2. Motivação para a matrícula em escola bilíngue

C. A maioria dos participantes relatou que seu filho não apresentou dificuldade em acompanhar o ensino bilíngue (80%), a seguir.

Gráfico 3. Dificuldade para acompanhar o ensino bilíngue

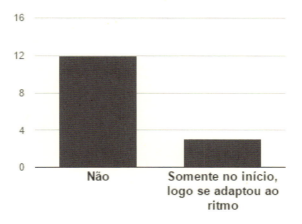

D. Quando perguntados sobre o que a escola bilíngue agregou à vida de seus filhos, os pais deram respostas relacionadas ao conhecimento do idioma, mas também ao desenvolvimento pessoal, interpessoal e social.

Quadro 3. Percepção dos pais sobre a escola bilíngue

"Formação de um pensamento crítico e valores e condutas que não vejo sendo incentivados e ensinados em outras escolas"	"Disciplina"	"Uma visão mais globalizada"
"Enriqueceu a vida delas"	"Autoestima e crescimento"	"Permitiu ela estudar depois fora do Brasil"
"Uma visão mais ampla do mundo"	"Sociabilidade, cultura diferente, curiosidade"	"Ela se diz muito feliz na escola"

Esse quadro, de nossa autoria, aponta para a satisfação em relação às escolas em questão, à medida em que os participantes reconhecem que conseguiram o almejado no ensino bilíngue ou transcultural.

Considerações finais

Na contemporaneidade as informações e as pessoas circulam de forma rápida com o auxílio da comunicação *online* de baixo custo e transportes mais velozes e acessíveis. Transitam muito mais entre países do que transitaram as gerações anteriores, seja para trabalhar, estudar ou passear. No entanto, movimentar-se pelo mundo exige o domínio de algumas habilidades, como códigos culturais diversos e idiomas, em especial o inglês, uma vez que é a segunda língua mais falada no mundo.

A compreensão do idioma enquanto elemento que inclui o homem em determinada sociedade à medida que dá acesso ao repertório cultural de um povo, se faz presente na concepção dos pais ouvidos nesse estudo. Além disso, as mudanças sociais que a globalização da economia e os avanços tecnológicos provocaram no mercado de trabalho foram apontadas como importante motivador da procura por escolas bilíngues.

Os participantes mostraram importante satisfação com o retorno obtido na educação bilíngue e reconhecem que estas instituições oferecerem elementos culturais que ultrapassam a aquisição e o domínio de um segundo idioma.

Contudo, consideramos necessário pesquisar se as escolas aqui tratadas facilitam o aprendizado da segunda língua em relação as crianças especiais como faz com as crianças típicas, conforme demonstrado no relato dos pais (80%) ao informar que seus filhos assimilaram a língua estrangeira com facilidade.

Dado o crescente interesse de significativa parcela da sociedade pelas escolas bilíngues e internacionais entendemos que o tema em questão precisa ser mais investigado pela academia. A literatura é escassa e isso reduz a possibilidade de conhecer amplamente mais aspectos da educação multicultural.

Esperamos contribuir para sensibilizar a esfera pública para ofertar um segundo idioma com a efetividade necessária para que seus alunos adquiriram domínio sobre este, pois, do contrário, continuarão excluídos de variadas oportunidades que o mundo contemporâneo concede ao sujeito bilíngue ou multicultural.

Reforçamos que o caminho em direção ao amplo conhecimento sobre a educação multicultural se faz importante e premente. Seus benefícios podem atingir a formação de docentes para atuar nesse segmento educacional, além de auxiliar pais na escolha educacional de seus filhos.

Referências

CANTUÁRIA, A. L. *Escola Internacional, Educação Nacional: A Gênese do Espaço de Escolas Internacionais de São Paulo*. Campinas, Faculdade de Educação, Universidade Estadual de Campinas, 2005, 173 p. (Tese de doutorado). Disponível em: <http://repositorio.unicamp.br/handle/REPOSIP/253106>. Acesso em: 24 set. 2018.

CENSUS BUREAU. *Language Use in the United States*. Washington, DC: U.S. Government Printing Office, 2011. Disponível em: <https://www.census.gov/newsroom/releases/archives/american_community_survey_acs/cb12-175.html>. Acesso em: 10 abr. 2016.

CORTEZ, R. *Apresentação da Alfabetização em um Contexto Bilíngue e Suas Contribuições no Espaço Escolar*. Brasília, Faculdade de Educação, Universidade de Brasília, 2015. (Trabalho de Conclusão de Curso em Educação). Disponível em: <http://bdm.unb.br/bitstream/10483/12833/1/2015_RenataFariasCortez.pdf>. Acesso em: 16 out. 2016.

FLORY, E.; SOUZA, M. T. "Bilinguismo: Diferentes Definições, Diversas Implicações". *Revista Intercâmbio*, 19: 23-40, 2009. Disponível em: <http://revistas.pucsp.br/index.php/intercambio/article/view/3488/2296>. Acesso: 10 abr. 2016.

GERHARDT, T. E.; SILVEIRA, D.T. (Org.). *Métodos de Pesquisa*. Porto Alegre: Ufrgs, 2009.

GROSJEAN, F.; LI, P. "Bilingualism: A Short Introduction". *The Psycholinguistics of Bilingualism*. Chicester: Wiley, 2012, pp. 145-167.

HARMERS, J.; BLANC, M. *Bilinguality and Bilingualism*. Cambridge: Cambridge University Press, 2000.

LEWIS, M. P., SIMONS, G. F., FENNING, C. D. (Eds.). *Ethnologue: Languages of the World*. 18. ed. Dallas: SIL International, 2015.

MEGALE, A. "Bilinguismo e Educação Bilíngue: Discutindo Conceitos". *Revista Virtual de Estudos da Linguagem – ReVEL*, 3 (5), ago. 2005. Disponível em: <http://www.revel.inf.br/files/artigos/revel_5_bilinguismo_e_educacao_bilingue.pdf>. Acesso em: 10 abr. 2016.

MEGALE, A.; LIBERALI, F. "Caminhos da Educação Bilíngue no Brasil: Perspectivas da Linguística Aplicada". *Raído*, 10 (23), jul.-dez. 2016 (Dourados). Disponível em: <http://ojs.ufgd.edu.br/index.php/Raido/article/viewFile/6021/3170>. Acesso em: 21 mai. 2017.

MINERO, L. "Globalização e Expansão Conscienciológica Através dos Idiomas". *Revista Conscientia*, 10 (4): 302-316, out.-dez. 2006. Disponível em: <http://www.ceaec.org/index.php/conscientia/article/view/133>. Acesso em: 12 abr. 2016.

MOURA, S. *Com Quantas Línguas se Faz um País? Concepções e Práticas de Ensino em uma Sala de Aula em Educação Bilíngue*. São Paulo, Faculdade de Educação, Universidade de São Paulo, 2009, 141 p. (Dissertação de Mestrado em Educação). Disponível em: <www.teses.usp.br/teses/disponiveis/48/48134/tde-06062009-162434/>. Acesso em: 22 mai. 2016.

OLIVEIRA, G de. "Brasileiro Fala Português: Monolinguismo e Preconceito Linguístico". *Rev. Linguasagem*, 11 (1): 1-9, 2009. Disponível em: <http://www.letras.ufscar.br/linguasagem/edicao11/artigo12.pdf>. Acesso em: 20 mai. 2016.

ROSAL, A. S. R.; KUBLIKOWSKI, I. "Redes de Apoio na Adaptação Intercultural de Famílias Nômades". *In:* MACEDO, R. (Org.). *Expandindo Horizontes da Terapia Familiar.* Curitiba: CRV, 2015.

SILVA, I. *Bilinguismo no Brasil: Em Estudo em Duas Escolas do Distrito Federal.* Brasília, Faculdade de Educação, Universidade de Brasília, 2014, 44 p. (Monografia). Disponível em: <http://bdm.unb.br/bitstream/10483/8302/1/2014_IsabelMachadodaSilva.pdf>. Acesso em: 23 jun. 2016.

6
Por uma metodologia viva: docência, identidade e relações interpessoais

Marcelo Silva de Souza Ribeiro

O amor recíproco entre quem aprende e quem ensina.
Este é o primeiro e mais importante degrau para se chegar ao conhecimento.
(Erasmo de Rotterdam)

Provavelmente muito já se tenha dito sobre a questão da docência, especificamente a relação professor-aluno, mas o fato de um tema bastante discutido continuar demandando interesse nos meios educacionais parece ser, no mínimo, curioso.

Neste capítulo, não tenho a pretensão de indicar uma receita ou muito menos listar as boas características do que vem a ser um relacionamento bem-sucedido entre professor e aluno. A intenção será muito mais buscar entender as implicações e pertinências entre a docência e o relacionamento interpessoal vivido no cotidiano da sala de aula, por meio de uma metodologia viva, bem como sua difícil concretização por parte, sobretudo, dos professores.

Assim, em um primeiro momento irei abordar a complexidade da docência envolvendo suas constituições, práticas e saberes. A partir daí, privilegiarei as relações entre professores e alunos como norteadoras do processo de aprendizagem.

O procedimento a ser adotado fugirá de uma lógica linear e casualística, aproximando-se muito mais de um caminho artístico que se guia pela intuição, pelas experiências e pelo que demanda atenção, ao mesmo tempo que se sustenta por estudos de orientação fenomenológica e crítica, dos campos da psicologia e da educação.

Dessa forma, assumo uma perspectiva que busca revelar, através de metáforas e de imagens, como um fotógrafo que procura as cores, as formas e os efeitos revelados pelos vários ângulos, captando as perspectivas até criar uma linguagem e formar uma história. No entanto, essas criações e formações não são neutras, muito pelo contrário. São frutos de opções, de ângulos tomados e de lentes colocadas. Sendo assim, muitas coisas serão assumidamente ditas, outras negligenciadas e algumas militantemente defendidas ou combatidas.

Processo identitário e docência

Posso compartilhar com vocês que este tema, sobretudo no que diz respeito à identidade, sempre foi objeto de minhas reflexões desde que fui tomando consciência da condição de ser professor. Graduei-me em psicologia e já na época da faculdade envolvia-me em situações de ensino. Depois de formado, passei a atuar na psicologia clínica, escolar e na docência. À medida que o tempo ia fluindo, me percebia cada vez mais interessado e mais motivado no mundo da docência, da sala de aula, nas relações e descobertas que eu vivia. Finalmente, pude me assumir como sendo um professor que é psicólogo e não mais um psicólogo que dava aulas.

Considero a identidade enquanto metamorfose, processo, e como algo muito importante para se entender a docência (IZA; BENITES; NETO *et al.*, 2014). Em primeiro lugar, porque rompe com a ideia de que já se nasce professor, ou que para ser professor precisa-se ter um dom ou ainda que não é necessário passar por um processo para se tornar professor (RIBEIRO, 2004).

A profissionalização do professor é algo muito discutido atualmente e envolve uma série de considerações que fugiriam ao propósito deste momento. Entretanto, cabe salientar que a docência ainda requer muitas coisas para se afirmar como uma profissão propriamente dita, mas pensar a identidade, em suas várias dimensões e constituições, já é um bom caminho para começar a compreender as especificidades e singularidades que envolvem o ser professor (GOHIER; ANADON; BOUCHARD *et al.*, 2001). Como nos faz lembrar Grillo (2006, p. 78):

> A docência envolve o professor em sua totalidade; sua prática é resultado do saber, do fazer e principalmente do ser, significando um compromisso consigo mesmo, com o aluno, com o conhecimento e com a sociedade e sua transformação.

A autora, fundamentada sobretudo em autores como Nóvoa (1997), Perrenoud (1993; 1995) e Gauthier (1998), aponta quatro importantes dimensões para compreender a docência: dimensão pessoal, dimensão prática, dimensão do conhecimento profissional e dimensão contextual.

A *dimensão pessoal* aponta para inseparabilidade entre a pessoa e o profissional, em que "ser professor obriga a opções constantes que cruzam nossa maneira de ser com nossa maneira de ensinar, e que desvendam na nossa maneira de ensinar à nossa maneira de ser" (NÓVOA, 1997 *apud* GRILLO, 2006, p. 79).

Essa inseparabilidade nos leva a refletir sobre a formação docente, seja ela a formação inicial ou a formação continuada. Isto significa dizer que não é mais possível manter formações profissionais (sobretudo a docente) que invista apenas na racionalidade técnica sem contemplar a subjetividade do sujeito professor em formação, sua história de vida, seu processo de autoconhecimento, etc.

A *dimensão prática* diz respeito "às direções que o professor imprime ao seu fazer docente, num cenário marcado pela complexidade, e mesmo pela contradição" (GRILLO, 2006, p. 80).

Reconhecer a complexidade da prática docente, como aponta Perrenoud (2001), implica assumir os antagonismos e dilemas inevitáveis e presentes no cotidiano da sala de aula. Não obstante, a complexidade, tal como concebida por Morin (2000), exige um diálogo e uma inseparabilidade entre ordem e a desordem. Este autor atribui à ordem a ideia de estabilidade, de constância, de regularidade e de estrutura. Já a desordem, ele relaciona com as agitações, as dispersões, as colisões, as irregularidades, as instabilidades, os desvios, as aleatoriedades, as desintegrações, os ruídos, os erros e as incertezas. Apesar disso, tanto a ordem quanto a desordem seriam imprescindíveis para possibilitar a compreensão da realidade numa perspectiva da complexidade.

A prática ainda é concebida como a mediadora da produção do conhecimento que se fundamenta e é mobilizada pela experiência de vida do professor. Dessa forma, o professor se constrói a partir de uma prática interativa e dialógica entre o individual e o coletivo, desenvolvendo habilidades e competências (SILVA; FELICETTI, 2014).

As práticas profissionais são cruciais, fornecendo toda a matéria bruta para o processo de *estar sendo* professor, porque assim é possível dar conta de uma realidade extremamente complexa, que é o cotidiano escolar, com suas manutenções, continuidades, rotinas, mas também recheado de imprevisibilidades, incertezas, surpresas, incoerências e contradições.

Pensar a prática docente nos força a pensar em pelo menos dois aspectos, a saber: o temporal e o espacial. Estes demandam refletir a respeito do lugar que o professor ocupa e em que momento ele se localiza. Por sua vez, esses aspectos fazem apelo a questão do cotidiano, entendido como espacialidade e temporalidade vividos (CUNHA, 1989). Mais especificamente, o cotidiano do professor configura-se de modo evidente na sala de aula onde ele vivencia uma de suas condições, onde atua enquanto intérprete de si mesmo e interage com os outros reelaborando constantemente seu fazer. Assim, focalizar a prática docente no cotidiano vivido é também uma questão de método que possibilita acessar condições mais complexas da realidade e ações pedagógicas no ato mesmo em que elas se desenvolvem e se efetivam.

A *dimensão do conhecimento profissional* docente compreende "diferentes tipos de conhecimentos articulados de forma idiossincrásica e nunca definida, originando-se de vários eixos simultaneamente" (GRILLO, 2006, p. 83). Esses eixos dizem respeito: a) às diversas disciplinas científicas necessárias, mas não suficientes para a docência; b) às disciplinas relacionadas às questões sobre o ensino, a aprendizagem, a instituição escolar, etc.; c) às experiências da prática pedagógica; e d) às didáticas específicas (disciplinas integradoras).

A *dimensão contextual* tem a ver com a necessidade de relacionar conteúdo com vivência dos fenômenos locais e globais. A abertura para o entorno possibilita articular elementos culturais, demandas sociais e desafios políticos e coletivos à prática e ao cotidiano da sala de aula. Essa dimensão contribui para ampliação das compreensões éticas, sociais e políticas dos alunos, possibilitando sua formação cidadã.

Partindo da ideia de Paulo Freire (1979, p. 79) de quem "ninguém educa ninguém e ninguém se educa sozinho, mas sim que as pessoas se educam mutuamente", não é possível aceitar que esse, que se diz professor ou que é visto como professor, seja compreendido sem levar em consideração a principal relação que o constitui, ou seja, a relação professor-aluno. Além do professor necessitar manter-se constantemente atualizado, refletindo sobre a sua prática, sabendo aceitar os imprevistos, que invariavelmente ocorrem em seu cotidiano, cabe a ele também saber privilegiar, como aponta Grillo (2006, p. 87): "A riqueza da interação, a necessidade do respeito às diferenças no que tange aos conhecimentos prévios, tempo de cada aluno, área de formação, oportunidade para o exercício da crítica".

Grillo (2006, p. 88) ainda finaliza dizendo que "a docência integra muito mais do que conteúdos e técnicas; integra o professor em sua totalidade; ele é o que ensina e ensina o que é".

O *ser* professor, que é *sendo* no *estar* no mundo e com o outro, é muito mais do que trocadilhos de uma língua que soube "sacar" as sutilezas dos verbos que indicam estados de temporalidades. Na verdade, só podemos oferecer aos alunos aquilo que temos e que somos. Mesmo quando oferecemos aquilo que aparentemente não possuímos, temos o sonho, temos a vontade ou a coragem para doar. E é neste dar e doar-se que fazemos movimentar as aprendizagens com os nossos alunos e que, ao aprendermos, passamos a ensiná-los. A este respeito, recordamos Grossi (2000, p. 75) quando esta diz que "só ensina quem aprende. Este vem a ser um alicerce do construtivismo, ou seja, de que um momento de aprendizagem só existe na circulação de saberes e conhecimentos".

Sendo professor na relação com o aluno

A partir de agora adentrarei em um outro tipo de paisagem repleta de perspectivas a serem captadas com as nossas lentes que buscam entender a docência e suas relações. Essa paisagem diz respeito à importância de ser professor para o outro. Embora esse valor do professor tenha sido vulgarizado de modo piegas, acredito que seja importante ressignificá-lo. Não é por menos que Almeida (2006, p. 38), a propósito de uma reflexão sobre a educação vai dizer que: "Mais que um simples transmissor de conhecimentos, o professor constitui-se numa referência privilegiada para a construção da visão de mundo e da estrutura de pensar o aluno, diga-se, do cidadão planetário". Caberia ao professor, salienta a autora, a tarefa de reconstruir seu próprio perfil enquanto profissional da educação, visando desequilibrar cognitivamente seus alunos.

Essa tarefa traz uma implicação de ordem filosófica, existencial e ao mesmo tempo tem a ver com a questão do processo identitário. Quando o professor reconstrói seu perfil ele busca atualizações e ajustamentos criativos ao tempo que facilita a intensificação de transformações nos alunos. Toda essa dinâmica metamorfósica só é possível numa dialogia/dialética quando o professor, na relação com o aluno, é também educando e quando o aluno, na relação com o professor, é também educador.

É bem verdade que cabe ao professor uma maior responsabilidade para que esse tipo de dinâmica se inicie. Afinal, toda relação é também relação de poder, e de poder que o tempo todo se tensiona. No início de uma relação professor-aluno a relação é assimétrica em sua própria constituição (o que não quer dizer, de modo algum, que o aluno seja um "sem luz"). A questão é exatamente que o professor coloque, à disposição da relação, o poder de "empoderar"[1] o aluno, a tal ponto que o "discípulo possa superar o mestre". A este respeito gosto muito da metáfora que desenha a figura do destino do mestre que precisa morrer para renascer em seus discípulos, como Fênix[2] que renasce das cinzas.

A ideia de renascer e de recomeçar não tem mesmo a ver com a noção de eternidade enquanto cristalização e permanência de um estado que se enrijece numa identidade e num jeito de ser. Aliás, a esse respeito é interessante falar sobre a questão da experiência. Não tenham a ilusão, caros leitores, de que a experiência seja algo acumulativo, como algo que se vai ganhando e somando ao longo do tempo até o momento que podemos dizer com segurança que temos "a experiência" (BONDÍA, 2002). Falamos isso como se a experiência fosse formada por pedaços que vão sendo colocados em nós até ganhar a forma de um quebra-cabeça. Ledo engano.

Certa vez eu ouvi um amigo falar que tinha medo daquelas pessoas que saem dizendo por aí que têm muita experiência nisso ou naquilo. Dizia ele que essas pessoas são geralmente enfadonhas e rígidas. Essas pessoas, complementava ele, diziam ter dez anos de experiência naquilo, mas na verdade tinham um ano de experiência repetido dez vezes.

---

[1] Parece não existir em língua portuguesa uma palavra com o mesmo significado de *empowerment*, em inglês.
[2] A fênix ou fénix é um pássaro da mitologia grega que, quando morria, entrava em autocombustão e, passado algum tempo, renascia das próprias cinzas.

Voltando à ideia de renascimento e recomeço, podemos apontar que nessa constante mudança existe algo que se mantém. A continuidade da atividade humana de aprender, portanto, é uma marca da nossa itinerância. Desde os primórdios que o homem busca saber, conhecer, descobrir e aprender. É nesse caminhar humano com o outro que vamos fazendo nossa história e, ao fazê-la, nos inventamos sem parar. É neste sentido que Lacan (2004) vai nos dizer que "todo desejo é desejo do outro", ou melhor, que todo conhecimento é conhecimento do outro. Essa lição psicanalítica nos ensina que os processos transferenciais são importantíssimos para a relação ensino-aprendizagem e professor-aluno. Não é à toa que Rubem Alves (ALVES, 2002), na sua coluna do jornal Folha de São Paulo, comenta um filme de Bertolucci a respeito de um rico pianista que, ao se apaixonar por sua empregada, passa a tocar músicas que ela gosta. Esta, ao se dar conta do gesto do pianista, passa a apreciá-lo. Afinal, não estaria presente aí uma outra metáfora da relação entre professor e os alunos em que estes, ao se encantarem com o professor, passariam a se envolver mais ainda com os conteúdos da disciplina?

Por uma metodologia viva

Por mais que se tente, não é possível se esquivar da pertinência das relações interpessoais como constituidora de identidades, como mediadora dos processos de aprendizagens e como formadora no sentido mais *lato* e *stricto* do termo.

Esse sentido de formação, particularmente enquanto possibilidade que se dá *a partir* e *nas* relações entre professor e alunos, ganha uma importância crucial na atualidade, sobretudo quando se tem como desafio a questão dos valores socioculturais que norteiam as relações, especialmente em um mundo marcado pelo utilitarismo e instrumentalismo das relações.

Tenho constatado ao longo das minhas vivências e estudos que, muito provavelmente, não precisamos de mais técnicas, de mais instrumentos, de mais controles, de mais burocracias, de mais engenharias de aula para que sejamos bons docentes. O excesso de tudo, alinhado ao produtivismo e a coisificação do mundo, inclusive escolar, tem deixado um grande vazio nas relações e uma falta de sentido nas ações. É como se todos nós (professores e alunos) tivéssemos que fazer um monte de coisas, cada vez mais e em menos espaço de tempo, mas sem sentir absolutamente nada.

Há, portanto, necessidade de vivermos a sala de aula, de estarmos presentes na relação com nós mesmos e com o outro. Tenho chamado isso de "metodologia viva". Com este conceito quero chamar atenção para os aspectos vivenciais e experienciais da relação professor-aluno, para a importância de uma educação baseada em narrativas (sem negar a educação baseada em evidências), que valorize as histórias de vida dos sujeitos, ao menos como porta de entrada para a mediação de aprendizagens significativas.

É certo também que a valorização de uma "metodologia viva" na relação professor-aluno não é sobre negligenciar as técnicas propriamente ditas ou, de maneira ainda mais enfática, de virar as costas para os conteúdos, como diria Perrenoud (2004) ao enfatizar a importância de uma pedagogia das competências.

Um outro aspecto importante é que a valorização da experiência e vivência na relação professor-aluno não significa a ausência de uma perspectiva reflexiva e, portanto, crítica. Ao contrário, vivência, experiência e reflexão devem caminhar juntas. Há que se pensar na formação de um sujeito competente, mas acima de tudo ético e comprometido com os desafios do seu tempo. Nesse sentido, é válido discorrer um pouco sobre alguns dos dilemas do nosso tempo e que marcam, por que não, a relação professor-aluno.

Desafios do nosso tempo

O pacto social que negociou a liberdade individual em favor da criação de um Estado (Instituições) que pudesse regular a convivência das pessoas oferecendo segurança, regras, estabilidade, etc., não está mais respondendo satisfatoriamente às mínimas exigências, particularmente na nossa sociedade.

Somos testemunhas e autores ativos ou passivos de inversões de valores que rompem com o clássico pacto social, nos fazendo perguntar se não estaríamos nos dirigindo para a barbárie. O certo e o errado, o bom e o mau, o correto e o ilícito são cada vez mais confundidos, ficando muito difícil avaliar e ter parâmetros para qual caminho seguir adiante.

Sem entrar nos meandros da corrupção política, da impunidade, do jeitinho brasileiro culturalmente forjado ao longo da nossa história marcada por saqueamentos e violentas submissões, não é possível falar de relacionamento entre professores e alunos sem falar nos sintomas que aí eclodem e que estão ligados a questão dos valores. A qualidade das nossas relações, enquanto professores, mais uma vez assume importância capital na formação do aluno, seja enquanto modelos que somos, seja pelos estilos relacionais (BATISTA; WEBER, 2015).

Ao professor cabe também uma preocupação com a formação de um sujeito social, político e ético, além de profissional. Noções de convivência, de respeito pelo outro, de aceitação da diferença, de limites e responsabilidades são convocações basilares para uma formação. Sendo assim, o professor nunca sai incólume dessa convocação, seja porque responde com ou sem habilidade (*respons-abilidade*). Considerando essa convocação, essa vocação, ação com o outro, o professor não pode não assumir suas responsabilidades, seus atos ou *des-atos* na relação com o aluno.

A violência que presenciamos todos os dias como espetáculos televisivos ou como terrores vividos não é um fenômeno separado de tudo isso que foi colocado. De forma semelhante, situações mais prosaicas como plágios de trabalhos acadêmicos realizados por alunos ou outros tipos de obliquidades feitas, até mesmo por professores, não estão apartadas da crise de valores ou da ameaça em sucumbirmos numa barbárie.

Há quem diga que vivemos em uma época de resistências. O máximo que podemos fazer no momento é resistir, dizem alguns. Considerando essa visão, poderíamos supor que a relação professor-aluno, enquanto formadora, pode ser uma ilha de resistências em que insiste forjar cidadãos comprometidos com a solidariedade e com a fome de beleza, como diria Frei Beto (2000).

Essa fome de beleza tem a ver com o sentido de existência, tão cara à humanidade e tão esquecida na contemporaneidade, ou pelo menos tão reduzida ao sentido mercadológico. Para Frei Beto, a fome de beleza ainda nortearia o processo educativo, atravessando as relações aí contidas. O processo educativo não seria apenas visto por sua importância técnica, mas também por sua pertinência na transmissão do patrimônio cultural, no despertar das potencialidades humanas e espirituais, na reflexão do que se vive, na capacidade de modificar a realidade e no aprimoramento do ser humano.

De modo semelhante, Leite (1997) já trazia à discussão sobre educação e relações interpessoais os seguintes objetivos: cabe educar a partir das relações interpessoais e educar para as relações interpessoais. Para este autor, o problema das relações humanas passa pelo progressivo afastamento do homem com a natureza.

Nesse sentido, o filósofo Martin Buber (1990) já discorria sobre a qualidade das relações *eu-isso* e *eu-tu* dizendo mais ou menos o seguinte: não é possível para o homem moderno viver sem a relação *eu-isso*, mas aquele que vive só a relação *eu-isso*, este, já não será mais homem.

Inúmeros filmes também vêm apontando para a necessidade de o ser humano repensar e reatualizar o modo como se relaciona com o outro e até mesmo com o mundo e com a natureza. Eles denunciam, de certa maneira, que a partir da qualidade que o sujeito se relaciona, tende a influenciar a própria formação do sujeito. Muito provavelmente, essas obras estão em consonância com a perspectiva sartreana que diz que "o outro guarda um segredo: o segredo do que eu sou".

Para Leite (1997, p. 312), o professor tem importância fundamental na sala de aula justamente porque vai:

> Atuar como o transmissor dos padrões da cultura, e ser o responsável pela avaliação de algumas qualidades sociais muito importantes para o aluno. Em alguns dos aspectos básicos da vida social, a autoavaliação é fornecida pela escola; mais importante ainda, nas cidades contemporâneas, a escola é o ponto de passagem entre a identificação da família e a identificação mais ampla do grupo social externo.

Queiramos ou não, a relação interpessoal na sala de aula é inevitável. Os papéis de professor e aluno estão lá e existem roteiros mais ou menos pré-estabelecidos a serem seguidos. Às vezes intensas e genuínas relações se depreendem dos papéis que são representados de maneira, muitas vezes, alienados. Quando isso acontece há possibilidade de os professores conseguirem obter um bom rendimento não apenas com um ou dois alunos, mas com toda a classe. Tais professores têm a capacidade de transformar seus alunos justamente porque estão mais habilitados a observar e salientar os aspectos positivos e não reproduzir os aspectos negativos deles. Essas ideias de Leite (1997, p. 315) são sintetizadas com suas próprias palavras: "O professor precisa é buscar, em cada aluno, as suas qualidades positivas, a fim de provocar o seu desenvolvimento".

Este autor ainda destaca que para o professor lograr êxito deve focar dois pontos relevantes para o desenvolvimento das relações interpessoais: o autoconhecimento e o conhecimento do sentido do comportamento do outro.

Em relação ao autoconhecimento, Leite (1997, p. 321) dirá o seguinte:

> [...] é a incapacidade que o professor 'adquire', depois de algum tempo de trabalho, para perceber, com razoável imparcialidade, o seu comportamento diante dos alunos: notar os seus erros de pronúncia, a sua atitude mais ou menos pernóstica, os gestos mais ou menos deselegantes ou excessivamente formais, a altura de sua voz, a sua maneira de andar ou gesticular, etc.

Aliado ao autoconhecimento, o conhecimento do outro revela ser de grande valia à medida que possibilita, por exemplo, perceber e analisar as dinâmicas dos grupos de alunos em sala, as situações de sala de aula, as transferências, as qualidades dos vínculos, a leitura corporal, entre outros aspectos. Eis aí desafios do nosso tempo que parecem demandar por uma metodologia viva.

Chegando ao fim

Tudo isso, enfim, pelo menos para mim, tem possibilitado compreender a complexidade da docência envolvendo suas constituições, práticas e saberes. De igual modo, tem me ajudado a atuar na situação de maneira mais presente e sentida e não com pregações morais, palavras vazias e inocuidade dos encontros. Entretanto, em nada atenua a difícil tarefa de ser professor face a um mundo que se desnuda e, ao mostrar-se, se confessa complexo. A este desafio, Perrenoud (2001), como mostramos anteriormente, vem se dedicando.

Para o autor, "falar de complexidade significa falar de si mesmo e dos outros frente à realidade. Significa questionar nossa *representação* e nosso *controle* do mundo" (PERRENOUD, 2001, p. 30). À medida que me questiono, capto a irrupção dos antagonismos, como o próprio Perrenoud (2001) nos faz lembrar: entre a pessoa e a sociedade, entre unidade e diversidade, entre dependência e autonomia, entre abertura e fechamento, entre invariância e mudança, entre harmonia e conflito, entre igualdade e diferença...

Talvez uma tentativa de resposta aos antagonismos inevitáveis e à complexidade inerente dessa realidade seja aquela anunciada por Byington (1996), onde ele diz o seguinte a respeito da missão do mestre: "Trata-se da formação e do desenvolvimento do professor, através da vocação de transmitir amorosamente o saber com toda sua emoção e criatividade existencial" (p. 25).

Acredito que o sentido de ser professor sempre escapará dele próprio, embora dependa em primeira mão do seu comprometimento e das suas ações competentes. O sentido de ser professor está voltado o tempo todo para o aluno, essa é sua intencionalidade. Desse modo, a fenomenologia do professor não poderá estar voltada para si. É o outro, na figura do aluno, que lhe empresta o sentido maior de seu ser/fazer. Portanto, a metodologia viva é a própria relação professor-aluno, que inaugura o primeiro ato da existência docente e é a ela que o professor deve constantemente estar voltando para refletir sobre suas práticas, ressignificar sua docência e aprender sendo.

Muito longe de esgotar toda a discussão sobre a docência, a identidade, as relações interpessoais, a metodologia viva, entre outros temas, tomo por ora como satisfeito ao expor essas imagens-discursos e legar um pouco das "fotografias".

Referências

ALMEIDA, M. C. "Complexidade, do Casulo à Borboleta". *In:* ALMEIDA, M. C.; CARVALHO. E. A.; CASTRO, G. *Ensaios de Complexidade*. Porto Alegre: Sulina, 2006, p. 21-41.

ALVES, R. "Rubem Alves: Aprendo Porque Amo". *Folha de S. Paulo*, 26 nov. 2002. Disponível em: <http://www1.folha.uol.com.br/folha/sinapse/ult1063u220.shtml>. Acesso em 12 abr. 2016.

BATISTA, A. P.; WEBER, L. *Professores e Estilos de Liderança. Manual para Identificá-los e Modelo Teórico para Compreendê-los*. Curitiba: Juruá, 2015.

BETTO, F. "Fome de Pão e de Beleza: Base da Pedagogia". *In:* BORDIN, J.; GROSSI, E. P. (Orgs.). *Paixão de Aprender*. Petrópolis: Vozes, 2000, p. 15-17.

BONDÍA, J. L. "Notas Sobre a Experiência e o Saber da Experiência". *Revista Brasileira de Educação*, 19: 20-x, 2002.

BUBER, M. *Eu e Tu*. São Paulo: Moraes, 1990.

BYINGTON, C. A. B. *Pedagogia Simbólica: A Construção Amorosa de Ser*. Rio de Janeiro: Record-Rosa dos Ventos, 1996.

CUNHA, M. I. *O Bom Professor e sua Prática*. Campinas: Papirus, 1989.

FREIRE, P. *Pedagogia do Oprimido*. 9. ed. Rio de Janeiro: Paz e Terra, 1981.

GAUTHIER, C. (Org.). *Por uma Teoria da Pedagogia – Pesquisas Contemporâneas sobre o Saber Docente*. Ijuí: UNIJUI, 1998.

GOHIER, C; ANADON, M; BOUCHARD, Y. *et al.* «La Construction Identitaire de l'Enseignant sur le Plan Professionnel: un Processus Dynamique et Interactif». *Revue des Sciences de l'Éducation*, 27 (1): 3-32, 2001.

GRILLO, M. "O Professor e a Docência: o Encontro com o Aluno". *In:* ENRICONE, D. (Org.). *Ser Professor*. Porto Alegre: EDIPUCRS, 2006, p. 73-89.

GROSSI, E. P. "Só Ensina quem Aprende". *In:* BORDIN, J.; GROSSI, E. P. (Orgs.). *Paixão de Aprender*. Petrópolis: Vozes, 2000, p. 69-75.

IZA, D. F. V.; BENITES, L. C.; NETO, L. S. *et al.* "Identidade Docente: As Várias Faces da Constituição do ser Professor". *Revista Eletrônica de Educação*, 8 (2): 273-292, 2014. Disponível em: <http://www.reveduc.ufscar.br/reveduc/index.php/reveduc/article/view/978>. Acesso em: 23 jun. 2016.

LACAN, J. *Le Séminaire (Livre 10): L'angoisse*. Paris: Seuil, 2004 (originalmente publicado em 1962-1963).

LEITE, D. M. "Educação e Relações Interpessoais". *In:* PATTO, M. H. S. *Introdução à Psicologia Escolar*. São Paulo: Casa do Psicólogo, 1997, p. 301-327.

MORIN, E. *Ciência com Consciência*. Rio de Janeiro: Bertrand Brasil, 2000.

NÓVOA, A. "Dize-me como ensinas e dir-te-ei quem és e vice-versa". *In:* FAZENDA, I. (Org.). *A Pesquisa em Educação e as Transformações do Conhecimento*. Campinas: Papirus, 1997.

PERRENOUD, P. *Construir as Competências desde a Escola*. Porto Alegre: Artmed, 2004.

_____. *Ensinar: Agir na Urgência, Decidir na Incerteza*. Porto Alegre: Artmed, 2001.

_____. *Ofício de Aluno e Sentido do Trabalho Escolar*. Porto: Porto, 1995.

_____. *Práticas Pedagógicas, Profissão Docente e Formação*. Lisboa: Dom Quixote, 1993.

RIBEIRO, M. S. de S. *Experiência do Processo Identitário de Professores em Formação Continuada*. Saguenay, Departamento de Educação, Université du Quebec à Chicoutimi, 2004 (Dissertação de Mestrado).

SILVA, G. B; FELICETTI, V. L. "Habilidades e Competências na Prática Docente: Perspectivas a Partir de Situações-Problema". *Educação Por Escrito*, 5 (1): 17-29, jan.-jun. 2014 (Porto Alegre).

III
ADOLESCÊNCIA

7
O comportamento adolescente nas redes sociais virtuais

Cláudia Yaísa Gonçalves da Silva
Ivonise Fernandes da Motta

A expansão do uso das redes sociais virtuais, ou digitais, facilmente pode ser observada no cotidiano da maioria das pessoas dos diversos centros urbanos. Adolescentes, jovens, adultos e inclusive idosos, encontram nas diferentes redes sociais disponíveis, um recurso para o entretenimento, troca de informações e atualização dos acontecimentos regionais e até mundiais. O alcance dessas redes se tornou tão amplo, que algumas empresas se utilizam de tais meios para se comunicar com os seus funcionários e clientes, divulgando e compartilhando informações e assuntos corporativos.

Este trabalho possui o intuito de realizar algumas reflexões sobre o fenômeno do uso das redes sociais virtuais, na atualidade, como um meio para a expressão de situações do âmbito emocional por parte dos adolescentes. Vale ressaltar que os apontamentos realizados podem corresponder ao comportamento de usuários da internet das diferentes faixas etárias, contudo, o enfoque da presente discussão está voltado para o período da adolescência.

As redes sociais virtuais podem ser consideradas espaços abertos de interação e colaboração entre pessoas que possuem determinados interesses. Como exemplo dessas redes é possível citar o Facebook, o Twitter, o Instagram e os diferentes blogs disponíveis na internet (GABRIEL, 2010 *apud* BOBSIN; HOPPEN, 2014).

As redes sociais possibilitam que os seus usuários compartilhem informações, textos, fotos, vídeos, muitas vezes relacionados às experiências vividas, o que pode torná-las um meio de acesso às ideias, representações e opiniões de seus utilizadores (ORTEGA *et al.*, 2013).

Verifica-se que a introdução desse instrumento virtual, nos últimos anos, vem promovendo mudanças no modelo de interação e comunicação entre as pessoas. Tornou-se parte do dia a dia o envio de mensagens de texto e a publicação de *posts* quando se quer comunicar algo, seja o intuito da mensagem privado ou público. Com isso, também se observa que tais redes impulsionam a manifestação de opiniões e ideias que nem sempre seriam ditas pessoalmente. Pois, de alguma forma, as pessoas parecem se sentir imunes e protegidas por trás da tela do computador ou do aparelho celular *smartphone*.

Os adolescentes são um público que, em sua maioria, utilizam com significativa frequência as redes sociais virtuais. Costumam interagir com os demais jovens que apresentam assuntos em comum, como música, moda, esporte e tendências.

Há casos em que a relação acontece com amigos de escola, do bairro ou de grupos dos quais fazem parte. Porém, é recorrente a interação se desenrolar com pessoas com as quais não apresentam contato presencial. Ainda assim, pode-se considerar que a rede social virtual promove a socialização dos adolescentes, os quais possuem a necessidade de aproximação com os pares e do estabelecimento de vínculos que ofereçam a sensação de pertencimento a um grupo, marcando um lugar social a ser ocupado.

Um trabalho investigativo com adolescentes do Ensino Médio, de escola pública e privada, constatou que a rede social virtual era fortemente utilizada pelos jovens para o exercício da socialização, "como um lugar para encontrar outros jovens, para se relacionar com grupos de interesses e ampliar as amizades" (SOUSA; LEÃO, 2016, p. 291). Ademais, a pesquisa identificou que o ambiente virtual também permitia uma continuidade da interação iniciada em sala de aula, por meio da participação em grupo fechado no Facebook, no qual os adolescentes discorriam sobre assuntos diversos de descontração, festas e também para a troca de informações sobre as ocorrências escolares (atividades, professores, disciplinas).

O Estatuto da Criança e do Adolescente (ECA, 1990) define como adolescente a pessoa entre 12 e 18 anos incompletos e, em casos expressos, abrange aqueles entre 18 e 21 anos de idade. A adolescência pode ser considerada um estágio do desenvolvimento humano em que, além das mudanças biológicas e corporais, também ocorrem modificações emocionais no que diz respeito à descoberta pessoal e à construção ou estruturação da identidade do sujeito.

Apesar de existirem algumas discrepâncias conceituais acerca das delimitações sobre o início e término da adolescência, é possível reconhecer que esta etapa do desenvolvimento humano antecede a entrada no mundo adulto. O adolescente se desenvolve no sentido de conquistar gradativamente maior autonomia, a qual vem atrelada ao aumento das responsabilidades. As motivações se voltam para a independência a ser conquistada e se busca uma aproximação com coletivos e esferas da sociedade para com os quais seja possível estabelecer alguma identificação.

Os modelos familiares que até então exerceram o papel de referência para o sujeito na infância, introduzindo-o às concepções de mundo, sociedade e cultura, já não são completamente suficientes para suprir as expectativas juvenis. O adolescente tende a adquirir novos parâmetros de orientação que possibilitem a expansão da visão de mundo e que contribuam para a estruturação da identidade a ser construída e afirmada.

De acordo com o psicanalista inglês Winnicott (1989, 1993), para que o adolescente evolua em seu desenvolvimento emocional, é preciso inconscientemente ultrapassar os pais e as próprias questões infantis, para assim ocupar o lugar que a eles pertenciam. Dessa forma, tem-se a possibilidade de entrar em contato consigo, com as demandas da descoberta pessoal e da própria existência, colocando-se diante de soluções que lhe pareçam próprias, autênticas e reais.

No entanto, mesmo que o adolescente necessite de certo afastamento do âmbito familiar para se inserir em novas experiências e estabelecer novos modelos norteadores, a família permanece exercendo um importante papel de segurança e estabilidade, permitindo que o jovem se lance em direção à busca de maior autonomia.

Winnicott (1990) reconhece que, em geral, a família é a primeira instituição que fornece o alicerce para que posteriormente o sujeito faça a transição para a inserção nos diferentes grupos da sociedade. Para tanto, espera-se que a família se mantenha como uma estrutura de suporte, permitindo que o adolescente explore as novas situações que irão somar ao rol das vivências pessoais.

Apesar de ser destacada a relevância da posição familiar frente ao adolescente, tem-se verificado o aumento da fragilidade e isenção do papel a ser assumido pela família. Há casos em que os pais se deparam com a dificuldade de se encarregarem da educação dos filhos, não conseguem adotar a postura de responsabilidade quanto à imposição de limites e regras, deixando-os livres. Neste caso, o que as figuras parentais não identificam, é que os adolescentes requerem certa contenção, que seja capaz de orientar e limitar, ao mesmo tempo em que se mantém o respeito à necessidade que possuem de vivenciarem as próprias experiências.

Para Winnicott (1989), quando o adolescente passa a adotar as responsabilidades que seriam dos adultos, tende a despertar a sensação de abandono, justamente na fase em que o jovem está em transição, deparando-se com certa instabilidade, conflitos emocionais e novas descobertas. Em vista disso, o referido autor acrescenta que é função dos adultos se incumbirem das responsabilidades quanto aos adolescentes, para que os mesmos se sintam livres a se lançarem nas próprias tentativas. Além disso, um amadurecimento juvenil prematuro pode desencadear rigidez, controle excessivo, perda da espontaneidade e um falso processo de desenvolvimento emocional (WINNICOTT, 1975).

Dentre outros fatores, a consequência da debilidade da presença familiar no que tange ao acompanhamento dos adolescentes, é uma ocorrência que pode ser verificada nas redes sociais virtuais, seja de forma explícita ou não.

Um estudo comparativo com jovens brasileiros e portugueses em idade escolar identificou que as redes sociais virtuais são um ambiente natural para o contato interpessoal e o estabelecimento de relacionamentos adolescentes, além de influenciarem na construção da subjetividade e da sociabilidade (ROSADO; TOMÉ, 2015).

Apesar de cerca de 50% dos pesquisados afirmarem possuírem pais e professores adicionados nas redes sociais, verificou-se a existência de um significativo distanciamento no que tange à comunicação trocada entre eles, quando comparado ao diálogo estabelecido com os pares. "Por exemplo, em Portugal, o percentual de jovens que nunca trocam mensagens com os pais é de 57,2%, enquanto com os professores é de 77,8% e com os amigos de

3,2%, reforçando as relações horizontais nesses espaços" (p. 21). Os autores notaram que por um lado não havia o interesse de alguns adolescentes para o estabelecimento do contato com pais e professores. Por outro viés, apesar de se observar o aumento da presença dos adultos nas redes virtuais, poucos se motivavam a utilizar como um canal de convivência e comunicação com os adolescentes (ROSADO; TOMÉ, 2015).

Tem-se observado, em nossa experiência profissional com os relatos de pacientes adolescentes da clínica psicológica, a recorrência da queixa quanto ao distanciamento dos pais em relação aos filhos. Algumas figuras parentais acreditam já terem exercido os seus papéis na infância dos filhos, acompanhando a vida escolar dos mesmos, fazendo-se presentes nas reuniões de pais, participando das brincadeiras e atividades extracurriculares. Creem que os adolescentes não necessitam do mesmo tratamento, pois esperam que a partir de então adotem atitudes maduras, responsáveis e independentes.

É fato que as exigências da vida cotidiana têm exercido certa influência na dinâmica familiar, de forma que os pais se mostram cada vez mais voltados para as suas atividades profissionais e com menor disponibilidade para outros exercícios, até mesmo para estarem em contato consigo e seus parceiros. Contudo, ainda que o contexto econômico e social tenha inserido novas exigências, não se pode ignorar que as funções materna e paterna não se restringem ao período da infância.

Uma pesquisa realizada por Lima *et al.* (2015) assinalou que os adolescentes têm encontrado pouco espaço para o diálogo, tanto no ambiente familiar, quanto escolar. A escola, frente aos comportamentos indesejáveis dos alunos, dificilmente possibilita que os mesmos tenham lugar para a palavra. Ao invés disso, a instituição procura reprimir, controlar e exercer poder perante os adolescentes. Os autores acreditam que o poder exercido pela escola acontece devido ao fato de existir uma falha na autoridade. Contudo, o controle da instituição escolar não é capaz de silenciar os alunos, os quais buscam outras vias para se manifestarem, como a atuação nas redes sociais virtuais.

As redes sociais virtuais se tornaram um grande expositor da vida particular de muitos usuários da internet. Em poucas horas de visita às principais mídias, facilmente é possível se deparar com mensagens de pessoas comentando sobre os acontecimentos das suas vidas privadas, término de relacionamento, estresse no ambiente de trabalho, novos bens adquiridos, viagem de férias e tantos outros assuntos.

Nesse cenário, é possível encontrar aqueles que se utilizam de tais meios de forma ponderada e respeitosa, como um canal que enriquece os vínculos e aproxima as pessoas. Por outro lado, há os que se apropriam de tais instrumentos com diferentes intuitos, incluindo exposições ofensivas e constrangedoras. Estes, parecem não atentar para o fato de que mesmo que se trate de um recurso virtual, ainda assim diz respeito a uma rede de socialização que interliga pessoas com histórias e sentimentos reais.

Em meio a isso, o que instiga a presente reflexão é a forma como os adolescentes têm se comportado nos ambientes sociais virtuais. Com certa frequência, uma significativa parcela da juventude tem priorizado o contato e o diálogo virtual em detrimento ao presencial, criando situações enveredadas por jovens que não interagem pessoalmente com a família, seja por falta de tempo ou pela fragilidade do vínculo. Um exemplo são os adolescentes com baixa autoestima, vítimas de *bullying*, que apenas se sentem seguros para interações virtuais, e jovens que não encontram abertura no mundo real para dividirem seus conflitos, expectativas e ansiedades. Nestas ocorrências, compreende-se que usualmente as redes sociais virtuais se transformam no veículo possível para a expressão do que se passa na realidade e no mundo interno desses usuários.

Os espaços virtuais inauguraram uma mudança no que diz respeito ao sentido de público e privado. O que antes era do domínio da intimidade e da privacidade, encontra uma via pública nas redes sociais virtuais. Os adolescentes têm demonstrado a necessidade de serem vistos, olhados e reconhecidos por meio da exposição no ambiente virtual. Essa mudança também provocou uma nova forma de se estabelecer relações sociais e de como os adolescentes podem ressignificar a própria subjetividade, pois, muitas vezes se comportam nos canais virtuais como esperam ser vistos pelos demais (DIAS, 2016).

Em nossa experiência no atendimento psicológico a adolescentes, presenciamos diversos casos em que os pais são surpreendidos pela exposição na internet de acontecimentos e informações sobre a vida e a saúde mental dos filhos, muitos deles adoecidos emocionalmente ou enfrentando conflitos de ordem singular.

Tem se tornado comum por parte desses usuários das redes virtuais, a publicação de músicas com conotação depressiva, imagens com temas violentos ou remetendo à automutilação, frases expressando variações de humor, além da exposição corporal e sexual. Alguns conteúdos são anunciados de forma discreta, no entanto, outros abordam os assuntos de modo nítido e explícito. Não raro, os acontecimentos extrapolam o meio virtual e são efetivados na realidade.

A frequência com que tais situações vêm acontecendo nos últimos anos, suscita um alerta que deve mobilizar a família, a equipe escolar, os profissionais da saúde e demais instituições que atuam diretamente com essa população, para identificar a qualidade da saúde mental dos nossos jovens.

Os adolescentes enfrentam desafios próprios às suas fases desenvolvimentistas, cada um com as suas particularidades. É comum incidir sobre eles as cobranças do mundo externo e da sociedade, como o bom desempenho escolar, a aprovação no vestibular, a escolha da profissão e o aumento das responsabilidades. Além disso, interferem as próprias questões com as quais se deparam, como o êxito nos relacionamentos amorosos, a afirmação da sexualidade e a aceitação nos grupos de pares. Alguns enfrentam as peculiaridades com menor dificuldade, porém, outros podem se encaminhar para um profundo sofrimento psíquico.

Alguns adolescentes, ao se sentirem sozinhos em meio às próprias ansiedades e angústias, buscam a automutilação como uma via para a manifestação dos conflitos. Em seus relatos, revela-se que muitos não se sentem compreendidos e aceitos, não recebem a atenção esperada ou se sentem pressionados e reprimidos por algum comportamento indesejável. Tais adolescentes, não raro, utilizam as redes sociais para expor imagens dos cortes, comentários sobre como se sentem e como se automutilaram. Às vezes, o compartilhamento da situação acontece em grupos específicos sobre determinados temas. O que se destaca é que muitos desses jovens parecem não encontrar abertura familiar para expor as emoções e sentimentos negativos, deslocando o sofrimento emocional para o corpo (ROSA, 2011).

A ampla exposição de uma vida emocional instável nas redes sociais virtuais precisa ser analisada como um alerta, um pedido de ajuda. É preciso ter um olhar para esses jovens, entender qual a mensagem por trás das atuações no ambiente virtual. Para tanto, faz-se necessário buscar uma aproximação, colocar-se disponível e acolhê-los. Pois, como apontado anteriormente por Winnicott, é importante que os adultos transmitam estabilidade e apoio para que o adolescente tenha a possibilidade de se aventurar em suas descobertas, mas com a segurança de saber onde recorrer, caso preciso.

O cenário virtual é parte do dia a dia dos adolescentes da contemporaneidade. Eles nasceram na era digital e em meio aos aparelhos tecnológicos. A tecnologia, em um contexto amplo, contribui para o avanço de muitos aspectos da nossa sociedade e inclusive tem sido uma aliada para as atividades pedagógicas e científicas. Então, acredita-se que a solução não está em afastar os adolescentes da internet e das redes sociais virtuais, mas em percebê-las como um recurso que pode oferecer indícios sobre o contexto emocional, as expectativas e impasses da juventude atual. Ou seja, uma via de resgate aos vínculos interpessoais e de acesso à subjetividade adolescente.

Referências

BOBSIN, D.; HOPPEN, N. "Estruturação de Redes Sociais Virtuais em Organizações: um Estudo de Caso. *Revista de Administração*, 49 (2): 339-352, 2014 (São Paulo).

BRASIL. Estatuto da Criança e do Adolescente. Lei nº 8.069, de 13 de Julho de 1990. Disponível em: <http://www.planalto.gov.br/ccivil_03/leis/L8069.htm>. Acesso em: 23 fev. 2017.

DIAS, V. C. "Limites entre o Público e Privado nas Relações de Adolescentes Através das Redes Sociais Virtuais". *Passagens*, 7 (1): 27-44, 2016. Disponível em: <http://periodicos.ufc.br/index.php/passagens/article/view/3594>. Acesso em: 23 fev. 2017.

LIMA, N. L. de., *et al.* "Psicanálise, Educação e Redes Sociais Virtuais: Escutando os Adolescentes na Escola". *Estilos da Clínica*, 20 (3): 421-440, 2015.

ORTEGA, F. *et al.* "A Construção do Diagnóstico do Autismo em uma Rede Social Virtual Brasileira". *Interface - Comunicação, Saúde, Educação*, 17 (44): 119-132, 2013. Disponível em: <http://www.scielosp.org/scielo.php?script=sci_arttext&pid=S1414=32832013000100010-&lng=en&tlng-pt>. Acesso em: 15 jan. 2017.

ROSA, N. B. K. da. "O Uso da Internet como Espaço Terapêutico". *Cadernos do Aplicação*, 24 (2): 131-143, 2011. Disponível em: <http://www.seer.ufrgs.br/CadernosdoAplicacao/article/view/34795>. Acesso em: 24 fev. 2017.

ROSADO, L. A. DA S.; TOMÉ, V. M. N. "As Redes Sociais na Internet e suas Apropriações por Jovens Brasileiros e Portugueses em Idade Escolar. *Revista Brasileira de Estudos Pedagógicos*, 96 (242): 11-25, 2015

SOUSA, C. C. DE; LEÃO, G. M. P. "Ser Jovem e Ser Aluno: entre a Escola e o Facebook". *Educação & Realidade*, 41 (1): 279-302, 2016.

WINNICOTT, D. W. *O Brincar e a Realidade* (1971a). Rio de Janeiro: Imago, 1975

_____. *Tudo Começa em Casa* (1986b). São Paulo: Martins Fontes, 1989.

_____. *Natureza Humana* (1988). Rio de Janeiro: Imago, 1990.

_____. *A Família e o Desenvolvimento Individual* (1965a). São Paulo: Martins Fontes, 1993.

8
Relacionamento digital: #adolescernainternet

Leda Fleury
Yara Fleury van der Molen

Queria que a minha voz tivesse um formato de canto.
Porque eu não sou da informática: eu sou da invencionática.
(Manoel de Barros)

A adolescência com sua característica de contestação dos valores antigos e de curiosidade pelas novidades que surgem na sociedade, parece ser um tempo ideal para um primeiro contato com esse espaço virtual que é a internet. O adolescente, atualmente se encontra sensível às mudanças sociais ocorridas na modernidade assim com também é gerador dessa transformação.

A rede mundial de computadores, ou internet, foi criada com objetivos militares, sendo uma das formas das forças armadas norte-americanas manterem as comunicações para o caso de ataques inimigos destruírem os meios convencionais de telecomunicações. Foi somente no ano de 1990 que a internet começou a alcançar a população em geral. Neste ano, o engenheiro inglês Tim Bernes-Lee desenvolveu a *World Wide Web* (www), possibilitando a utilização de uma interface gráfica e a criação de *sites* mais dinâmicos e visualmente mais interessantes. A partir deste momento, a internet cresceu em ritmo acelerado. Muitos dizem que foi a maior criação tecnológica, depois da televisão na década de 1950. A década de 1990 tornou-se a era de expansão da internet. Para facilitar a navegação, surgiram vários navegadores (*browsers*) como, por exemplo, o Internet Explorer da Microsoft e o Netscape Navigator. O surgimento acelerado de provedores de acesso e portais de serviços "*online*" contribuiu muito para este crescimento.

Um dos primeiros programas de comunicação instantânea na internet foi o *ICQ*, criado em 1996, que é um acrônimo com as letras em inglês *(I seek you)* e em português significa "eu procuro você" e é conhecido como "i-ce-quê". O *MSN Messenger* foi outro programa de mensagens instantâneas, oferecido pela Microsoft Corporation, a partir de 1999, que permitia conversas pela internet. Para se relacionar, os usuários precisavam ter o mesmo programa, estarem em uma mesma lista de amigos virtuais e a partir daí poderiam acompanhar suas entradas e saídas da rede. Ele foi fundido com o *Windows Messenger* e originou o *Windows Live Messenger*. Enquanto durou, teve amplo sucesso entre usuários de todas as idades e quando foi anunciado que seria substituído pelo *Skype*, causou grande polêmica, até ser desativado em 2013. A internet passou a ser utilizada por vários segmentos sociais. Os estudantes passaram a buscar informações para pesquisas escolares, enquanto jovens a utilizavam por pura diversão, em sites de *games*. As salas de *chat* tornaram-se pontos de encontro para um bate-papo virtual a qualquer momento. Desempregados iniciaram a busca de empregos através de sites de agências de empregos ou enviando currículos por e-mail. As empresas descobriram na internet um excelente caminho para melhorar seus lucros e as vendas *online* dispararam, transformando a internet em verdadeiros centros de compras virtuais. Agora, há o *WhatsApp*, um aplicativo multiplataforma de mensagens instantâneas e chamadas de voz para *smartphones*. Além de mensagens de texto, os usuários podem enviar imagens, vídeos e documentos em PDF, além de fazer ligações grátis por meio de uma conexão com a internet.

Nos dias atuais, é impossível pensar em um mundo sem a internet. Estar conectado à rede mundial passou a ser considerada uma necessidade de extrema importância. A internet está presente em todos os ambientes: nas escolas, faculdades, empresas e diversos locais, além dos domicílios, em todo globo, possibilitando acesso às informações e notícias do mundo em apenas um clique.

A "febre" das redes sociais

A partir de 2006, começou uma nova era na internet com o avanço das redes sociais. Pioneiro, o *Orkut* ganhou a preferência dos brasileiros. Nos anos seguintes surgiram outras redes sociais como: *Facebook, Twitter, Google Plus e Instagram*. Educadores e pesquisadores pensaram que a internet poderia ser usada como uma ferramenta para a educação de todos e que desempenharia um papel importante na democratização dos povos. Mas, sabemos que é o ser humano que determinará para que lado irá a utilização deste instrumento tecnológico. O poder democratizante e libertador que a tecnologia oferece em termos de ampliação e rapidez na divulgação de notícias e pesquisas e de possibilidade de aprendizagem à distância *online* permite que mais pessoas possam se instrumentalizar, especializar e compartilhar suas descobertas, dúvidas e inquietações. Por outro lado, o indesejável da internet está na *deep web* que se refere ao conteúdo, material e páginas da *web* que não se visualizam ou que não estão registradas nos buscadores mais populares, como *Google, Yahoo* ou *Bing*. Para Castro (2014, p. 29) contém "um universo obscuro de crimes e delitos como a extorsão, o narcotráfico, o tráfico de pessoas ou a espionagem mundial, entre outros".

São muitas as histórias sobre encontros amorosos e de parceiros que se iniciaram virtualmente, em que a distância não conseguiu desestimular os participantes. Contudo, também se descortinou novas "dependências" relacionadas aos jogos virtuais, a manter-se navegando e à pornografia. A preocupação dos pais frente a esses fenômenos possibilitados pelas Tecnologias de Informação e Comunicação (TICs) é acrescida pela diferença na habilidade e conhecimento dos "nativos digitais" e dos "imigrantes digitais". Esses termos designam, como nativos, aqueles que já nasceram rodeados de opções de computadores, videogames, internet e novas tecnologias e, como imigrantes, as pessoas nascidas e educadas antes do auge das novas tecnologias.

A dependência invisível: atividades no telefone celular

O celular é a nova tecnologia que encoraja as pessoas a passarem relativamente mais tempo com máquinas do que com outras pessoas. E é entre os jovens que esta fascinação com a tecnologia é mais intensa, em particular nos estudantes secundaristas. O celular passa a ser uma extensão de si mesmo. Pesquisas sugerem que o uso deste meio de comunicação tornou-se uma parte tão significante da vida dos adolescentes que é invisível e os jovens não necessariamente se dão conta do seu nível de dependência e/ou de adição aos seus celulares.

Uma pesquisa extensa com 2500 adolescentes americanos relatou que eles passavam 1 hora e 40 minutos por dia no Facebook e que 60% dos estudantes admitiram estar viciados no celular (JUNCO; COTTON, 2012). Esta dependência cada vez maior do celular coincide com a emergência do smartphone. Entre jovens adultos entre 18 e 24 anos, 66% possuem um smartphone comparado com 53% dos adultos. Os celulares estão rapidamente substituindo os *laptops* ou os computadores como o método preferido de acesso à internet. Mais de metade dos usuários acessa a rede via celular. Entre jovens de 18 a 29 anos, este acesso via celular sobe para 77% (BRENNER, 2012). Em outra investigação (ROBERTS; YAYA; MANOLIS, 2014), as estudantes relataram passar 10 horas por dia usando a internet via celular, enquanto os rapazes relataram uso de 7,5 horas.

Os homens usam os celulares mais como um instrumento e tendem a ver a internet e as tecnologias relacionadas a ela como fontes de entretenimento, enquanto as mulheres o utilizam como um instrumento social de comunicação, para manter e nutrir relacionamentos. Além disso, as mulheres exibem um nível maior de apego e dependência aos seus celulares em comparação com os homens, com 25% delas afirmando, em uma pesquisa, que "não posso imaginar minha vida sem um celular" (GESER, 2006).

A dependência tecnológica é definida como um comportamento aditivo não químico que envolve a interação homem-máquina. As características desse comportamento envolvem: euforia, modificação do humor, tolerância, sintomas de retirada, conflito e recaída. Esta dependência não acontece da noite para o dia. Ao contrário, começa como um comportamento aparentemente benigno, como compras e acesso à internet, mas, através de gatilhos psicológicos, biofísicos e ambientais, pode se tornar uma dependência. Alguns estudiosos consideram a maior adição não química do século XXI.

Nomofobia (SCIENTIFIC AMERICAN, 2015) é um termo surgido em 2008 no Reino Unido, uma abreviação das palavras inglesas "*no mobile phone phobia*", que significa "fobia de ficar sem telefone". O usuário fica constantemente preocupado em não o perder, mesmo quando ele está em um lugar seguro, e nunca o desliga, checando seu telefone obsessivamente o dia todo. Este é um termo bem divulgado pela comunidade científica, que já discute a dependência ao computador, internet e redes sociais como doenças. Especialistas acreditam que isso pode provocar problemas nos relacionamentos interpessoais, pois as pessoas se distanciam do mundo real e se aproximam demais do virtual, perdendo as habilidades de comunicação interpessoal com aqueles que amam. Por exemplo, o caso extremo de mães de garotos que usam o celular para ter conversas sérias com os filhos, dizendo que eles não as escutam de outra forma e que consideram essa forma melhor do que nenhuma outra.

A empresa do ramo de telefonia SecurEnvoy realizou uma pesquisa (PHILADELPHIA, 2012) e mostrou que 66% das pessoas têm nomofobia. Dentre os jovens (18 a 24 anos), esse valor chega a 76% e aproximadamente 40% das pessoas possuem mais de um aparelho. A empresa Mingle (HYPESCIENCE, 2012) fez uma investigação e mostrou que 22% dos 1.500 franceses entrevistados disseram que era "impossível" ficar por mais de um dia sem celular e o número foi maior entre os jovens (15 a 19 anos): 34%. Os que afirmaram que conseguem ficar sem o telefone por mais de 24 horas, mas com dificuldade, foram 29%, contra 49% que acreditam atingir esta meta "sem problema". As pessoas do estudo checavam seu telefone em média 34 vezes por dia. Há quem leve o celular para o banheiro (75% das pessoas), para o banho, na hora do sexo e para dormir. Finalmente, o usuário do celular pode chegar a um ponto onde ele não pode mais controlar seu uso e as consequências negativas dele advindas. Por exemplo, o celular usado pelo aluno para "se retirar" das atividades da sala de aula, pode terminar comprometendo o desempenho escolar.

Phubbing

Os *smartphones*, que tem as propriedades de computadores de bolso, possuem várias características, de internet a câmera fotográfica, de programas de escrita e desenho a aplicativos de jogos, e podem causar um novo problema na vida real: *phubbing*. O *phubbing* pode ser descrito como a atitude de olhar o seu celular durante uma conversa com alguém, e de manuseá-lo para escapar de uma comunicação interpessoal. O termo surgiu pela fusão das palavras *phone (telefone)* e *snubbing* (menosprezar, desprezar) significando "o ato de desprezar ou menosprezar alguém em uma situação social por olhar o celular ao invés de prestar atenção a ela". Esta dependência ao *smartphone* pode ser considerada o resultado da interseção de outras adições: *(i)* adição ao celular, *(ii)* adição à internet, *(iii)* adição às redes sociais (Facebook, e outras) e *(iv)* adição a jogos (KARADAG et al., 2015). Quando examinado cuidadosamente, poderíamos perceber que o *phubbing* é mais comum do que se pensa, e seus efeitos possíveis podem ser devastadores. Por exemplo, uma média de 36 casos de *phubbing* é observada em um restaurante durante o almoço; 97% dos indivíduos percebe o sabor de suas refeições como pior enquanto são vítimas do *phubbing*; e 87% dos adolescentes prefere se comunicar via mensagens do que em comunicações cara a cara. "Se você prefere um sorriso a um *emoticon* e se você está tão ocupado vivendo a vida que não consegue fazer uma atualização, então você é contra o *phubbing* e deve divulgar esta palavra": assim o site *stopphubbing* provoca, em busca de divulgação.

Cyberbullying

O *bullying* praticado através do uso de tecnologia eletrônica é chamado *cyberbullying* e inclui aparelhos e equipamentos tais como celulares, computadores, *tablets*, e ferramentas de comunicação como sites de rede social, mensagens de texto, *chat* e sites eletrônicos. As crianças que sofrem *cyberbullying* geralmente também sofrem *bullying*. O *cyberbullying* pode acontecer 24 horas por dia, sete dias na semana e atingir uma criança mesmo quando ela está sozinha.

O *cyberbullying* é uma forma de intimidar, ameaçar, envergonhar e criticar uma pessoa por meio dos meios tecnológicos. Exemplos dessa prática incluem mensagens de texto ou *e-mails*, rumores enviados por *e-mail* ou postados em sites de redes sociais, fotos constrangedoras, vídeos, sites ou perfis falsos. As mensagens e imagens de *cyberbullying* podem ser postadas anonimamente e distribuídas rapidamente para uma grande audiência. Pode ser muito difícil e às vezes, impossível, conseguir chegar à fonte. Deletar mensagens, textos ou fotos impróprias ou embaraçosas depois que elas são postadas é extremamente difícil. Crianças que são vítimas têm mais chances de ter baixa autoestima, problemas de saúde, notas baixas, abandonar a escola e sofrer *bullying* presencial. Essas vítimas têm muita dificuldade de se livrar desse constrangimento. O crescimento das redes sociais torna mais fácil agora, para um estudante, praticar *cyberbullying* com um colega.

Os adolescentes são as maiores vítimas desse comportamento. Estas ações estão associadas ao aumento de morbidade e também de mortalidade, com suicídios aumentando devido a elas. As pesquisas americanas apontam que o risco de sofrer *cyberbullying* entre estudantes varia entre 7% e 15%. Os riscos de *bullying* virtual, contato com estranhos, mensagens sexuais (*sexting*) e pornografia geralmente afetam quase 20% das adolescentes (LIVINGSTONE; SMITH, 2014).

Grooming

O termo *grooming* em inglês é definido como ações tomadas deliberadamente por um adulto, com o objetivo de tornar-se amigo e estabelecer uma conexão emocional com uma criança, para baixar as suas inibições, e prepará-la para a atividade sexual. Esse fenômeno é uma nova forma de enganar crianças e adolescentes para produzir pornografia, sequestrá-los e prostituí-los. Envolve ações *online* para ganhar a confiança de uma criança ou adolescente, fingindo ser alguém de sua idade. Tais pessoas se envolvem com as vítimas a ponto de conhecerem seus gostos e suas dificuldades, com o objetivo de pedir imagens ou vídeos de conteúdo sexual, para satisfação pessoal ou outros interesses. O Fundo das Nações Unidas para a Infância (UNICEF, 2015) afirma que o recrutamento de menores para fins sexuais pode demorar minutos, horas, dias ou meses, dependendo dos objetivos e necessidades do infrator e das reações dos menores.

Existem vários fatores de risco: fatores de personalidade (busca de sensações, baixa autoestima, dificuldades psicológicas), fatores sociais (falta de apoio dos pais, de colegas e da escola) e fatores digitais (práticas *online*, habilidades digitais, sites específicos) que ajudam a identificar quais crianças são mais vulneráveis. À medida que o acesso à internet tem se tornado mais fácil, rápido e generalizado, há evidências crescentes de seu potencial para prejudicar adolescentes direta e indiretamente. Material sexualmente explícito está agora indiscriminadamente disponível para os jovens, e estudos tem associado pornografia a vários efeitos negativos à saúde, como desatenção, isolamento, entre outros.

Sexting e Nude Selfie

Originário do inglês, o termo *sexting* designa a veiculação pela internet de mensagens de conotação sexual, podendo ser transmitidas por fotos, textos, vídeos ou outro meio. Segundo pesquisa realizada em 2014 pela Safernet no Brasil, especializada em crimes e segurança na internet, casos de *sexting* cresceram 120%, tendo sido registrados 224 pedidos de ajuda nos canais de atendimento em relação a 2013, quando foram registrados 101 casos. Este estudo alerta que 12% de crianças e adolescentes já admitiram ter publicado fotos íntimas na *web*. Boa parte dessas imagens, posteriormente, vai parar em páginas de conteúdo pornográfico na internet. Meninos e meninas produzem e compartilham imagens íntimas, mas as mulheres são as que mais sofrem. Em 2014, 81% das pessoas que pediram ajuda a esta ONG eram mulheres. Essa mesma pesquisa revela que garotas de 13 a 15 anos representam a maioria das vítimas de *nude selfie* e *sexting* que buscam ajuda psicológica.

Outra pesquisa feita em 2013 pela Safernet, mostrou que 20% de 2.834 jovens brasileiros entrevistados afirmaram ter recebido conteúdos de *nude selfie* e *sexting* e que 6% deles reenviaram essas imagens para outras pessoas. Na pesquisa *Sexting en Latinoamérica, una Amenaza Desconocida* (2013), cerca de 40% dos homens estudados já haviam praticado *sexting*, enquanto só 33% das mulheres admitiram sua prática. Essas diferenças por gênero são ainda maiores quando se trata de receber fotografias ou vídeos de conteúdo sexual: no Brasil, 68% dos homens entrevistados admitem tê-los recebido e 58% das mulheres. Os vídeos e as fotografias com nus (ou nudes, como se fala no Brasil) são enviados principalmente a parceiros e amigos íntimos, por ambos os sexos, mas as mulheres são mais cuidadosas que os homens ao trocarem menos conteúdo com pessoas que unicamente conheciam online e/ou que tinham acabado de conhecer. No Brasil os entrevistados consideraram que os principais riscos associados a essa prática são a extorsão (59%), o *cyberbullying* (45%), os danos à reputação, intimidade e imagem (42%) e a pornografia infantil (36%).

O desconhecimento do fenômeno é geral tanto nos 13 países entrevistados da América Latina, como no Brasil, alcançando 70% e 76%, respectivamente. Este é um dado revelador, considerando que cerca de 40% da população nas duas regiões realiza *sexting*. A ignorância em relação ao termo abarca no Brasil, 65% das pessoas praticantes. Entretanto, como se trata de termo criado na língua inglesa e como não existe uma expressão em português que explique este comportamento, não é de se surpreender que as pessoas que o praticam não conheçam a expressão. A falta de conhecimento, no entanto, não diminui a gravidade desta prática. No Brasil, 59% consideram este problema grave ou muito grave. Em oposição a estes dados, aproximadamente 75% das pessoas que enviaram *nudes* consideram este ato irrelevante, opinião compartilhada por 60% dos que haviam recebido mensagens com conteúdo erótico. A Safernet lançou uma campanha mundial contra a divulgação e o compartilhamento nas redes sociais de fotos, vídeos e troca de mensagens íntimas de crianças, adolescentes e jovens. No cartaz da campanha, aparecem mensagens de alerta como "A internet não guarda segredos" e "Mantenha sua intimidade *offline*" para que imagens íntimas compartilhadas não caiam nas mãos de pessoas erradas.

Quando o *cyberbulling* é associado ao *sexting* podemos identificar dois componentes importantes: a violência de gênero e a perda da intimidade. Se uma foto é enviada para um namorado, como prova de amor, a parceira espera que a imagem cumpra seu papel de mostrá-la para alguém que a conhece e deseja. A geração "olha-me", como têm sido chamados os jovens com seus *selfies* e postagens, não imagina no que pode chegar esse simples ato. A divulgação de fotos íntimas de mulheres nuas, em atividade sexual ou não, causa sentimentos de vergonha e medo das consequências que poderão ocorrer, como julgamento e violência entre seus pares, quando lhe taxam o título de "garota fácil". Se tais imagens ainda não foram expostas na rede, o receptor inescrupuloso, por exemplo, um ex-namorado, pode iniciar um processo de ameaças e extorsão que envolve a sua vítima e família, violando sua segurança e sua privacidade.

Delito Cibernético

A prática do *Sexting* ou *Nude Selfie* pode acarretar várias consequências e quem o pratica pode ser preso, com pena que pode variar de três a seis anos. Nos casos envolvendo criança ou adolescente, com base no artigo 241 do Estatuto da Criança e Adolescente (ECA), oferecer, trocar, disponibilizar, transmitir, distribuir, publicar ou divulgar por quaisquer meios, conteúdos que veiculem cena de sexo ou pornografia, é qualificado como crime grave podendo levar a enquadramento e prisão.

Em novembro de 2013, Júlia Rebeca, de 17 anos, se suicidou em Parnaíba (PI) depois que um vídeo em que aparecia tendo relações sexuais começou a circular nas redes sociais (TOMAZ, 2014).

A exposição excessiva de fotos comprometedoras é uma porta aberta para atrair a atenção de criminosos sexuais, possíveis abusadores em busca de uma vítima que seja vulnerável e esteja disponível *online*. Muitas vezes, sua ação envolve toda a família, por meio de ameaças e chantagens. A divulgação de fotos, vídeos e outros materiais com teor sexual, sem o consentimento do dono pode ser interpretada pela Justiça como crime, de acordo com várias leis. O ato pode ser classificado como difamação (imputar fato ofensivo à reputação) ou injúria (ofender a dignidade ou decoro), segundo os artigos 139 e 140 do Código Penal. A Lei 12.737, sancionada em dezembro de 2012, também criminaliza a invasão de dispositivo informático alheio para obter, adulterar ou destruir dados ou informações sem autorização do titular.

As consequências por esse comportamento pode ser pagamento de multa e prisão por três meses a 1 ano. A lei ficou conhecida como "Lei Carolina Dieckmann" em virtude da divulgação de fotos íntimas da atriz, realizada por *hackers* que invadiram seu computador. Ao todo, 36 imagens da atriz foram publicadas na *web* em maio de 2012 e ela recebeu ameaças de extorsão para que pagasse R$ 10 mil para não ter as fotos publicadas. O Marco Civil da internet prevê, em seu artigo 21, que a vítima pode pedir ao provedor a retirada de conteúdo de nudez da própria pessoa, sem a necessidade de advogado ou de recorrer ao judiciário.

SaferNet

A SaferNet Brasil é uma organização não governamental, sem fins lucrativos, que reúne cientistas da computação, professores, pesquisadores e bacharéis em direito com a missão de promover o uso seguro das Tecnologias da Informação e Comunicação (TICs) e criar as condições necessárias para garantir a efetiva defesa e promoção dos Direitos Humanos na internet (SAFERNET, 2008). Além disso, visa contribuir para uma cultura de responsabilidade e habilitar crianças, jovens e adultos para construírem relações sociais saudáveis e seguras através do uso adequado das tecnologias. É voltada basicamente para a luta contra os crimes ligados à pedofilia e todas as formas de racismo em sites brasileiros ou feitos por brasileiros ou voltados para o Brasil em qualquer provedor estrangeiro. A Central Nacional de Denúncias de Crimes Cibernéticos (2013) é única na América Latina e Caribe, e recebe uma média de 2.500 denúncias por dia envolvendo páginas contendo evidências de crimes cibernéticos. Esta central, operada em parceria com o Ministério Público Federal, oferece à sociedade brasileira e à comunidade internacional um serviço anônimo de recebimento, processamento, encaminhamento e acompanhamento *online* de denúncias sobre qualquer crime ou violação aos Direitos Humanos, praticado através da internet. Existe um sistema automatizado de gestão de denúncias que permite ao internauta acompanhar, em tempo real, cada passo do andamento da denúncia realizada por meio desta central. Do total de denunciantes, 99% escolhem a opção de realizar a denúncia anonimamente e ao 1% restante é garantido total e completo anonimato. O projeto representa a resposta brasileira a um esforço internacional, que reúne atualmente 22 países empenhados em coibir o uso indevido da internet para a prática de crimes contra os Direitos Humanos (INHOPE, 2013).

A escola como fator de proteção

Uma área que deve ser incluída na prevenção desses perigos é a educacional, através da convocação de escolas particulares e públicas a desenvolverem campanhas elucidativas, conscientizando a todos sobre os riscos que a internet traz aos jovens que compartilham fotos e dados particulares em redes sociais. O objetivo principal visaria fomentar a cultura de prevenção em meninas, meninos e adolescentes sobre o uso responsável e seguro da internet. Além disso, capacitaria professores e pessoas vinculadas às escolas sobre as modalidades do Delito Cibernético. E criaria situações para sensibilizar a população estudantil acerca dos riscos que existem ao proporcionar informações pessoais na internet.

Na "Oficina Interativa" oferecida para 155 alunos entre 14 e 20 anos, por uma das autoras, em um colégio de São Paulo, cujo tema foi "Redes Sociais e Adolescência", foram apresentados os seguintes temas: *sexting* e *nude selfie*; *grooming*; *cyberbulling*; e delitos cibernéticos. Os alunos, divididos em grupos, após busca na internet, conversaram sobre cada tema e foram estimulados a fazer *hashtags* (#) em cartazes para serem utilizadas na rede como forma de prevenção contra esses fenômenos. Vários foram os modelos e a forma de se expressarem, sendo a maioria deles alertando para os efeitos danosos e orientando preventivamente sobre os riscos envolvidos em cada ação.

Chamou a atenção, entretanto, a produção de cartazes com as frases: "Faça *sexting* saudável" e "*Nudes* conscientes". Tais temas levantaram a questão, conversada entre eles, se era possível haver *sexting* saudável e *nude* consciente, visto que se a foto ou imagem caem na rede, não há mais controle sobre elas. Esses dois grupos, com 15 alunos, representando 10% dos jovens da oficina, mesmo sendo orientados e esclarecidos, por um lado, se arriscam apelando para a boa impressão pessoal e a sorte, e por outro, se iludem em relação a confiar na atitude dos outros, mesmo após a orientação recebida na oficina. Esses cartazes foram expostos no colégio e serviram de tema de discussão em grupos diversos durante o ano de 2016.

A maior preocupação relacionada a essa prática de compartilhamento é que, uma vez *online*, perde-se completamente o controle da foto ou do vídeo íntimo publicado. O assunto é tão grave que levou o presidente do Google, Eric Schmidt, (BOA VONTADE, 2016) a afirmar que os jovens de hoje em dia podem ser obrigados no futuro a mudar seus nomes, para se desassociarem de suas atividades *online*. Na entrevista ao jornal norte-americano The Washington Post, Schmidt mostrou-se preocupado, pois, segundo ele, as pessoas não dimensionam o que pode representar tanta informação pessoal disponível a qualquer usuário e em qualquer lugar do mundo. Para ele, a solução do problema tem que ser integrada, com escolas e famílias pensando e propondo ações por meio de campanhas de conscientização e orientação. O *Cyberbullying* também é um problema de saúde pública associado com sérias consequências mentais, sociais e acadêmicas para os jovens.

O programa de prevenção de *cyberbullying* chamado ConRed (DEL-REY, CASAS; ORTEGA, 2016), mundialmente pioneiro, avaliou de acordo com os diferentes papéis que os estudantes podem assumir: vítima do *cyber*, agressor, vítima/agressor e o que testemunha. Este programa tem como meta desenvolver habilidades de enfrentamento para lidar com o *bullying* virtual, envolvendo estudantes, professores e famílias. Durante um período de três meses, especialistas externos conduziram oito sessões de treinamento com os estudantes, duas com os professores e uma com as famílias. Os estudantes de três escolas secundárias com idades variando de 11 a 19 anos foram separados em grupos experimentais e de controle. Os resultados mostraram que as vítimas, os agressores e as testemunhas reduziram seu envolvimento nele. As vítimas e as testemunhas ajustaram suas percepções sobre o controle que tinham sobre suas informações pessoais na internet e os agressores do *cyber* e as testemunhas reduziram sua dependência da internet. O programa afetou de forma mais enfática os participantes do sexo masculino, especialmente aumentando sua empatia afetiva.

Ações como pendurar fotos, imagens ofensivas ou mandar mensagens com o celular do colega da carteira ao lado, sem que ele perceba, para excluir alguém do grupo do *WhatsApp* da classe ferem a autoestima das vítimas. Alguns jovens não veem o prejuízo que causam com estas ações. Esta foi a primeira vez que uma intervenção na sala de aula reduziu a porcentagem de agressores do *cyber*. Os agressores passaram a "ter empatia com suas vítimas" e isso reduziu sua ação. Experiências como essas estão apenas no começo, mas devem ser mantidas e aumentadas, visando mudar essa cultura de exposição e agressão entre os usuários destes meios de comunicação.

Considerações finais

A melhor maneira de prevenção dos efeitos nocivos que a internet pode causar é, exatamente, usar a comunicação como fonte de informação e de esclarecimento para as pessoas em geral e os adolescentes em particular. A família e a escola são os lugares em que essa prevenção pode acontecer, com conversações sobre as questões que envolvem a internet e a rede, compartilhando dados e fatos da atualidade e no caso dos pais, mantendo uma vigilância discreta sobre a navegação de seus filhos.

Contudo, os perigos que podem advir do mau uso da internet devem ser compartilhados por pais, mães, educadores, profissionais da saúde e, principalmente, pelos próprios jovens. A preocupação em informar, divulgar e propor ações preventivas à necessidade de autoaceitação e de autopromoção dos adolescentes na rede, poderá diminuir os riscos advindos dessas interações virtuais que têm surpreendido a sociedade como um todo e provocado sofrimento às vítimas e a seus familiares.

Referências

BRENNER, J. *Pew Internet: Mobile*. 2012. Disponível em: <www.pewinternet.org/commentary/2012/febru-ary/pew-internet-mobile.aspx.>. Acesso em: 15 maio 2016.

BOA VONTADE. 2016. Disponível em: <http://www.boavontade.com/tecnologia/o-que-e-sexting-e-como-proteger-sua-familia?utm_campaign=shareaholic&utm_medium=whatsapp&utm_source=mobile>. Acesso em: 18 mai. 2016.

CASTRO, G. E. *Conéctese con sus Hijos para que se Desconectem de la Red: Cómo ser Padres en la Era Digital*. Bogotá: Planeta Colombiana, 2014.

DEL-REY, R.; CASAS, J. A.; ORTEGA, R. "Impact of the ConRed Program on Different Cyberbulling Roles". *Aggressive Behavior*, 42 (2): 123-135, mar. 2016. Disponível em: <http://www.ijcv.org/index.php/ijcv/article/view/250>. Acesso em: 9 set. 2015.

GESER, H. "Are Girls (Even) More Addicted? Some Gender Patterns of Cell Phone *Usage*". *Sociology in Switzerland: Sociology of the Mobile Phone*, p. 1-23, 2006. Disponível em: <http://socio.ch/mobile/t_geser3.pdf>. Acesso em: 18 mai. 2016.

HYPESCIENCE. 2012. Disponível em: <http://hypescience.com/viciado-em-seu-telefone-descubra-se-voce-tem-nomofobia/>. Acesso em: 15 mai. 2016.

INHOPE. 2013. Disponível em: < Http://www.inhope.org/Libraries/Annual_reports/INHOPE_Annual_Report_2013.sflb.ashx>. Acesso em: 12 abr. 2016.

_____. 2013. Disponível em: <http://www.inhope.org/gns/internet-concerns/overview-of-the-problem/online-grooming.aspx. Acesso em: 12 abr. 2016.

JUNCO, R.; COTTON, S. R. "No A 4 U: The Relationship Between Multitasking and Academic Performance". *Computers & Education*, 59:

505–514, 2012. Disponível em: <http://blog.reyjunco.com/wp-content/uploads/2010/03/JuncoCottenMultitaskingFBTextCAE2012.pdf>. Acesso em: 27 mai. 2016.

KARADAG, E. et. al. "Determinants of Phubbing, Which is the Sum of Many Virtual addictions: a structural equation model". *Journal of Behavioral Addictions*, 4: 60-74, 2015. Disponível em: <http://akademiai.com/doi/abs/10.1556/2006.4.2015.005>. Acesso em: 17 mai. 2015.

LIVINGSTONE S.; SMITH, P. K. "Annual Research Review: Harms Experienced by Child Users of Online and Mobile Technologies: the Nature, Prevalence and Management of Sexual and Aggressive Risks in the Digital Age". *The Journal of Child Psychology and Psychiatry*, 55: 635-54, 2014. Disponível em: <http://onlinelibrary.wiley.com/doi/10.1111/jcpp.12197/abstract>. Acesso em: 20 jan. 2014.

PHILADELPHIA. 2012. Disponível em: <http://philadelphia.cbslocal.com/2012/09/27/study-66-of-people-have-nomophobia-fear-of-being-without-phone/>. Acesso em: 02 mai. 2016.

ROBERTS J. A; YAYA L. H. P.; MANOLIS, C. "The Invisible Addiction: Cell-phone Activities and Addiction Among Male and Female College Students". *Journal of Behavioral Addictions*, 3: 254-265, 2014. Disponível em: <http://akademiai.com/doi/pdf/10.1556/JBA.3.2014.015>. Acesso em: 19 mai. 2016.

TOMAZ, K. "Vítimas de 'Nude Selfie' e 'Sexting' na Internet Dobram no Brasil, diz ONG". *O Globo*, 14 abr. 2014. Disponível em: <http://g1.globo.com/tecnologia/noticia/2014/04/vitimas-de-nude-selfie-e--sexting-na-internet-dobram-no-brasil-diz-ong.html>. Acesso em: 27 abr. 2016.

SAFERNET. 2008. Disponível em: <http://safernet.org.br>. Acesso em: 2 mai. 2016.

SCIENTIFIC AMERICAN. 2015. Disponível em: <http://www.scientificamerican.com/article/scientists-study-nomophobia-mdash-fear-of--being-without-a-mobile-phone/>. Acesso em: 02 mai. 2016.

SEXTING. "Sexting en Latinoamérica, una Ameaza Desconocida". Estudo Online. 2013. Disponível em: <http://www.sexting.es/estudio-sexting/>. Acesso em: 02 mai. 2016.

UNICEF. 2015. Disponível em: <http://www.unicef.org/protection/57929_58005.html>. Acesso em: 13 maio 2016.

9
Cutting e sofrimento na adolescência feminina

Natália Del Ponte de Assis
Carlos Del Negro Visintin
Tânia Aiello Vaisberg

Reconhecendo o *cutting* praticado por meninas adolescentes como um sintoma de sofrimento emocional emergente na clínica contemporânea, pretendemos considerar os possíveis sentidos deste ato à luz da psicopatologia psicanalítica e de estudos sobre a condição feminina. Para tanto, apresentamos fundamentos segundo os quais o ser adolescente e o ser mulher devem ser considerados como condições que provocam opressão intersecional (CRENSHAW, 2012). Esta corresponde a fenômeno social que gera efeitos subjetivos, atualmente designados como sofrimentos sociais, que são vivenciados como sentimentos de humilhação, desamparo, injustiça, vazio e futilidade em relação à vida. Esse importante desconforto emocional encontra-se na base motivacional de condutas de autoagressão, que tanto reproduzem ataques opressivos, intersubjetivamente sofridos, como tentativas, saudáveis ainda que desajeitadas, de resgate da experiência de sentir-se como pessoa viva e real. Finalizamos sugerindo que uma abordagem concreta do pensamento winnicottiano, tal como aquela empreendida pelo estilo clínico Ser e Fazer (AMBROSIO, 2013), pode contribuir de modo significativo para uma compreensão abrangente sobre os caminhos pelos quais a objetivação machista afeta a menina adolescente em seu trânsito desde o corpo infantil até o corpo de mulher adulta.

O *Cutting* como sintoma do sofrimento adolescente

A prática da escarificação por adolescentes é um fenômeno emergente na clínica psicológica contemporânea, razão pela qual tem se tornado comum, em nossa experiência profissional, encontrarmos meninas que cortam recorrentemente os antebraços, as pernas, a barriga e várias outras partes do corpo, alegando desse modo sentir alívio frente a profundo desconforto emocional. Tais atos podem ocorrer individualmente, de modo secreto, ou coletivamente, inclusive em locais públicos.

Desde a perspectiva psicanalítica, o *cutting* é um sintoma por meio do qual sofrimentos emocionais são expressos. Trata-se, portanto, de uma conduta, no sentido preciso que este termo assume na obra de Bleger (1963), vale dizer, de manifestação humana, que apresenta sempre caráter existencial e vincular, implicando, portanto, um horizonte no qual o outro se inscreve inevitavelmente, de modo presencial ou imaginário.[1] Quer se expresse corporalmente ou como atuação no mundo externo, a conduta sempre evidencia que seres humanos não existem, mas coexistem, no sentido preciso da palavra. Alinhados a tal fundamentação, focalizamos o *cutting* como expressão subjetiva na qual o próprio corpo é tomado como objeto sobre o qual a pessoa age.

Sabemos que existe hoje uma inquietação relativa aos sofrimentos adolescentes, a qual se expressa sob forma de diferentes condutas nas pessoas, tais como preocupação, questionamento, estranhamento e até hostilidade. Contudo, parece-nos suficiente, no momento, focalizar os dois tipos de conduta que consideramos mais importantes, pelos efeitos que geram: a preocupação responsável e o preconceito hostil.

Preocupados e assumindo posturas responsáveis, muitos pais, familiares professores e médicos, entre outros, interrogam-se vivamente sobre formas

---

1 Leitora de Bleger (1963; 1972), Amati Sas (2004) concorda com Berenstein e Puget (1997) quando propõem que sejam metodologicamente distinguidos três espaços na constituição da subjetividade: o espaço intersubjetivo, que consiste nos vínculos e interações que cada pessoa estabelece com as demais; o espaço intrapsíquico, um mundo pessoal povoado pelo *self* e pelos objetos internos; e o espaço trans-subjetivo, constituído por laços entre a pessoa e o contexto social compartilhado. Nessa linha, quando abordamos, por exemplo, as relações entre uma adolescente e seus pais, devemos ter em mente tanto as interações cotidianas entre tais pessoas, o modo particular como cada uma delas vivencia o que se passa entre elas, a partir de sua perspectiva e sensibilidade, bem como o fato das três se relacionarem com imaginários, narrativas e crenças, socialmente circulantes, sobre em que consiste ser indivíduo, em que consiste ser homem ou mulher, em que consiste ser boa mãe ou bom pai, em que consiste uma boa vida, a felicidade, a justiça e por aí afora.

de melhor sanar o mal-estar afetivo-emocional dos jovens. Comprometidos efetivamente com busca de soluções, esses adultos frequentemente procuram psicólogos na esperança de receber auxílio e orientação.

Por outro lado, a inquietação dos adultos frente à adolescência muitas vezes se traduz sob a forma de posicionamentos preconceituosos, que tendem a qualificar o drama adolescente como exagerado e pueril, como tivemos oportunidade de constatar em nossas próprias pesquisas (ASSIS; AIELLO-FERNANDES; AIELLO-VAISBERG, 2016; ASSIS et al., 2016; TACHIBANA et al., 2015; BOTELHO-BORGES; BARCELOS; AIELLO-VAISBERG, 2013; MONTEZI et al., 2013; PONTES, 2011).[2] Condutas preconceituosas certamente comprometem a oferta de acolhimento suficientemente sensível, algo imprescindível para quem sofre – valendo aqui lembrar que os próprios adolescentes declaram, como participantes de investigação realizada por Benincasa e Rezende (2006), que conversar com alguém de confiança seria algo fundamental na prevenção do suicídio. Imaginários preconceituosos não devem ser desconsiderados, a nosso ver, quando nos voltamos para o estudo psicológico dos adolescentes dos dias de hoje, com vistas a subsidiar intervenções psicoterapêuticas e psicoprofiláticas.

As variadas condutas problemáticas, apresentadas por adolescentes, entre as quais se insere o *cutting*, têm sido entendidas, por psiquiatras e psicólogos, a partir de duas vias, a clínica e a psicossocial. Ambas, como veremos, confluem harmoniosamente quando praticamos uma psicologia clínica social a partir da psicologia concreta blegeriana (AIELLO-VAISBERG, 2014).

Na clínica psiquiátrica tradicional, este ato foi incluído, durante muito tempo, no capítulo das manifestações psicóticas (TOSTES, 2017). Posteriormente, surgiu uma compreensão conforme a qual também ocorreria em contextos conhecidos como *borderlines* (GIUSTI, 2013). Perceber o engano inicial de tomar tal sintoma como característico da psicose não gerou grande perturbação no âmbito da psiquiatria nosológica que, em função de seu caráter positivista e descritivo, seguiu na linha de coibir o *cutting* por meios psicofarmacológicos, adotando eventualmente tratamento coadjuvante em linha comportamental. Encontra-se na base desse tipo de abordagem uma visão segundo a qual o comportamento problemático pode ser pensado

---

2 O conjunto dessas e de outras pesquisas sobre várias questões pode ser acessado na íntegra no site www.serefazer.psc.br.

como exteriorização de algo patológico próprio do indivíduo, possivelmente um defeito neurológico, que estaria na base do sintoma em si ou de uma sensibilidade exacerbada, geradora de reações desproporcionais a eventos que os saudáveis enfrentariam sem maiores transtornos.

Não é fácil abordar a perspectiva da psicologia em poucas linhas, dada a multiplicidade de referenciais próprios desta ciência humana. Sendo assim, vamos nos ater, aqui, à orientação psicanalítica, considerando sua forte influência na psicologia clínica brasileira, à qual apenas se contrapõem, entre nós, as perspectivas comportamentais, na medida em que adotam pressupostos antropológicos e epistemológicos que não facilitam acomodações e articulações.

No contexto psicanalítico, proliferam teorias, muitas vezes bastante diversas entre si. À primeira vista, parece acertado considerar que se organizem ao redor de dois paradigmas fundamentais, o pulsional e o relacional (GREENBERG; MITCHELL, 1983). Entretanto, um exame mais detido revela que, rigorosamente, o paradigma pulsional nunca reinou de modo autônomo, uma vez que pode estruturar formulações teóricas, mas não sustentar convenientemente a prática clínica (BLEGER, 1969). Deste modo, é mais correto afirmar que as múltiplas teorias psicanalíticas se articulem ao redor de acomodações entre os polos pulsional e relacional. Assim, quando focalizamos a problemática clínica da autoagressão, vamos encontrar uma pluralidade de construções explicativas, que guardam em comum o fato de derivarem do uso do método psicanalítico na clínica e/ou na pesquisa.

Cumpre, contudo, chamar a atenção para uma questão de suma importância quando nos dedicamos ao estudo de sofrimentos sociais, que diz respeito ao modo como são desenvolvidas as teorias psicanalíticas relacionais. Referimo-nos, precisamente, ao modo como a dimensão relacional é concebida, vale dizer, abrangendo apenas as interações que se dão no âmbito da família ou incluindo contextos sociais mais amplos.

Quando o relacional é reduzido ao familiar e os contextos sociais não são levados em conta, a própria família é abordada de modo natural, abstrato e descontextualizado, como se correspondesse a uma espécie de organismo. Desta feita, são tomadas como equivalentes as organizações familiares de formações sociais muito diversas entre si, que seriam julgadas como funcionais ou disfuncionais. Por outro lado, determinantes sociais, diretamente vinculados à dominação, exploração e opressão de certos estratos da população, são simplesmente esquecidos. Negros, mulheres, judeus ou pobres sofreriam mais ou menos, sob condições sociais que permaneceriam inquestionadas, caso suas mães e suas famílias lhes tivessem cuidado de modo suficientemente bom? Evidentemente, tal equacionamento não é clinicamente nem eticamente aceitável e deve ser desconstruído mediante a ampliação do relacional para espaços da chamada trans-subjetividade (BERENSTEIN; PUGET, 1997; PUGET, 1995).

Assim, urge desenvolver, no âmbito da psicanálise, como importante referencial teórico da psicologia, perspectivas que contemplem convenientemente a articulação entre esferas intersubjetivas e macrossociais, permitindo a percepção da determinação social de variadas formas de sofrimento emocional, dentre as quais muitas que atingem as mulheres. Como bem demonstra Amati Sas (2004), a teoria blegeriana se destaca como alternativa de pensamento que permite um vai-e-vem desenvolto entre teoria, clínica – em vertentes psicoterapêuticas e psicoprofiláticas – e luta eticamente engajada por transformações sociais.

Quando abordado desde uma visão psicanalítica, que também leva em consideração a realidade social, o *cutting* figura como expressão de sofrimento subjetivo que denuncia as dificuldades de ordem social, que as adolescentes enfrentam no mundo contemporâneo. A atenção aos contextos sociais, onde se inserem os campos relacionais, a partir dos quais emergem as condutas individuais e coletivas, permite a adoção de um posicionamento mais concreto, em que questões de classe, gênero e cultura passam a ser incluídas, numa linha de pensamento coerente com o reconhecimento de que a adolescência corresponde a um fenômeno socialmente produzido (BARUS-MICHEL, 2005).

Intersecionalidade entre adolescência e condição feminina

Vale a pena destacar que prevalece uma tendência, na clínica, na literatura científica e, ao que tudo indica, também nas interações cotidianas e na sociedade em geral, a não pontuar suficiente e claramente que as questões existenciais de meninos e meninas não são as mesmas numa sociedade em que as relações de gênero são muito fortes. Não marcar diferenças tanto pode servir para ocultá-las, em favor da persistência das desigualdades, como indicar esforços no sentido de superação da situação socialmente vigente, de modo que cabe cautela antes de qualquer pronunciamento. Além disso, motivações dos dois tipos provavelmente se mesclam na prática. Entretanto, necessitamos aqui ressaltar que, no contexto de produção de conhecimento sobre meninas adolescentes que praticam *cutting*, torna-se indispensável considerar a especificidade da situação daquelas que acabam de se tornar não propriamente pessoas sexualmente visíveis, mas corpos sexualmente visíveis.

Assim, quando consideramos a situação da menina que adolesce, apresentando sofrimento emocional, que pode se expressar como *cutting*, torna-se muito significativo reconhecer que, na medida em que vive as mudanças corporais características da puberdade feminina, passa a compartilhar a opressão psicológica que se exerce contra a mulher (BARTKY, 1990; 2002; DAS, 2007). Assim, pensamos ser fundamental compreender que a dimensão de gênero e sexo implica distinções marcantes na dramática de vida de meninas adolescentes, quando comparada às dificuldades enfrentadas pelos meninos adolescentes.[3] Deste modo, concluímos que a interseção entre "ser mulher" e "ser adolescente" é uma condição para a qual devemos atentar.

Crenshaw (2012) se dedicou ao desenvolvimento do conceito de intersecionalidade, por perceber que mulheres negras e pobres sofriam violências bastante específicas, decorrentes não apenas de sua condição feminina, mas também do fato de serem negras e predominantemente pobres. Assim sendo, considerou relevante a proposição desse novo conceito, tendo em vista atender à necessidade de recortar o fenômeno mais precisamente. A nosso ver, a ideia de superposição de condições, que motivam discriminação e preconceito, pode auxiliar no estudo do sofrimento social da menina adolescente, tornando sua abordagem mais concreta e contextualizada.

Sabemos que, durante a adolescência, a menina vivencia transformações, físicas e psicológicas, que a inserem em dramáticas de vida diversas daquelas vivenciadas durante a infância. Segundo uma observação clínica comum, reconhecer que seu corpo desperta desejo sexual provoca, no contexto social em que vivemos, várias reações emocionais, que podem incluir vergonha, humilhação, confusão e ansiedade, mas também, em muitos casos, sensação de conquista de um certo poder. Nessa linha, o corpo desejado pelo homem

---

[3] Não desconsideramos que os adolescentes de sexo masculino também são vítimas de sofrimentos sociais. Entretanto, não focalizaremos essa questão em função do objetivo do presente trabalho, centrado na adolescência feminina.

pode se tornar, sem dúvida, um trunfo, ainda que exija que a própria pessoa o tome como objeto, conduta compreensível diante do fato da objetivação resultar em valorização e cobiça do corpo objeto (BARTKY, 1990; 2002). Entretanto, é fundamental destacar que a complexidade das reações em jogo, o grave sofrimento envolvido e exigências de natureza ética incentivam a realização de pesquisas que possam trazem compreensões apuradas desse fenômeno.

Evidentemente, não são impossíveis experiências saudáveis de atração sexual, principalmente em contextos de mutualidade, nas quais não ocorra objetivação do corpo feminino. Entretanto, provavelmente estas são raras, dadas as relações de gênero predominantemente vigentes na sociedade contemporânea. Desta feita, entendemos porque são comuns as experiências de vergonha, ou seu avesso, que se apresentam quando a jovem aceita e reproduz condutas que despertem a atenção alheia para seus atributos sexuais. Além disso, muitas outras vivências podem aparecer nesse contexto, desde a insensibilização sexual, de caráter defensivo, até a irritabilidade da mulher diante da própria excitação que, muitas vezes, comprometem o potencial gratificante das relações amorosas. Tivemos oportunidade de abordar um pouco da complexidade dessa situação em estudo anterior (ASSIS *et al.*, 2016), no qual focalizamos uma produção cinematográfica que retrata o sofrimento de uma menina adolescente que acredita só conseguir ser reconhecida, amada e aceita como pessoa se puder despertar desejo sexual masculino. Deste modo, a jovem acaba tolhida numa verdadeira armadilha que se torna um beco sem saída, pois só teria condição de posicionar-se como sujeito caso concordasse em ser tratada como objeto. Resulta, assim, uma situação praticamente enlouquecedora, na qual a subjetividade fica profundamente atingida.

Bartky (1990; 2002) dedicou-se ao estudo das inúmeras formas por meio das quais a mulher pode ser reduzida à condição de objeto sexual e, desse modo, ferida em sua subjetividade pessoal. Tal problema afetaria profundamente a subjetividade feminina e deixaria marcas em todas as esferas da vida da mulher e não apenas no campo do relacionamento amoroso. Perceber-se reduzida ao corpo sexual é algo que apresenta caráter traumático e que danifica a saúde mental das meninas, tanto quando sofrem constantes assédios sexuais nas ruas, como quando se submetem psicologicamente à ideia opressora conforme a qual devem estar sempre atraentes e belas. Nesse sentido, assumimos visão convergente com aquela defendida por Frederickson e Robertson (1997) que, de acordo com a teoria da objetivação, apontam que garotas e mulheres podem, via cultura, internalizar perspectivas das outras pessoas como uma percepção correta de si mesmas. De fato, esta introjeção poderia causar sentimentos de ansiedade e vergonha, bem como disfunções sexuais, transtornos alimentares, entre outros problemas.

Ora, a objetivação feminina pode revelar-se intensamente prejudicial, afetando a saúde emocional, justamente na fase da adolescência, quando emerge o corpo sexualmente maduro. Neste contexto afetivo-emocional, o *cutting* pode inscrever-se como sintoma multideterminado, por meio do qual o corpo é simultânea e paradoxalmente atacado e proclamado vivo. Ou seja, se de um lado as incisões correspondem a evidente ação contra a pele, o sangramento e a dor confirmam, por outro lado, que a pessoa está viva e não se reduz a um objeto que o outro pode usar. Lembrando aqui a ideia de Bleger (1963), para quem toda a conduta é sempre a melhor possível, pois corresponde a tentativas de evitar prejuízos maiores, enquanto pratica o *cutting*, a menina lida, como pode, com uma vida marcada por opressão, humilhação, desamparo e culpa.

Despersonalização e teoria winicottiana do amadurecimento emocional

A dificuldade em sentir-se vivo, real, presente e desperto corresponde a uma descrição fenomenológica do que é habitualmente designado como despersonalização, sintoma que já vem sendo associado a práticas de automutilação (MESSER; FREMOUW, 2008). Tal manifestação tem sido conceituada segundo duas diferentes visões: como fenômeno intrapsíquico ou como fenômeno intersubjetivo.

Pensada como fenômeno interno, a despersonalização é predominantemente considerada uma defesa contra angústias primitivas de aniquilação. Podemos lembrar, como exemplo dessa visão, o texto de Uchôa (1959), em que afirma que a despersonalização corresponde à defesa forte e destrutiva que visa resolver vivências primitivas de despedaçamento do ego. Esse tipo de conceituação tende a equacionar a questão em termos de dificuldades que derivam de fragilidades psíquicas do indivíduo afetado, segundo uma visão característica da teorização que se firma como acomodação entre os paradigmas pulsional e relacional, fortemente impregnadas pelas exigências do primeiro (GREENBERG; MITCHELL, 1983).

De outro, tem sido descrita em termos intersubjetivos, como processo e produto de ataques contra a subjetividade pessoalizada, motivados fundamentalmente pela pertença a grupo social discriminado. Propondo uma visão intersubjetiva da despersonalização, que se afina com um uso concreto do paradigma relacional, que inclui a consideração de contextos macrossociais, égide sob a qual trabalhamos, Fanon (1952) preocupou-se em pesquisar os modos pelos quais vítimas do racismo vivenciam interações em que são desqualificadas ou infra-humanizadas (FERNANDES, 2011). Levi (1947) também abordou questões que iluminam formas de despersonalização resultantes de ataques e vivências traumáticas devidas ao antissemitismo. Segundo essa perspectiva, a experiência de despersonalização como fruto de interação perversa deveria ser vista como causa de sofrimento e não como defesa interna contra o sofrimento psíquico.

Quando pensamos a despersonalização como ataque violento, no contexto de relacionamentos humanos, passamos a nos interessar pelos modos como são perpetrados, bem como pelas formas de sua possível superação. Nessa linha, Barkty (1990; 2002) conceitua a despersonalização de mulheres como violência sofrida em encontros interpessoais que seria, num segundo momento, internalizada pela vítima. A autora chega a afirmar que esse movimento de internalização, que apresenta claras ressonâncias com uma antiga concepção psicanalítica conhecida como identificação com o agressor (FERENCZI, 1932/1990)[4], seria característico do machismo. Contudo, a nosso ver, um estudo de variadas condições de discriminação aponta para o fato de que a internalização da agressão desempenha papel fundamental na perpetuação da dor do negro, do judeu, do pobre, do homossexual e de outras figuras que sofrem ataques despersonalizantes.

A despersonalização é um tópico bastante importante do pensamento winnicottiano, no qual comparece como avesso do processo maturacional,

---

4 Ferenczi (1932/1990) propõe o conceito de identificação com o agressor como um movimento de defesa característico dos casos de abuso sexual infantil. Retomando uma perspectiva de valorização do trauma, vale dizer, questionando a noção de que os relatos dos pacientes não passariam de fantasias derivadas de seus próprios desejos, esse autor entende que a criança se submeteria ao agressor e com ele se identificaria por medo.

característica da fase inicial da dependência absoluta, que permite que a pessoa possa habitar o corpo. A personalização ocorreria sem transtornos caso o *"going on being"* do bebê pudesse ser sustentado convenientemente por um ambiente cuidador suficientemente bom e ficaria prejudicada se a continuidade de ser fosse interrompida, provocando o surgimento das chamadas agonias impensáveis (WINNICOTT, 1974). Vale aqui sublinhar que, correspondendo a etapas bastante iniciais da vida individual, o processo focalizado pelo autor está restrito à conquista de um estado psiquicamente diferenciado e apresenta caráter fortemente psicossomático. Não negamos, de modo algum, a importância desse fenômeno. Entretanto, ser uma individualidade é algo mais complexo do que poder considerar-se como entidade psicossomática separada autônoma desde seu próprio ponto de vista (WINNICOTT, 1945/1982). Na verdade, este seria um pré-requisito para a entrada numa condição de maior complexidade, que está presente desde sempre, mas que vai se tornando cada vez mais clara e importante na medida em que a pessoa amadurece cognitiva e afetivamente: a de pertencimento à condição humana. Tal pertencimento se associa, de modo visível, já em crianças pequenas, ao sentimento de dignidade e à busca de reconhecimento pelo outro, ultrapassando largamente o reino das necessidades[5] para adentrar no terreno das exigências éticas. Assim, temos constatado que uma pessoa pode ser despersonalizada sem deixar de ser uma unidade individualizada, por meio de operações que a lançam fora do acontecer humano, seja porque é louca, porque é negra, porque é mulher ou porque é pobre, entre outras condições de discriminação.

Em suma, pensamos ser importante distinguir duas diferentes acepções relativas ao conceito de personalização: a personalização psicossomática e a personalização por pertencimento. A primeira foi bem descrita por Winnicott (1945/1982), em sua teoria sobre o desenvolvimento emocional primitivo. Entretanto, esse autor, ao que tudo indica, não se preocupou com a segunda, que corresponde ao alcance de uma condição existencial

---

5 Evidentemente, os adeptos de reducionismos biológicos não terão dificuldade em atribuir as exigências éticas a desdobramentos de um gregarismo fundamental que teria valor de sobrevivência para a espécie. Contudo, como indicou Bleger (1969), esta corresponde a uma visão naturalista que sozinha não oferece uma compreensão fenomenológica a partir da qual pautar a coexistência em termos humanamente aceitáveis.

propriamente humana, que se define por inclusão radical na humanidade, o que aqui propomos designar como personalização por pertencimento. Não atentar para as diferenças entre esses dois termos gerará, a nosso ver, confusão que comprometerá de modo importante a abordagem dos determinantes sociais do sofrimento humano.

Quando nos dedicamos à clínica dos sofrimentos sociais, que inclui a experiência de padecimento da menina adolescente que pratica o *cutting*, o ataque à personalização por pertencimento ocupa o primeiro plano. Deste modo, não lidamos com fenômeno derivado das vicissitudes da vida da bebê e sim com um posicionamento pessoal que corresponde à conquista um pouco mais tardia – ainda que traços relativos a pertencimento e dignidade possam ser detectados em criança pequenas.

De todo o modo, o que é mais importante ressaltar é o fato da atenção à personalização por pertencimento ser nosso foco, o que nos distancia de um raciocínio muito comum, na psicopatologia psicanalítica, plenamente assumido por Winnicott (1945/1982), que consiste em pensar as diferentes formas de sofrimento a partir de um determinado uso do esquema das séries complementares (FREUD, 1916-17/1976), que se caracteriza por uma ênfase exagerada na experiência emocional infantil.

Esse tipo de uso das séries complementares vincula-se a uma tendência, que vigorou durante muito tempo, segundo a qual diante de experiências traumáticas, como as da guerra, por exemplo, não se levava em conta os eventos traumatizantes e sim as características psicológicas daqueles mais afetados, sendo sua maior sensibilidade vinculada à história emocional pregressa – o que levou Sarthou-Lajus e Rechtman (2011) afirmarem que, até os anos sessenta, a preocupação predominante, diante de eventos traumáticos, que tinham na guerra seu modelo, dizia respeito a uma indagação, plena de suspeitas, sobre aqueles que se revelavam mais afetados. Não se negava que a guerra prejudicava as pessoas, mas toda a atenção se voltava para a detecção daqueles menos resistentes, que teriam se tornado mais frágeis em função de sua experiência emocional infantil. Ora, esse tipo de visão favorece, claramente, a desconsideração dos sofrimentos sociais, propriamente ditos, derivados da guerra, do racismo, do machismo, da tortura e da miséria, entre outros, para focalizar o indivíduo ou, no máximo, sua família e, mais especificamente, a figura materna.

Se fizermos uma leitura do pensamento winnicottiano via desenvolvimentismo, acentuando a importância da segunda série complementar, veremos o *cutting* como expressão de problemas da primeira infância, que os eventos da vida adolescente, tais como ver-se como objeto sexual, no máximo reativariam. Não admitiremos que adolescentes que foram bebês bem cuidadas possam sofrer profundamente quando despersonalizadas nas interações que vivenciam na escola, na família, na vizinhança, nos mais variados espaços sociais – e ao não admitir tal possibilidade, por preconceito teórico, certamente não seremos capazes de observar o que de fato está acontecendo numa imensa maioria de casos.[6] De todo o modo, cabe ressaltar que a hipótese de disposição fragilizada, derivada da experiência emocional infantil, demanda uma clínica psicanalítica diversa daquela que visa curar a despersonalização por negação do pertencimento ao humano, na medida em que essa última será constituída como favorecimento de experiências de resgate da condição de pessoa.

Diante dos sofrimentos que as mulheres trazem à clínica psicológica contemporânea, defendemos a realização de estudos com vistas a determinar se a brutalidade presente na objetivação do corpo feminino pode ter efeito altamente traumático mesmo em meninas adolescentes que foram bebês bem acolhidas. Confiamos que um conhecimento mais preciso e rigoroso pode nos auxiliar a nos precaver contra um erro, não seria apenas clínico, mas também ético, de aventarmos que a objetivação sexual só teria efeito patogênico caso a mãe não tivesse atendido bem a menina quando bebê. Lembrar aqui do estupro, como condição máxima de objetivação, pode ser útil, pois já está se tornando mais evidente que esse tipo de violência fere a mulher não porque "no fundo ela desejaria o ataque sexual", nem porque não se teria integrado ou personalizado de modo suficientemente bom quando bebê, e sim porque sua condição de pessoa é aí violentamente anulada, sendo seu pertencimento à humanidade negado de modo radical. Não cabem dúvidas que a melhor experiência emocional infantil não torna pessoa alguma capaz de suportar bem experiências de ser violentada, sejam

---

6   Ainda que muitos vivam intensos sofrimentos emocionais durante a infância, julgamos importante lembrar que, muitas vezes, nos deparamos na clínica com relatos que evidenciam que traumas da adolescência e da vida adulta podem se tornar mais ainda profundos e geradores de perplexidade por contraste com boas experiências anteriores, vividas em relativa proteção familiar e comunitária.

os ataques abertamente perpetrados ou insidiosamente cometidos – esta é uma formulação que nunca deveria ser esquecida.

Referências

AIELLO-VAISBERG, T. M. J. "Psicologia Clínica Social na Esteira da Psico-higiene e da Psicologia Institucional". *In: Anais da XII Jornada Apoiar: A Clínica Social - Propostas, Pesquisas e Intervenções.* São Paulo: Instituto de Psicologia da Universidade de São Paulo, 2014, p. 35-47.

AMATI SAS, S. « L'Interprétation dans le Trans-Subjectif. Reflexions sur l'Ambiguité et les Espaces Psichiques ». *Psycothérapies*, 24 (4): 207-213, 2004.

AMBROSIO, F. F. *O Estilo Clínico "Ser e Fazer" na Investigação de Benefícios Clínicos de Psicoterapias.* Campinas: PUC-Campinas, 2013, 114 f. (Tese de Doutorado em Psicologia).

ASSIS, N. D. P.; AIELLO-FERNANDES, R.; AIELLO-VAISBERG, T. M. J. "'Problemáticos ou Invisíveis': o Imaginário Coletivo de Idosos sobre Adolescentes". *Memorandum*, 31 : 259-275, 2016.

ASSIS, N. D. P. de. *et al.* "O Imaginário Coletivo sobre o Sofrimento da Menina Adolescente no Filme 'Bruna Surfistinha'". *In: Anais da XIV Jornada Apoiar Saúde Mental e Interdisciplinaridade: Propostas e Pesquisas.* São Paulo: Instituto de Psicologia da Universidade de São Paulo, 2016, p. 343-360.

BARTKY, S. L. *Femininity and Domination: Studies in the Phenomenology of Oppression.* Nova Iorque: Routledge, 1990.

_____. *Simpathy and Solidarity and Other Essays.* Laham, Maryland: Rowman & Little Field, 2002.

BARUS-MICHEL, J. "Entre Sofrimento e Violência: A Produção Social da Adolescência". *In: I Simpósio Internacional do Adolescente*, São Paulo, 2005. Disponível em: <http://www.proceedings.scielo.br/scielo.php?script=sci_arttext&pid=MSC0000000082005000100018&lng=en&nrm=iso>. Acesso em: 14 mai. 2017.

BENINCASA, M.; RESENDE, M. M. "Tristeza e suicídio entre adolescentes: fatores de risco e proteção". *Boletim de Psicologia*, 56 (124): 93-110, 2006.

BERENSTEIN, I.; PUGET, J. *Lo Vincular. Clínica y Técnica Psicoanalítica*. Buenos Aires: Paidós, 1997.

BLEGER, J. *Psicología de la Conducta*. Buenos Aires: Paidós, 1963.

_____. "Teoría y Práctica en Psicoanálisis: La Praxis Psicoanalitica". *Revista Uruguaia de Psicoanálisis*, XI: 287-303, 1969.

_____. *Simbiosis y Ambiguidad*. Buenos Aires: Paidós, 1972.

BOTELHO-BORGES, A. A.; BARCELOS, T. F.; AIELLO-VAISBERG, T. M. J. "Leal a si Mesmo: um Diálogo com o Filme 'Meu Tio Matou um Cara'". In: *Anais da XI Jornada Apoiar - Adolescência: Identidade e Sofrimento na Clínica Social*. São Paulo: Instituto de Psicologia da Universidade de São Paulo, 2013, p. 104-113.

CRENSHAW, K. A. *Intersecionalidade na Discriminação de Raça e Gênero*, 2012. Disponível em: <http://www.acaoeducativa.org.br/fdh/wp-content/uploads/2012/09/Kimberle-Crenshaw.pdf>. Acesso em: 16 mar. 2017.

DAS, V. *Life and Words. Violence and the Descent into the Ordinary*. Berkeley: University of California Press, 2007.

FANON, F. *Peau Noire, Masques Blacs*. Paris: Du Seuil, 1952.

FERENCZI, S. *Diário Clínico* (1932). São Paulo: Martins Fontes, 1990.

FERNANDES, S. C. S. *Crenças Raciais e Infra-humanização Uma Análise Psicossocial do Preconceito contra Negros*. Salvador: Universidade Federal da Bahia, 2011, 333 f (Tese de Doutorado em Psicologia).

FREDERICKSON, B. L.; ROBERTSON, T. A. Objetification Theory: Towarad Understanding Women's Lives Experiences and Mental Health Risks. *Psychology of Women Quartely*, 21: 173-206, 1997.

FREUD, S. "Algunas Perspectivas sobre el Desarrollo y la Regresión". *Conferencias de Introducción al Psicoanálisis* (Parte III) (1916-1917). Buenos Aires: Amorrortu, 1976, p. 309-325 (Obras Completas de Sigmund Freud, 16).

GREENBERG, J. R.; MITCHELL, S. A. *Object Relations in Psychoanalytic Theory*. Cambridge: Harvard University Press, 1983.

GIUSTI, J. S. *Automutilação: Características Clínicas e Comparação com Pacientes com Transtorno Obsessivo-Compulsivo*. São Paulo: Universidade de São Paulo, 2013, 160 f. (Tese de Doutorado em Medicina).

LEVI, P. *Si c'est un Homme* (1947). Paris: Pocket, 1988.

MESSER, J. M.; FREMOUW, W. J. "A Critical Review of Explanatory Models for Self-mutilating Behaviors in Adolescents". *Clinical Psychology Review*, 28: 162-178, 2008.

MONTEZI, A. V. *et al.* "Linha de Passe: Adolescência e Imaginário em um Filme Brasileiro". *Psicologia em Revista*, 19: 74-88, 2013.

PONTES, M. L. S. *A Hora H: o Imaginário Coletivo de Profissionais da Saúde Mental sobre Adolescência*. Campinas, SP: PUC-Campinas, 2011, 111 f. (Dissertação de Mestrado em Psicologia).

PUGET, J. "Psychic Reality or Various Realities". *International Journal of Psychoanalysis*, 76: 29-34, 1995.

SARTHOU-LAJUS, N.; RECHTMAN, R. "Enquête sur la Condition de Victime". Études, 414 (2): 175-186, 2011.

TACHIBANA, M. *et al.* "Who Are the Teenagers of Today? Collective Imaginary of Brazilian Teachers". *International Journal of Information and Education Technology*, 5 (1): 47-49, 2015.

TOSTES, G. W. *Dor Cortante: Sofrimento Emocional de Pessoas que se Autolesionam*. Campinas: PUC-Campinas, 2017, 138 f. (Dissertação de Mestrado em Psicologia).

UCHÔA, D. M. "Psychopatholy of Depersonalization". *Arquivos de Neuro--Psiquiatria*, 17 (3): 267-284, 1959.

WINNICOTT, D. W. Fear of Breakdown. *International Review of Psycho--Analysis*, 1: 103-107, 1974.

_____. "Desenvolvimento Emocional Primitivo". *Da Pediatria à Psicanálise: Obras Escolhidas* (1945). Rio de Janeiro: Francisco Alves, 1982, p. 247-268.

10
Thirteen Reasons Why: suicídio em adolescentes

Gina Khafif Levinzon

Tomando como ilustração o enredo da série televisiva *Thirteen Reasons Why*, esse trabalho discute o suicídio em adolescentes. O universo psíquico do adolescente é examinado, assim como sua relação com as fantasias e motivações possíveis para o suicídio. Levantam-se questões como de que forma distinguir o que é manifestação da crise de adolescência e o que é sinal de patologia grave que pode levar ao suicídio. A necessidade de ouvir o adolescente e compreender sua linguagem própria é enfatizada, assim como a ajuda multidisciplinar a ser oferecida nesses casos.

A série televisiva, lançada recentemente, estimulou debates acalorados, principalmente entre adolescentes, principal público-alvo da série. Seu enredo baseia-se na história de uma jovem, Hannah Baker, que comete suicídio. Antes de morrer, ela grava treze fitas cassete contando os motivos de decepção, desespero e de descrédito à vida e às pessoas.

No primeiro episódio, Clay Jensen, um garoto tímido do ensino médio, encontra na porta de sua casa um pacote misterioso contendo treze fitas cassete. Ao ouvi-las se dá conta de que elas contêm uma narração feita por Hannah relatando os treze motivos que a levaram à decisão de se matar. A sua voz avisa, já de início: "Espero que você esteja pronto, porque vou te contar agora a história de minha vida. Mais especificamente por que minha vida acabou. E se você está ouvindo essas fitas, você é um dos porquês". Uma a uma, as fitas descrevem os desencontros e desventuras da adolescente, que sofreu *bullying* e vários tipos de violência por parte dos outros adolescentes que a rodeiam. Cada lado da fita é dedicado a uma pessoa que, de alguma forma, teve parte em sua decisão de deixar a vida. Ela deve ouvir todas as fitas e em seguida passá-las à pessoa presente na fita seguinte à sua. Caso essas instruções não sejam seguidas, cópias dessas fitas ficarão públicas. "Você está sendo vigiado", avisa a voz de Hannah Baker. Ela está morta, mas parece onipresente no efeito devastador que seu legado causa nas diversas pessoas com quem se relacionava.

A primeira fita mostra a quebra de confiança no rapaz de quem gostava, Justin, que a beija numa certa noite, mas divulga uma foto sua ambígua entre os outros estudantes insinuando que haviam feito sexo e que Hannah "era uma garota fácil". A seguir, um suposto amigo, Alex, a coloca numa lista com o apelido de "a melhor bunda da turma de calouros", e a expõe dessa forma a uma reputação de promiscuidade e a assédio sexual por outros colegas.

Sua melhor amiga, Jessica, passa a acreditar que Hannah a traiu e que é responsável pelo término de seu namoro com o amigo que a colocou na lista. A amizade com ela termina de modo dramático para Hannah, pois havia até então uma grande identificação entre elas.

Um colega, Tyler, se dedica a tirar, sem permissão, fotos íntimas de seus companheiros e a publicá-las no jornal da comunidade estudantil. Ele flagra inadvertidamente Hannah num momento de carícias com outra colega em sua casa, Courtney, ao tirar fotos das duas espreitando a janela do quarto de sua casa. A foto é publicada sem o rosto das garotas, mas todos suspeitam que se trate de Hannah. Courtney, de quem Hannah estava se aproximando, fica muito temerosa quanto à possível revelação de sua homossexualidade e se afasta. Chega inclusive a alimentar boatos sobre Hannah para despistar as dúvidas de todos sobre sua própria sexualidade.

Hannah se desculpa por incluir Clay Jensen nas fitas. Ele é o rapaz por meio de quem o espectador acompanha a narrativa de Hannah. Ela admite que ele foi a melhor pessoa com quem se relacionou e lamenta não ter podido se aproximar mais dele. Eles quase chegaram a ter um relacionamento sexual, mas ela interrompeu a relação e o mandou embora, por estar se sentindo ainda conectada emocionalmente ao rapaz por quem tinha se apaixonado.

As decepções e situações invasivas com os colegas vão se sucedendo. Hannah testemunha o estupro de Jessica. Esta última estava inconsciente, embriagada, e a violência sexual ocorre com a anuência do namorado da amiga, justamente o rapaz por quem Hannah tinha se apaixonado. Posteriormente, Hannah também é estuprada pelo mesmo garoto, capitão da equipe de futebol da escola. O sofrimento é imenso, mas ela não consegue esboçar nenhuma reação. Fica evidente sua absoluta falta de recursos para fazer face aos desafios do viver.

Por fim, Hannah decide procurar ajuda e recorre ao conselheiro da escola. A desconfiança em recorrer a esse auxílio fica evidente na decisão da adolescente em gravar a conversa sem que o terapeuta soubesse. Ela menciona brevemente sua dúvida em continuar vivendo e pede-lhe que a ajude a colocar o estuprador na cadeia. Como é difícil provar que o rapaz a estuprou, ele lhe sugere que ela siga com sua vida, que vá para algo novo. Ela esperava, no fundo, que ele a convencesse a não se matar, que não desistisse de ajudá-la. Sai da sala do conselheiro de modo abrupto e fica esperando, sem sucesso, que ele a siga e a traga de volta.

Finalmente, a cena do suicídio é mostrada de forma crua e dramática. Hannah dirige-se à sua casa, entra na banheira cheia de água e corta seus pulsos, deixando os na água. Dessa forma a ferida não se fecha e o sangue escorre até sua morte. Quando os pais chegam do trabalho encontram-na inerte na banheira, sem vida.

Chama a atenção a impossibilidade da adolescente em pedir ajuda aos pais. Estes últimos são pegos de surpresa, sem nenhum conhecimento anterior da situação desalentadora em que sua filha se encontrava. Tentam encontrar explicações para o cenário terrível no qual ela padecia de um sofrimento silencioso e devastador.

Todos se perguntam o que poderiam ter feito para evitar tudo isso. Essa é a indagação que fazemos, quando lidamos com adolescentes que apresentam estados graves de desalento ou de danos importantes contra si mesmos.

A repercussão dessa série foi marcante, especialmente nas garotas. Uma adolescente por mim atendida contou-me todo o enredo em sua sessão de análise e estava extremamente transtornada com o efeito que tinha lhe causado. Ela própria tinha tido algumas tentativas de suicídio no passado e o que a impactou era o sofrimento da personagem. Lembrava-se de seu próprio sofrimento e do limiar tão perigoso a que havia chegado. Uma mãe, muito preocupada com o efeito do seriado em suas filhas, assistiu a todos os episódios ao lado delas. Fez questão de ressaltar a elas que Hannah Baker era uma pessoa muito fraca e que poderia ter reagido de outra maneira às intempéries e desafios na relação com o outro. Segundo suas palavras "Hannah Baker é uma tonta!". Nessa mesma linha, outra paciente adolescente comentou com raiva a saga da personagem principal: "Ela estava se vingando de todos com sua morte. Esse comportamento era ridículo! Por que se vingar dessa maneira? E coitados dos pais, como ela podia ter feito aquilo com eles? Ela não tinha pensado em ninguém, só nela! No fundo era muito egoísta!". Uma adolescente, muito perturbada com a questão da morte e da violência contra si mesmo me alertou: "Não deviam mostrar uma cena de suicídio dessa forma! É perigoso!".

Afinal, como entender as fantasias e os atos de suicídio na adolescência? Como discriminar os casos graves que necessitam de ajuda premente? Este trabalho tem como objetivo abordar essas questões, considerando a configuração afetiva do adolescente e suas possíveis motivações para comportamentos de risco. O enredo da série *Thirteen Reasons Why* será utilizado como ilustração para essas observações.

O universo psíquico do adolescente

A adolescência é uma fase de desenvolvimento em que aspectos essenciais de uma pessoa são adquiridos. Nesse período formam-se pilares essenciais da personalidade, como o sentimento de identidade própria e a progressiva discriminação entre o que é seu e o que liga o sujeito às pessoas que estão à sua volta.

Segundo Levisky (1998), a adolescência é a busca de si mesmo, numa transição da identidade infantil para a adulta. As características da passagem pela adolescência dependerão das experiências infantis da pessoa, de suas relações afetivas primárias, das características de sua iniciação na vida social, da elaboração das fantasias edípicas, de suas angústias e temores próprios dessa fase e revividos a partir das experiências infantis.

Como afirma Winnicott (1993), "muita coisa permanece guardada no inconsciente, e muito não é conhecido simplesmente porque ainda não foi experimentado" (p. 117). A pergunta a se fazer na adolescência é: como essa organização preexistente do ego reagirá ao aumento de pressão do id nessa fase? Como ficará a personalidade do jovem? Como poderá lidar com seu novo poder de destruir ou matar, poder que anteriormente não existia e não complicava os sentimentos de ódio na infância?

A relação com o corpo e com o ímpeto potencializado da sexualidade representam um desafio para o adolescente. Ele possui agora um corpo adulto que precisa ser incorporado a uma imagem de si mesmo em constante mudança. Não sabe ainda com clareza se será heterossexual ou homossexual.

Segundo Rassial (1999), a adolescência pode ser comparada a um momento de loucura. Muito rapidamente os jovens apresentam estados de mente que poderiam corresponder a um diagnóstico de *borderline*, estado-limite. Corpo, identidade, integração, são questões semelhantes às levantadas pelas psicoses.

Além da sexualidade aflorada e do crescimento físico, o adolescente tem que lidar com a aquisição de força real. Sua violência passa a ter um novo sentido, já que, se exercida sem controle, pode provocar danos até irreversíveis.

Para Winnicott (1999), na adolescência há uma suscetibilidade extrema à agressão. Ela se mostra na forma de suicídio ou na forma de busca por perseguição, que é uma tentativa de sair da loucura de um sistema persecutório delirante. Há o risco de que a perseguição seja provocada, numa tentativa de evasão da loucura e do delírio.

As características acima descritas podem ser observadas com clareza na série *Thirteen Reasons Why*, como uma ilustração do mundo adolescente. Encontramos os jovens em pleno exercício de sua imaturidade. A sexualidade aflorada está no centro de seus interesses. As relações amorosas muitas vezes são fugazes e estão sujeitas a angústias edípicas e pré-edípicas. Hannah Baker se apaixona por um rapaz, Justin, mas ele ainda não está pronto para ter uma relação madura. Ele procura aprovação e admiração do grupo, ao mentir sobre ter se relacionado sexualmente com ela de forma completa. Sua autoestima depende do olhar do grupo, mesmo que isto seja conseguido por meio de ilusões e atuação. Tyler é tomado por seus impulsos *voyeuristas*, e se dedica a flagrar com sua máquina fotográfica os momentos íntimos de seus colegas e divulgá-los para todos. Ele divide então com o grupo a responsabilidade pelos seus impulsos exacerbados. Torna-os assim socialmente aceitos e até valorizados. A amiga de Hannah, Jessica, rompe a amizade com Hannah ao imaginar um triângulo amoroso no qual esta última seria o pivô do rompimento com seu namorado. Sua suscetibilidade aos boatos envolvendo Hannah ou à lista em que foi eleita como a "melhor bunda" mostram a insegurança de Jessica quanto à sua possibilidade de formar um casal amoroso estável. Os estupros realizados pelo capitão do time de futebol denotam com clareza a violência do impulso sexual, descontrolado e arrasador. A sexualidade é usada como descarga destrutiva, não como forma de elo com o parceiro amoroso. Nesse caso estamos já no campo da patologia, no qual a delinquência e a violência ultrapassam o limiar do equilíbrio razoável.

E o que dizer de Hannah Baker? Sua sexualidade também está aflorada. Apaixona-se "pelo cara errado" como diz uma amiga sua no seriado. Será coincidência? Seria uma forma de colocar um freio externo a impulsos assustadores, difíceis de controlar? Aquele que gosta dela, Clay, será afastado "no momento H" de uma relação sexual, de forma a não consumá-la. Hannah se lembra nesse momento de todas as decepções e abusos que sofreu. Fica claro que o que se refere a seu corpo e aos impulsos sexuais está carregado de persecutoriedade. Além disso, o sentimento de confiabilidade no outro está seriamente abalado.

Hannah se vê envolvida momentaneamente em carícias físicas com Courtney, que depois a repudia, aterrorizada com a divulgação de sua homossexualidade. A questão da definição de gênero paira sobre jovens que se sentem como "um caderno de rascunhos" no que se refere à definição sexual. Sentem-se impelidos a experimentar a bissexualidade, mas ao mesmo tempo essa liberdade é ameaçadora.

Surpreende-nos a passividade com que a personagem principal, Hannah, vive suas desventuras. Ela é denegrida, desprezada, traída, violentada. Deparamo-nos com uma jovem que reprime sua agressividade de modo intenso. Hannah não pode brigar, revidar, reagir. Ela o fará de maneira arrasadora por meio de sua morte, de suas fitas acusadoras, do ataque a si mesma. O suicídio poderá ser entendido, em parte, como forma de vingança e retaliação a um mundo sentido como extremamente persecutório.

O suicídio no adolescente

O tema do suicídio em adolescentes tem estado em destaque já há algum tempo. Prova disso são as produções como a série *Thirteen Reasons Why*, e o "Jogo da Baleia Azul" (consiste em um jogo macabro, pela internet, que coloca desafios para o adolescente até chegar ao suicídio). Na verdade, a suscetibilidade dos jovens a condutas perigosas e autodestrutivas é algo que pode fazer parte dessa fase de desenvolvimento.

Segundo Cassorla (2000), o suicídio é resultado de um interjogo patológico que envolve fantasias inconscientes decorrentes de interações complexas entre pulsões, ansiedades e defesas. Este autor descreve o "comportamento suicida" como tudo aquilo que leva a processos autodestrutivos, desde o suicídio exitoso individual até as sabotagens e conluios autodestrutivos, que não levam necessariamente à morte. O comportamento suicida é influenciado pela interação sociedade-adolescente. Ao estudar adolescentes normais, verificou-se que 12% haviam praticado um ato suicida em algum momento de suas vidas. Metade deles não procurou assistência médica. Isso pode ser dar indícios de que tais comportamentos, de pouca gravidade médica, fazem parte dos conflitos da adolescência (CASSORLA; SMEKE, 1997).

Para Rassial (1999), podemos distinguir dois tipos de tentativa de suicídio. Uma delas consiste em colocar em ato uma demanda neurótica, mais especificamente histérica. O outro tipo consiste em passagens psicóticas ao ato, seja por automatismo mental ou como consequência de um raciocínio delirante.

Diversos autores se dedicaram a estudar as motivações possíveis dos jovens para o suicídio. Garma (1948) ressalta o papel da perda de um objeto libidinoso de importância vital para o sujeito. Há nesses casos uma identificação com o objeto perdido e com seu destino. A enfermidade psíquica na qual é mais seguramente intenso o desejo de suicídio é a melancolia. Em seu primoroso artigo "Luto e Melancolia", Freud (1914) mostra como as autoacusações do melancólico são na verdade acusações a um objeto externo introjetado em seu ego. A agressividade do indivíduo contra o objeto é voltada para si, contra a parte identificada com ele. Esse mecanismo pode ser de intensidade tal que resulta, em alguns casos, em comportamentos suicidas. Seria uma forma de matar o objeto dentro de si, mas à custa do fim da própria vida.

Sabemos que o adolescente está sujeito a diversos lutos: a perda da infância, do corpo infantil, dos pais idealizados, entre outras perdas. A possibilidade de elaboração desses lutos dependerá das bases de sua personalidade construídas até então. Se seu desenvolvimento psíquico não foi saudável o suficiente, poderá desembocar em dificuldades extremas em lidar com esses sentimentos. Diante de situações de sofrimento, dor e desespero, ele poderá ansiar por um "estado de Nirvana", evocação de um mundo paradisíaco onde não há dor, apenas paz, que seria encontrado na morte.

O suicídio pode ocorrer também como fuga de ansiedades psicóticas insuportáveis. O adolescente, nesses casos, tenta silenciar o inimigo atormentador que sente que está em algum lugar de sua mente e em seu próprio corpo. A tentativa de suicídio, neste caso, é um sinal de colapso (*breakdown*) e pode conter indícios de movimento em direção a patologias psíquicas graves (LAUFER, 1996).

O corpo sexualmente maduro aparece para o adolescente como uma incógnita que frequentemente é entendida como algo errado, perigoso. Muitos se sentem anormais – são gordos demais, baixos demais, seios grandes ou pequenos demais, genitais fora de tamanho aceitável, e assim por diante. Os sentimentos de vergonha e humilhação ficam à espreita como possíveis fantasmas assustadores. Para Bronstein (2009), o impacto das mudanças corporais pode levar o adolescente a identificar uma parte de seu corpo como "má" ou "errada". Ele projeta nela seus aspectos rejeitados e não amados, que com o suicídio são concretamente removidos. Esta autora salienta que estar morto tem um significado específico para cada adolescente que tenta o suicídio. Pode indicar a busca de uma imortalidade narcísica que desafia a noção do finito vinculada à sexualidade.

No adolescente, as fantasias infantis e os desejos onipotentes se confrontam com a realidade de modo especialmente desafiador. A passagem do tempo é sentida como excessivamente rápida ou lenta, dependendo do momento. A morte idealizada teria como um de seus objetivos promover a saída da linha do tempo, do relógio de um crescimento que anda assustadoramente, sem parada para respirar. A esse respeito Flechner (2000) afirma que em casos graves o adolescente sente ser indispensável aplicar a imobilidade ante a falha dos mecanismos de controle onipotente. Essa imobilidade, no entanto, torna-se um caminho sem retorno no suicídio.

É preciso ressaltar que há uma diferença entre as fantasias de suicídio e a passagem ao ato. Felizmente, na maior parte dos casos, o adolescente apenas "brinca" com a ideia da morte autoinfligida, embora às vezes de modo perigoso.

A relação do adolescente com a família representa o contexto em que todas essas fantasias e angústias são vividas. Famílias muito desestruturadas, instáveis, tornam-se ambientes propícios para o desenvolvimento de patologias que levam à morte. Nesses casos, os sentimentos de ódio e vingança parecem ser um forte agente motivador. Em certos casos, não houve um pedido de ajuda explícito, ou que pudesse ter sido identificado. Diante do acontecimento trágico, resta às pessoas que se relacionavam com o jovem o sentimento de incredulidade e incompreensão.

Essa é a situação que se delineia no seriado. Os pais de Hannah são surpreendidos pelo seu suicídio. Não têm a mínima ideia do motivo pelo qual a filha recorreu a esse ato extremo. Em nenhum momento ela permite aos pais saberem das desventuras que se passam com ela e de seus sentimentos de desespero e solidão. As próprias fitas distribuídas após sua morte não são destinadas aos pais, mas sim aos jovens "causadores" dos infortúnios de Hannah e ao conselheiro que falhou em ajudá-la. Essa dinâmica é recorrente no seriado. Nenhum adolescente deixa entrever aos pais, professores ou adultos que o rodeiam o que ocorre consigo e com o grupo no qual está inserido. Estaria aí representada a desconfiança do jovem em relação ao mundo adulto? Seria uma menção ao despreparo dos pais em lidar com as angústias e paixões dos adolescentes?

O suicídio de Hannah representa um gesto de vingança contra todos que sentiu que a atacavam. Nas fitas, há uma espécie de acusação aos supostos causadores de seus infortúnios. Tudo se passa num ambiente de *cyberbullying*, no qual uma foto, um boato ou uma lista comprometedora são divulgados instantaneamente pelo celular e redes sociais. A falta de privacidade potencializa os efeitos danosos dos boatos. Hannah é acusada de ser "uma garota fácil", que "se relaciona sexualmente com qualquer um", o que não é verdade. Ser considerada "a melhor bunda da turma" parece ser mais ofensivo do que elogioso. Afinal, a sexualidade explícita soa extremamente perigosa. Hannah funciona como depositária das identificações projetivas de seus colegas sobre os temores dos recém adquiridos "poderes" do corpo.

Sua morte pode ainda ser entendida como o resultado da falência de sua capacidade para pensar e filtrar suas angústias aterrorizantes. A tentativa de livrar-se de seus sentimentos e partir para uma vida sem tensões, representada pela concepção de morte, mais parece uma descarga de *Elementos Beta*, ou seja, sensações brutas, primitivas (BION, 1966). É um momento de não pensamento, de atuação (*acting-out*). Vemos nessa personagem uma falta de recursos para lidar com as intempéries. Não é só a sexualidade que é sentida como algo perigoso, mas também a agressividade, que fica extremamente reprimida. Hannah não pode brigar, reivindicar seus direitos. Com isso fica desprovida do acesso a uma parte de si mesma indispensável para a vida. Sua agressividade é voltada para si mesma, num sacrifício brutal e irreversível.

Psicopatologia e tratamento

Como distinguir o que é manifestação da crise de adolescência e o que é sinal de patologia grave que pode levar ao suicídio? O adolescente pode expressar em algum momento seu desgosto pela vida e ameaçar pôr fim a ela, mas este pode ser um evento superficial sem maior gravidade. Por outro lado, também pode ser um aviso de que algo mais sério está por vir, e que precisa de ajuda urgente. Num caso ou noutro, levar a sério as queixas ou sinais do adolescente permite que se busque um diagnóstico diferencial e tratamento adequado.

Impõe-se a necessidade de que todos que se relacionam ou trabalham com adolescentes tenham um olhar atento para indícios de comportamento suicida. Pela resistência a tratar de um tema tão perturbador, ele acaba sendo negado e desta forma não pode ser prevenido adequadamente. O tratamento, nesses casos, inclui muitas vezes um acompanhamento multidisciplinar, que envolve o psicanalista, o psiquiatra, os profissionais da escola e, especialmente, a família do adolescente. Antes de tudo, ele precisa sentir que suas angústias estão encontrando eco e que vale a pena ter esperança de viver.

A série televisiva provocou polêmica. Por um lado, considerou-se que os jovens poderiam ser estimulados ao suicídio, como resultado de "contaminação" ou de idealização da heroína, Hannah Baker. Por outro, argumentou-se que era uma oportunidade para que pais, professores e afins pudessem conversar honestamente com os jovens sobre esse tema. De fato, nas sessões de análise por mim realizadas com adolescentes, a história do seriado e o tema do suicídio foram o tema do momento.

Como afirma Winnicott (1993), o adolescente luta para se sentir real, para estabelecer uma identidade pessoal. Ele quer uma "cura" imediata para suas angústias. Ao mesmo tempo rejeita todas as "curas" que encontra, pois detecta nelas um elemento falso. Ele encontrará soluções quando descobrir o meio-termo, mas isso só ocorre com o amadurecimento progressivo. O suicídio pode ser entendido como uma forma dramática de procurar a si mesmo, de fugir do sentimento de irrealidade, de um vazio avassalador ou da onipresença de objetos ameaçadores.

Há uma gama ampla de motivações possíveis para o suicídio nos adolescentes. Cabe a nós, cada vez mais, nos aproximarmos deles, "aprender" e entender sua linguagem própria, respeitar sua individualidade e ao mesmo tempo intervir quando preciso. E, o mais importante, celebrar com eles o quanto a vida merece ser bem vivida!

Referências

BION, W. "O Aprender com a Experiência". *Os Elementos da Psicanálise*. São Paulo: Zahar, 1966.

BRONSTEIN, C. "Trabalhando com Adolescentes Suicidas". *Rev. Psicanál.*, 16 (2): 279-297, 2009 (Porto Alegre).

CASSORLA, R. M. S. "Reflexões sobre Teoria e Técnica Psicanalítica com Pacientes Potencialmente Suicidas: Parte 1". *Jornal de Estudos Psicodinâmicos*, 19 (1): 169-86, 2000.

CASSORLA, R.M.S.; SMEKE, E.L.M. "Comportamento Suicida no Adolescente: Aspectos Psicossociais". *In*: Levisky, D. L. (Org.). *Adolescência e Violência: Consequências da Realidade*. Porto Alegre: Artes Médicas, 1997, p. 81-98.

FLECHNER, S. "La Clínica Actual de Pacientes Adolescentes em Riesgo: um Nuevo Desafio?". *Ver. Urug. Psicoanal.*, (92): 209-26, 2000.

FREUD, S. "Luto e Melancolia". *A História do Movimento Psicanalítico, Artigos sobre Metapsicologia e outros Trabalhos* (1914-1916). Rio de Janeiro: Imago, 1980 (Obras Completas Psicológicas de Sigmund Freud, 14).

GARMA, A. "El suicídio: 1937". In: GARMA, A.; RASCOVSKY, L. *Psicoanálisis de La Melancolia*. Buenos Aires: Asociación Psicoanalítica Argentina, 1948, p. 333-67.

LAUFER, M. "Entendiendo El Suicídio: ¿Tiene un Significado Especial en La Adolescência?". *Psicoanalisis N/A: con Niños y Adolescentes*, 9: 152-163, 1996.

LEVISKY, D. L. *Adolescência: Reflexões Psicanalíticas.* São Paulo: Casa do Psicólogo, 1998.

RASSIAL, J.J. "Loucura e Adolescência". *O Adolescente e o Psicanalista.* Rio de Janeiro: Companhia de Freud, 1999, p. 125-137.

WINNICOTT, D. W. "Adolescência. Transpondo a Zona das Calmarias". *A Família e o Desenvolvimento Individual.* São Paulo: Martins Fontes, 1993.

_____. "A Imaturidade do Adolescente". *Tudo Começa em Casa.* São Paulo: Martins Fontes, 1999.

IV
JUVENTUDE

11
Modernidade *versus* pós-modernidade na transição para a vida adulta

Ida Kublikowski
Clarissa Magalhães Rodrigues Sampaio

Este capítulo tem por objetivo introduzir perspectivas atuais acerca dos desafios para a compreensão da vida adulta na contemporaneidade, com base na revisão da tradição presente nos modelos clássicos ainda sustentados pela Psicologia do Desenvolvimento. Trata-se de uma questão que vem sendo recorrentemente abordada em nossos estudos[1] sobre os processos de transição para a "adultez" e que nos encaminha, inicialmente, para considerações sobre a evolução do olhar da psicologia em relação ao jovem e sua condição no mundo atual. Ideias como "prolongamento da adolescência", "dependência emocional e financeira" e "geração-canguru" vêm sendo amplamente debatidas nos meios acadêmicos e extra acadêmicos e, em alguns casos, parecem refletir vicissitudes que ignoram as transformações socioculturais pelas quais vimos passando. Ao mesmo tempo, à medida que são desafiadas pelas vivências concretas, tais ideias criam brechas para a introdução de novos olhares.

Modernidade *versus* pós-modernidade na Psicologia do Desenvolvimento

No conflito entre o moderno e o contemporâneo, as tentativas humanas de estabelecer fronteiras nítidas entre épocas refletem expectativas de

---
1 Rodrigues (2011); Rodrigues; Kublikowski (2014).

ordenar um fluxo. A crise ideológica que vivemos reflete a crise da modernidade, traduzida nos problemas que ela gerou e definiu, e na forma "historicamente condicionada" de que nos utilizamos para "pensar e reagir" a esses problemas. Nesse sentido, a pós-modernidade representaria "a mente moderna avaliando o seu desempenho, julgando as suas construções e, nesse balanço, percebendo a sua impossibilidade" (BAUMAN, 1999, p. 287). É a partir dessa perspectiva que nos dirigimos ao processo de desenvolvimento humano conforme proposto pela psicologia clássica e o reconstruímos, à luz do novo paradigma da ciência, o paradigma pós-moderno.

O pensamento clássico povoou o mundo com essências estáveis e processos reversíveis, tornando-o rotineiro e previsível e permitindo o controle, tanto do mundo-objeto quanto do sujeito-objeto. Através de um procedimento que poderia ser aplicado a qualquer disciplina científica – o método experimental –, criaram-se as condições pelas quais os fenômenos repetiam-se tediosamente, processo este que se tornou naturalizado, naturalizando-se também a existência de um mundo que produzia fenômenos não afetados pelo contexto e pelo tempo.

O ser humano que emergiu dessa visão de mundo era uma peça desta fabulosa maquinaria, objeto entre objetos, sujeito às mesmas leis imutáveis e universais. Dissolvido em suas características elementares, joguete dos determinismos biológicos e sociais, deveria controlar sua emoção e utilizar sua cognição na geração de uma práxis ortodoxa, orientada por modelos ideais. Essa abordagem, de caráter normativo, pressupunha um trajeto através da vida marcado por etapas, denominadas estágios, e que seguiam um modelo universal e uma sequência básica para todos os homens. Influenciada por determinantes culturais e biológicas, e refletindo as peculiaridades das variações individuais, tal sequência poderia sofrer alterações de rota, atrasos, adiantamentos e paralisações (LEVINSON *et. al.*,1979). A transição entre os estágios, por sua vez, ocorreria através de crises normativas:

> [...]um ponto decisivo e necessário, um momento crucial, quando o desenvolvimento tem que optar por uma ou outra direção, escolher este ou aquele rumo, mobilizando recursos de crescimento, recuperação e nova diferenciação (ERIKSON, 1972, p. 14).

Ao longo dessa transição entre estágios, o indivíduo via-se diante de um problema que não apresentava solução no contexto das normas de seu funcionamento atual (no estágio do qual sairia), o que representava, ao mesmo tempo, perigo e oportunidade. Sua superação satisfatória implicava recorrer a uma ação reguladora e eficaz, na geração de novos equilíbrios estruturais, cujas soluções visavam eliminar contradições e antagonismos. Essa definição, com suas soluções colocadas *a priori*, impedia a emergência da novidade.

Contudo, como aponta Morin (1998), o universo que ambienta a evolução humana vem, sistematicamente, escapando pelas frestas do conhecimento, demandando novas fontes de compreensão para o percurso ontológico dos indivíduos. O reinado do paradigma da simplificação revelou-se bastante eficiente até o momento em que foi desafiado pelo próprio conhecimento que criou: a ciência moderna, à medida que levantou condições para o desenvolvimento de tecnologias, abriu caminho para múltiplos desdobramentos percebidos no comportamento humano, ameaçando a previsibilidade da vida. Seus princípios de exclusão, que tornavam invisível o que não obedecia à sua lógica, enquadravam os fenômenos deterministas como fatos reais e transformavam o acaso em aparência, renovando e mantendo esse paradigma, porém contribuindo para a sua própria insustentabilidade.

Acreditando não ser possível estabelecer um modelo universal para o processo de desenvolvimento, seja por meio de explicações biológicas, seja por meio de explicações culturais, propomos uma concepção de identidade pautada na complexidade, constituindo-se em anéis recursivos, que articulam as instâncias produtoras da subjetividade. Os desenvolvimentos inovadores, que emergem da organização sistêmica, exigem novas cartografias para a ação. Se a Psicologia tradicional desenhava mapas em percursos canônicos, uma concepção da pessoa através da complexidade – que, ao narrar a sua vida, reescreve um destino prescrito – expõe um espaço de liberdade relativa, que permite escolher aquilo que é considerado melhor para a própria vida. O sujeito produzido torna-se, simultaneamente, produtor de si.

Assim, considerando insuficiente a ideia de uma Psicologia do Desenvolvimento normativa, desviamos o foco da promoção de uma uniformidade na experiência do ser humano, em um mundo permanente, para o reconhecimento de uma realidade ativamente construída por atores sociais, através de seus encontros com o mundo e de negociações de significados com o outro. Este movimento fez emergir homens e mulheres em sua diversidade, ao relativizar suas experiências singulares em diferentes tempos e espaços. Nesse sentido, considerar o universo da adultez como um todo uniforme, composto por sujeitos com experiências lineares e previsíveis, acaba por transformar-se em um engodo. Um olhar atual, que compreenda as diferentes possibilidades de ser, torna-se oportuno, justificando as ideias que apresentamos a seguir.

Modernidade *versus* pós-modernidade na transição para a vida adulta

Ao abordarmos produções acadêmicas em torno da passagem para a vida adulta no mundo contemporâneo, encontramos descrições desse período como aquela proposta por Aylmer (1995), que o denomina "O lançamento do jovem adulto solteiro" e o define por meio de tarefas, dentre as quais deixar a família de origem e defrontar-se com o desafio de estar de verdade no mundo adulto: tornando-se financeiramente independente, casando-se e tendo filhos. Sob um olhar também normativo, Jablonski e Martino (2013) avaliam que a permanência na casa dos pais mantém os jovens dependentes, com dificuldades em assumir compromissos sociais, mantendo-se na condição de adolescentes eternos. Concomitantemente, outras pesquisas evidenciam tarefas familiares não cumpridas ao longo do ciclo vital como fator que dificulta ao jovem a emancipação física e emocional em relação à família de origem (VIEIRA; RAVA, 2012).

Sob a mesma ótica normativa moderna, Silveira e Wagner (2006) voltam-se ao ninho cheio da perspectiva dos jovens e concluem que as dificuldades de inserção no mercado de trabalho e de conquista de melhores salários, além da vontade de seguir desfrutando do conforto e segurança do lar parental, motivam a permanência na casa dos pais. Vieira e Rava (2010), por sua vez, apontam mudanças no momento da saída dos filhos com uma passagem da fase do ninho vazio para o ninho cheio, fenômeno mais evidente nas camadas médias populacionais urbanas e que remete a uma leitura de contexto para compreender tais mudanças.

As produções acadêmicas acima referidas oferecem pontos de vista pautados na psicologia clássica, tradicional, cujos ideais de ordenamento do "dever ser" ao longo do desenvolvimento humano foram introduzidos no tópico anterior deste capítulo. À medida que apresentam tarefas desenvolvimentais capazes de legitimar a passagem para o mundo adulto, buscam reduzir múltiplas e distintas trajetórias de vida a denominadores comuns e, ao fazê-lo, excluem da condição de adultos aqueles indivíduos que não transpuseram marcos normativos de legitimação da adultez. Contudo, em uma esfera pós-moderna, diante dos novos contornos da realidade social, que conferem legitimidade à singularização das trajetórias de vida, o casamento e a parentalidade parecem desinvestir-se de uma tradicional obrigatoriedade, constituindo-se como opções ou ocorrendo mais tarde. A independência financeira, por sua vez, hoje pode ser concebida de uma perspectiva mais relativa, haja vista aquelas famílias nas quais os filhos, já inseridos no mercado de trabalho e gozando de ganhos financeiros razoáveis, não manifestam o desejo de sair da casa dos pais, o que, ao mesmo tempo, não é visto como um problema pelos progenitores.

Um esboço de um novo olhar, com ingredientes advindos da pós-modernidade, porém ainda preso a um caráter normativo, reconhece a necessidade de se considerar a adultez a partir de novos critérios, embora mantenha em perspectiva a importância dos marcos de transição. Brandão, Saraiva e Matos (2012) ressaltam que o prolongamento da condição juvenil na Europa, nos EUA e nos países da América do Sul permite identificar traços que justificam a emergência de um novo estatuto de adulto, especialmente em determinados estratos sociais. A transição para a idade adulta prolonga-se, segundo as autoras, até o início da terceira década de vida e vem marcada pela postergação do casamento, pelo aumento da idade média ao nascimento do primeiro filho, por percursos escolares mais longos e pela consequente inserção mais tardia no mercado de trabalho. Segundo a pesquisa, a permanência na casa dos pais torna-se uma oportunidade para a exploração e investimento pessoal, possibilitada pelo apoio parental, devido a dificuldades financeiras e de inserção em cargos profissionais que permitam a reprodução do nível social da família de origem. Assim, essa vivência se relacionaria com as estruturas socioeconômicas de cada país, nos quais, tanto no que se refere aos países mediterrâneos quanto aos sul-americanos, os valores familiares e a ausência de políticas de apoio à emancipação favorecem a emergência de tais possibilidades de passagem para a vida adulta. Desse modo, percursos biográficos que poderiam ser interpretados como vivências de maior liberdade em relação às imposições sociais encontrariam sua contrapartida em escolhas possíveis no seio de novas possibilidades estruturais.

Novas contribuições acerca do tema da transição para a vida adulta, à luz da complexidade, são tecidas ao se abordar o fenômeno da geração-canguru. No que tange às dinâmicas relacionais entre pais e filhos adultos coabitantes, Henriques, Féres-Carneiro e Ramos (2011), em estudo realizado com díades parento-filiais, apontam a existência de um jogo silencioso no qual discordâncias e consensos acabam por redefinir continuamente as regras de convivência, as quais, por sua vez, repercutem positivamente sobre as vivências individuais dos membros do núcleo familiar. Sob padrões relacionais que se distanciam da hierarquia e aproximam-se da satisfação e respeito mútuos, as interações parento-filiais na fase madura do ciclo vital familiar (CERVENY; BERTHOUD, 2009) parecem, assim, não oprimir o potencial de autonomia dos filhos.

Borges e Magalhães (2009), por sua vez, identificam na família uma importante rede de suporte para os filhos em transição para a vida adulta, face ao Estado mínimo vigente nas sociedades atuais e que, em um contexto que valoriza a autonomia, gera desamparo. Permanecer na casa dos pais pode ser visto, segundo as autoras, como uma "relação de solidariedade entre as gerações", evidenciando um "descompasso entre as práticas individuais e os modelos adotados pelas instituições que medeiam a vida coletiva" (p. 48). Ao reconhecer a funcionalidade do caráter horizontal das relações entre pais e filhos adultos coabitantes, as autoras superam a perspectiva patologizante daqueles estudos que, ao manter fixos os marcos tradicionais de transição para a vida adulta, atribuem aos filhos cangurus a condição de eternos adolescentes.

Pesquisa realizada por Rodrigues (2011), que aborda a perspectiva dos pais relativa ao tema, evidencia que estes aceitam a relativização da obrigatoriedade, entre os filhos, de ritualizar a transição para a vida adulta por meio do casamento, da independência financeira e da saída do lar parental. Assim, embora a construção do "ser adulto" continue centrada na família, encontra-se cada vez menos sob a expectativa de constituir um percurso pré-definido, vindo a assumir o caráter de um processo orientado pelo valor moral da responsabilidade e legitimado pela aquisição de autonomia.

Outro ponto cego relativo aos estudos que versam sobre a transição para a vida adulta na contemporaneidade encontra-se na desconsideração daqueles que poderíamos denominar "cangurus fora da bolsa". A experiência clínica sugere que, em famílias de alta renda, muitos pais subsidiam uma residência própria para os filhos, os quais, mesmo vivendo fora do lar parental, mantêm em relação aos progenitores uma condição de dependência financeira e, por vezes, emocional. Percebe-se, portanto, a necessidade de ampliar o olhar, incluindo realidades cada vez mais presentes no cotidiano das camadas urbanas.

A criação de termos como "adultez emergente" e "adulto jovem" e a proposição da juventude como fase da vida constituem sinais de reconhecimento, no meio acadêmico, de que os significados socialmente atribuídos à adultez perderam rigidez e abriram-se a novos olhares. Contudo, acreditamos que, ainda assim, esses novos construtos fizeram apenas postergar o reconhecimento do início da vida adulta, ao assumir que os marcos de passagem para a adultez têm demorado mais a consolidar-se. Essa noção parece ser um problema especialmente para as famílias-canguru, nas quais o prolongamento da coabitação entre pais e filhos das camadas sociais médias urbanas é, muitas vezes, visto como um período de preparação para a assunção de uma vida autônoma e, portanto, "verdadeiramente" adulta. Será sempre assim? Estariam esses filhos vivendo com os pais a fim de, necessariamente, consolidar seus processos de desenvolvimento?

É nesse sentido que, em lugar de falarmos em "geração canguru", optamos pela nomeação plural "gerações-canguru", ampliando o olhar sobre as possibilidades de construção das trajetórias de vida na contemporaneidade. Trata-se de uma proposição que visa afastar a estigmatização das famílias-canguru como disfuncionais e, sobretudo, dos filhos cangurus como eternos adolescentes. É nesse sentido, também, que privilegiamos a compreensão da transição para a vida adulta como um processo singular, que varia conforme a experiência de cada indivíduo e que não passa, apenas, por vivências concretas, refletindo, antes, transformações de cunho psicossocial.

Considerações finais

A psicologia, filha da Modernidade, construiu teorias que canonicamente se ajustavam a todos os problemas psicológicos. Através do estabelecimento de um ideal, a norma, objeto por excelência da Psicologia do Desenvolvimento, regulamentou o processo de subjetivação em uma sequência universal e previsível, que incluía o futuro no passado, impedindo a emergência de novas manifestações. Ao justificar certas maneiras de viver e postular instruções sobre as formas através das quais os indivíduos deveriam crescer, acabou por dar "realidade social aos processos que tratava de explicar" (BRUNER, 1996, p. 138). Suas "descobertas científicas", uma vez absorvidas pela cultura, acabavam por gerar expectativas com valor de verdade nos contextos de sua divulgação, tornando-as normativas no sentido de delinear os participantes da sociedade e moldando a realidade que pretendia descrever.

Apesar de compartilharmos um relógio biológico, os fatos da vida são culturalmente interpretados na geração de diferentes "verdades" para diferentes grupos sociais, em diferentes momentos históricos, instâncias que, por estarem imbricadas em uma causalidade complexa, não podem ser abordadas a partir de uma visão simplificadora. É nesse sentido que a compreensão dos desafios impostos aos jovens em transição para a vida adulta deve abrigar o reconhecimento de novas e múltiplas possibilidades de trajetórias de vida, que incluem realidades antes impensáveis, como a permanência no lar parental.

Ainda assim, embora acolha e reflita uma perspectiva complexa para a compreensão dos fenômenos humanos, acreditamos que a Psicologia do Desenvolvimento se mantém presa a normatividades, a um "dever ser" em relação ao tornar-se adulto, uma vez que fala em um prolongamento da transição para a vida adulta, em lugar de reconhecer as novas características da adultez propriamente dita.

Referências

AYLMER, R. C. "O Lançamento do Jovem Adulto Solteiro". *In*: B. CARTER; M. MCGOLDRICK. *As Mudanças no Ciclo de Vida Familiar: uma Estrutura para a Terapia Familiar*. Trad. Maria Adriana Veríssimo. 2. ed. Porto Alegre: Artmed, 1995, p. 169-183.

BAUMAN, Z. *Modernidade e Ambivalência*. Trad. Marcus Penchel. Rio de Janeiro: Jorge Zahar Editor, 1999.

BORGES, C. C.; MAGALHÃES, A. S. "Transição para a Vida Adulta: Autonomia e Dependência na Família". *Psico*, 40 (1): 42-49, 2009. Disponível em: <http://revistaseletronicas.pucrs.br/ojs/index.php/revistapsico/article/viewFile/3993/4140>. Acesso em: 10 out. 2018.

BRANDÃO, T.; SARAIVA, L.; MATOS, P. M. "O Prolongamento da Transição para a Idade Adulta e o Conceito de Adultez Emergente: Especificidades no Contexto Português e Brasileiro". *Análise Psicológica*, 30 (3): 301-313, 2012 (Porto). Disponível em: <http://www.scielo.mec.pt/scielo.php?script=sci_arttext&pid=S0870-82312012000200004>. Acesso em: 12 jun. 2016.

BRUNER, J. *Realidad Mental y Mundos Posibles: Los Actos de la Imaginación que Dan Sentido a la Experiencia*. Barcelona: Gedisa, 1996.

CERVENY, C. M. O.; BERTHOUD, C. M. E. (Orgs.). *Família e Ciclo Vital: Nossa Realidade em Pesquisa*. 2. ed. São Paulo: Casa do Psicólogo, 2009.

ERIKSON, E. H. *Identidade, Juventude e Crise*. Rio de Janeiro: Zahar Editores, 1972.

HENRIQUES, C. R.; FÉRES-CARNEIRO, T.; RAMOS, E. "Ajustes entre Pais e Filhos Adultos Coabitantes: Limite e Transgressão". *Psicologia em Estudo*, 16 (4): 531-539, 2011 (Maringá, SP). Disponível em: <http://www.redalyc.org/articulo.oa?id=287122492004>. Acesso em: 10 jun. 2016.

JABLONSKY, J. F.; MARTINO, S. "A Qualitative Exploration of Emerging Adult's and Parent's Perspectives on Communicating Adulthood Status". *The Qualitative Report*, 18 (73): 1-12, 2013.

LEVINSON, D. J. et. al. *The Seasons of a Man's Life*. Nova Iorque: Ballantine Books, 1979.

MORIN, E. *Ciência com Consciência*. Rio de Janeiro: Bertrand Brasil, 1998.

RODRIGUES, C. M. *Processos de Transição para a Vida Adulta: do Olhar dos Pais a uma Compreensão Intergeracional*. São Paulo: PUC-SP, 2011 (Dissertação de Mestrado em Psicologia).

RODRIGUES, C. M.; KUBLIKOWSKI, I. "Os Pais e a Transição do Jovem para a Vida Adulta". *Psico*, 45, (4): 524-534, 2014 (Porto Alegre).

SILVEIRA, P. G.; WAGNER, A. "Ninho Cheio: a Permanência do Adulto Jovem em sua Família de Origem. *Estudos de Psicologia*, 23 (4): 431-453, 2006 (Campinas, SP).

VIEIRA, A. C. S.; RAVA, P. G. S. "Ninho Cheio: uma Nova Etapa do Ciclo Vital Familiar?". *Barbaroi*, (33): 118-134, 2010 (Santa Cruz do Sul).

_____. "Ninho cheio: Perspectivas de Pais e Filhos". *Psicologia: Teoria e Prática*, 14 (1): 84-96, 2012 (São Paulo).

12
"Nem tão líquidos, nem tão livres": relacionamentos amorosos e casamento na contemporaneidade

Rachel Lilienfeld Aragão
Ida Kublikowski

"Agora sente-se e escute: eu te amo não diz tudo"
(Martha Medeiros)

Nos últimos 60 anos, observamos inúmeras transformações que modificaram, não só as relações sociais, mas a forma de pensar o mundo. Nesse mundo marcado pela ambiguidade, os significados atribuídos aos relacionamentos amorosos e ao casamento acabaram por desafiar os valores tradicionais. Com o surgimento da pílula anticoncepcional, o advento do divórcio e o crescimento da presença das mulheres no mercado de trabalho, os ideais do amor romântico são desafiados, mas convivem e conflitam com práticas e concepções contemporâneas mais flexíveis

Nesse panorama, discutiremos os relacionamentos amorosos e o casamento, na confluência entre questões teóricas e a experiência de jovens adultos, com idade entre 25 e 31 anos, entrevistados para realização de pesquisa qualitativa sobre o tema (ARAGÃO, 2014).

Relações amorosas tradicionais

O casamento consensual, tal como o conhecemos hoje, surgiu por volta do século XVIII, influenciado pelo amor romântico e pelos ideais da burguesia nascente. Giddens (1993) definiu o amor romântico como o amor apaixonado, uma ligação entre o amor e a sexualidade, acrescido dos valores da moral cristã. O amor romântico se estabeleceu como modelo ideal de relacionamento, almejado pelas pessoas. Dessa forma, o amor e a atração sexual se tornaram os fatores mais importantes na escolha do parceiro, expondo-se em uma relação complementar idealizada, pois se projeta no outro aquilo que falta em si, o que acabou por naturalizar os papéis de homens e mulheres. Entretanto, com as mudanças ocorridas nas relações de gênero, emergem oportunidades de relacionamentos não pensados na modernidade. Se o parceiro for o "errado" o divórcio existe para que possa aparecer um "certo".

Giddens (1993) conceitua o amor confluente, como um amor ativo e presente, contrapondo-se ao amor romântico idealizado e "para sempre". O autor também define o relacionamento puro, o qual seria um relacionamento pelo próprio relacionamento, e que tem se tornado presente em várias relações sociais, principalmente no casamento, associando-se com o ideal de amor confluente.

Nas configurações amorosas contemporâneas, a escolha está presente nos relacionamentos e, "diferentemente da sina do parentesco, é uma via de mão dupla. Sempre se pode dar meia-volta, e a consciência de tal possibilidade torna ainda mais desanimadora a tarefa de manter a direção" (BAUMAN, 2004, p. 46). A pós-modernidade se constitui na velocidade dos acontecimentos e no grande número de ofertas disponíveis. As pessoas precisam sentir-se felizes e satisfeitas em suas relações, os parceiros sempre procuram dedicar-se aos relacionamentos, pois, mesmo com a liberdade de um "relacionamento pelo relacionamento" onde os membros do casal só ficariam juntos se, assim, desejassem, as ambiguidades continuam existindo.

Bauman (2004) denomina as relações amorosas fluidas, onde as pessoas não se aprofundam nos vínculos, sempre os deixando em aberto para o surgimento de outras oportunidades, de "amor líquido". Pensamos então que o amor líquido é "sem amarras" em relação ao amor confluente, devido a sua brevidade.

Segundo Féres-Carneiro (2008), há um paradoxo na vida em casal: de um lado duas individualidades que buscam se satisfazer a todo o momento;

do outro a construção de uma vida comum, em uma zona de interação. O casamento faz parte de uma união com o outro e representa a saída do núcleo da família. Entretanto, cada membro do casal traz para a relação seus antepassados e modelos familiares, bem como suas ambições, desejos e projeções, que podem atrapalhar a vida de ambos, caso não haja diálogo e possibilidades de "encaixar" esse "background". Norgren (2002, p. 35) coloca: "O modelo que se tem internalizado não condiz com o ideal que se tem em mente, levando as pessoas, muitas vezes, a agirem de modo dissonante de sua forma de pensar ou sentir" (FALCKE; ZORDAN, 2010, p. 145) definem como uma das principais características dos casamentos no século XXI:

> a pluralidade de modelos de conjugalidade, que vão desde os casais com vínculo matrimonial legal até os coabitantes temporários ou definitivos; dos casais hetero aos homossexuais; dos casais que optam por não ter filhos aos que fazem inúmeras tentativas de inseminação artificial; daqueles que dividem as tarefas domésticas e profissionais até os que mantêm funções complementares ou optaram pela mulher trabalhar fora enquanto o marido cuida da casa e das crianças; dos casais de dupla carreira, em que ambos investem num projeto profissional e competitivo [...].

Ainda segundo as autoras, o casamento continua desejado, mas não se torna o único nem o principal projeto de vida dos adultos, podendo acontecer a qualquer momento. Entretanto, é observada também a existência do amor e do romantismo, mas com menor idealização do que no século XVIII e com maior fluidez.

Klintowitz (2006, p. 57) acredita que existe uma grande contradição em nossa época, pois "no grande mercado do amor livre, as pessoas ainda buscam alguém para partilhar a vida nos termos de amor romântico e a família tradicional é um exemplo do que é projetado para o futuro". Nesse sentido, observamos casais jovens morando juntos como uma experiência antecessora ao casamento.

Relações amorosas na contemporaneidade

O casamento e a união consensual não são as únicas formas de encontros amorosos na contemporaneidade. Observamos a existência do *ficar* – relacionamento efêmero entre duas pessoas que estão atraídas naquele momento, naquele lugar (bastante relacionado com o amor líquido); a emergência de relacionamentos abertos – em que os participantes podem se relacionar, apenas sexualmente com outros parceiros; do *poliamor*, um amor múltiplo, um relacionamento com várias pessoas independente da identidade sexual e sem o sexo como único propósito. Essas formas de se relacionar estão de acordo com Chaves (2010, p. 29), para quem "as práticas amorosas são múltiplas e expressam determinadas noções de amor". No lado oposto desse espectro há os assexuados, que não têm interesse pela prática sexual com parceiros. Oliveira (2014)[1] afirma que o conceito é muito novo e ainda estão sendo feitas pesquisas, mas que a pessoa assexuada "não sente atração sexual por ninguém, nem por homens, nem por mulheres. Mas, pode sentir atração amorosa (não sexual). Esta atração amorosa pode ser pelo outro sexo, pelo mesmo sexo, por qualquer dos sexos ou independente de sexo ou gênero".

Observamos que essas novas configurações são típicas do momento histórico em que estamos inseridos, em que o tempo é muito rápido e os indivíduos não conseguem pensar em projetos a longo prazo em virtude do imediatismo (CHAVES, 2010). Além disso, as mudanças nas relações de gênero possibilitaram às mulheres uma busca de igualdade no campo amoroso e um aumento no número de parceiros ao longo da vida, como uma forma de experimentação similar a dos homens.

> Entretanto, um número expressivo de mulheres experimenta apenas um parceiro ao longo da vida, o que sugere que para as mulheres a vinculação entre sexualidade, amor romântico e exclusividade sexual mantém seu apelo (HEILBORN, 2013, p. 122).

O casamento é "lugar de acolhida, mas também de conflito" (HEILBORN, 2013, p. 122), funcionando por meio de adaptação e de arranjos diários entre os membros do casal. Apesar de Norgren (2002) acreditar que o divórcio e o individualismo atuam contra o casamento, aponta que muitas pessoas ainda querem se casar e constituir família. Por outro lado, observa-se entre os jovens a prioridade atribuída ao desenvolvimento profissional e individual. Chaves (2010) concorda com essa ideia, sinalizando que, em virtude da ênfase no processo de individuação, a pessoa prioriza a liberdade. O jovem deseja aproveitar mais a vida, sem "amarras" a um parceiro amoroso, valorizando outras dimensões em sua vida.

---

1 Entrevista concedida ao UOL. Disponível na íntegra em: <http://assexualidades.blogspot.com.br/2014/06/entrevista-completa-sobre-assexualidade.html>. Acesso em: 2 nov. 2014.

O ceticismo em relação ao casamento e às relações amorosas também se dá em virtude do aumento no índice de divórcios, uma vez que a Lei Brasileira permite que, facilmente, seja desfeito o casamento quando não há filhos.

A fidelidade mútua é pressuposto básico para a dinâmica da maioria das relações, principalmente a conjugal. Um relacionamento amoroso sério – ou casamento – se daria, em termos tradicionais, pela somatória entre ser fiel ao outro e ter confiança mútua (CHAVES, 2010). Ressaltamos aqui que os relacionamentos abertos experimentaram essa equação de uma forma diferente, uma vez que possibilitam que os participantes tenham relações, geralmente, sexuais com outras pessoas, sem que por isso sejam considerados "infiéis".

A expressão amorosa de jovens adultos

Ao nos voltarmos à experiência vivida de jovens adultos observamos nos relacionamentos amorosos, uma dificuldade para nomear os relacionamentos, pois nomear é criar regras. Mas como nos faltam palavras para defini-los, recorremos aos significados que a cultura nos oferece para entendê-los, o que recursivamente nos conduz às normas instituídas, que apesar de diferentes, continuam sendo normas com seus pontos de chegada que estabelecem o que é bom e desejável. Cria-se então um vácuo entre expectativas e ações, visível nos relatos de nossos participantes.

A miríade de significados, que a cultura nos oferece para representar os relacionamentos amorosos, são apropriados pelas pessoas e se articulam com histórias familiares, para justificar as ações dos entrevistados nas relações a dois, não de forma linear, mas evidenciando as perplexidades geradas pela passagem do tradicional ao não tradicional, nas relações de intimidade, cujo ideal acaba sendo aquilo que Giddens (1993) denomina de amor confluente e relacionamento puro.

Para além das vivências familiares, as relações amorosas assumem diferentes formas, de acordo com a literatura supracitada. Observamos, então, na experiência amorosa de jovens adultos que o *ficar*, o relacionamento aberto e o poliamor, estão presentes nas falas, mas não nas práticas dos entrevistados.

As mulheres entrevistadas referem insegurança, desequilíbrio e angústia, enquanto os homens referem leveza, a importância do carinho e do toque. Percebemos falta de compromisso para homens e mulheres; no entanto, o que é leve para eles se torna pesado para elas. Há, aqui, uma questão de gênero referida por elas, que os homens parecem não vivenciar.

A questão de gênero se torna visível, pois tais diferenças se associam ao descompromisso, naturalizado entre os homens, especialmente, no que se refere a sexo. Heilborn (2013) aponta que as mulheres têm mais liberdade afetiva e sexual, mas, aqui, tal fato afigura-se de forma reativa, ou seja, como uma resposta feminina para lidar com a insegurança gerada pela constatação da leveza masculina (não compromisso). A forma pela qual as entrevistadas lidam com a incerteza de seus relacionamentos, que tem lhes causado ansiedade, é procurando outros parceiros, numa tentativa de não se mostrarem vulneráveis ao "esperar" a decisão do "ficante".

Os entrevistados tratam os relacionamentos abertos, como uma forma de viver a relação. Entretanto, nenhum deles diz ter vivido, ou conseguido viver, um relacionamento assim. Constatamos, nos adultos jovens, uma diferença entre o que dizem e o que fazem, na medida em que, em alguns relatos, ocorreram relacionamentos "casuais" concomitantes ao relacionamento em que estavam, mas que não são aceitos no parceiro. A monogamia aparece, então, como um valor existente nas relações desses jovens.

O que compreendemos por meio da fala dos entrevistados se traduziu no que denominamos a "profundidade" do relacionamento. Quando se está apenas *ficando*, ou quando o relacionamento não é nomeado, a liberdade para estar com outros é maior, parecendo um acordo implícito entre as partes de uma relação, que ainda não tem um *status* mais sério, como o namoro. Observamos, também, que um relacionamento aberto suscita questões de insegurança, especialmente, para as mulheres, remetendo aos significados da infidelidade.

Acima vimos a construção que os jovens adultos fizeram e significaram a respeito de seus relacionamentos amorosos. Em seguida veremos suas impressões acerca do casamento.

Nesta construção, os relacionamentos amorosos estão pautados em valores de parceria e igualdade, tendo, como ideal, o amor confluente (GIDDENS, 1993). O casamento é visto como uma instituição não obrigatória, que visa o bem dos envolvidos, com objetivo de constituir família. Não parece haver distinção entre o casamento formal e as novas formas de conjugalidade, como a união estável – que pode ter ou não contrato formal.

O casamento é visto como a escolha de um companheiro para construir e dividir a vida, que tenha os mesmos objetivos, formando, assim, uma parceria. Os entrevistados também acreditam que o casamento não é mais uma obrigação, como era antes, a busca é por uma relação que respeite a individualidade de ambos, diferenciando-se assim do amor romântico. Féres-Carneiro (2008) enfatiza que o casamento são duas individualidades que formarão uma conjugalidade. Quando estas duas individualidades conseguem respeitar-se mutuamente, tendo objetivos em comum, temos um relacionamento bem-sucedido.

O morar junto aparece como uma diferença de profundidade da relação, mas não corresponderia a um casamento, pois se torna mais fácil terminar, assim como um namoro.

Duarte e Rocha-Coutinho (2011); Pascoal (2010); Klintowitz (2006), em seus artigos sobre o fato dos parceiros morarem juntos antes de formalizar uma união legal, concordam que a ausência da formalização legal leva a uma "saída" mais fácil do relacionamento, não configurando uma separação, como a de um casamento. Entretanto, afirmam que, muitas vezes, morar junto é uma espécie de teste, para verificar se a relação durará, dentro de "uma coisa mais séria", ou não. As autoras também apresentam que, o "morar junto", ocorre sem muita reflexão, visto que não se pensa na "profundidade" da relação, nem em que aquela mudança, por exemplo, de residência, significaria.

Pareceu-nos, em um primeiro momento, que os jovens estavam cercados pela incerteza de como agir em seus relacionamentos, pois os modelos observados na família, muitas vezes, já não lhes pareciam válidos. A família é, para o bem ou para o mal, uma fonte de referência. Por meio de modelos ou antimodelos familiares, os entrevistados buscam se diferenciar da família, se constituir enquanto adultos, e vivenciarem relações amorosas, processo que envolve maior sofrimento para as mulheres entrevistadas, e remete às questões de gênero.

Observamos, em nossos entrevistados, tentativas de dar sentido às suas experiências amorosas, por meio de um processo que faz comunicar o âmbito dos ideais culturais, que, à primeira vista, tudo permitem, e aquele que suas famílias de origem lhes ofereceram. Fica claro que não há uma forma acabada e estática de chegar lá, pois tais padrões vão se constituindo nas relações. A busca por um sentido, para suas experiências, torna-se mais difícil em uma sociedade que prega o imediatismo e o hedonismo.

Por sua vez as relações casuais, que caracterizam o amor líquido, assim como a infidelidade, onipresentes, através dos tempos, nas relações amorosas, como um segredo de polichinelo, se tornam visíveis e dizíveis. No entanto, as expectativas dos nossos jovens descartam tais opções e se traduzem em termos do amor confluente. O que essa tradução indica é que suas relações não são tão líquidas, como querem parecer, e nem tão livres, como são imaginadas.

Tais questões acerca dos relacionamentos amorosos e casamento vêm para contribuir com a visão que temos de nossa sociedade e dos relacionamentos que tendem a "não durar". Acreditamos que, de uma forma recursiva, os entrevistados – mas não apenas eles – estão repetindo o que não querem repetir, porém, sem saber que assim o fazem.

Referências

ARAGÃO, R. L. *"O Que se Diz e o Que se Faz": os Significados do Casamento, Relacionamentos Amorosos, Amor e Infidelidade para Jovens Adultos Solteiros*, 2014. São Paulo: Pontifícia Universidade Católica de São Paulo, 2015, 198 f. (Dissertação de Mestrado em Psicologia Clínica).

BAUMAN, Z. *Amor Líquido: Sobre a Fragilidade das Relações Humanas*. Rio de Janeiro: Jorge Zahar, 2004.

CHAVES, J. C. "As Percepções de Jovens sobre os Relacionamentos Amorosos na Atualidade". *Psicologia em Revista*, 16 (1): 28-46, abr. 2010 (Belo Horizonte). Disponível em: <http://pepsic.bvsalud.org/scielo.php?script=sci_arttext&pid=S1677116820100001000004&lng=pt&nrm=iso>. Acesso em: 25 jul. 2013.

DUARTE, J. P.; ROCHA-COUTINHO, M. L. "'Namorido': uma Forma Contemporânea de Conjugalidade?". *Psicologia clínica*, 23 (2): 117-135, 2011 (Rio de Janeiro). Disponível em: <http://www.scielo.br/scielo.php?script=sci_arttext&pid=S0103566520110002000008&lng=en&nrm=iso>. Acesso em: 17 nov. 2014.

FALCKE, D.; ZORDAN, E. "Amor, Casamento e Sexo: Opinião de Adultos Jovens Solteiros". *Arquivos Brasileiros de Psicologia*. Rio de Janeiro, 62 (2): 143-155, 2010. Disponível em: <http://pepsic.bvsalud.org/scielo.php?script=sci_arttext&pid=S1809526720100002000013&lng=pt&nrm=iso>. Acesso em: 25 nov. 2013.

FÉRES-CARNEIRO, T. *Conjugalidades Contemporâneas: um Estudo Sobre os Múltiplos Arranjos Conjugais da Atualidade*, 2008 (Projeto de Pesquisa). Disponível em: <www-antigo.mpmg.mp.br/portal/public/interno/arquivo/id/27139>. Acesso em: 30 ago. 2013.

GIDDENS, A. *A Transformação da Intimidade: Sexualidade, Amor e Erotismo nas Sociedades Modernas*. São Paulo: UNESP, 1993.

HEILBORN, M. L. "Amor, Conjugalidade e Família: Traição e Violência têm Vez?". In: *VENTURI, G.; GODINHO, T. (Orgs.). Mulheres Brasileiras e Gênero nos Espaços Público e Privado: uma Década de Mudanças na Opinião Pública*. São Paulo: Fundação Perseu Abramo; Sesc SP, 2013, p. 119-128.

KLINTOWITZ, V. C. *Adultos Jovens e a Construção das Relações de Intimidade: do Amor Líquido ao Casamento*. São Paulo: Faculdade de Psicologia, PUC-SP, 2006, 62 f. (Trabalho de Conclusão de Curso).

NORGREN, M. B. P. *Para o Que Der e Vier? Estudo sobre Casamentos de Longa Duração*. São Paulo: Pontifícia Universidade Católica de São Paulo, 2002, 185 f. (Dissertação de Mestrado em Psicologia Clínica).

OLIVEIRA, E. R. B. *Assexualidades*. Blog Pessoal. 2014. Disponível em: <http://assexualidades.blogspot.com.br/2014/06/entrevista-completa--sobre assexualidade.html>. Acesso em: 17 nov. 2014.

PASCOAL, N. J. *O Namoro no Jovem Adulto: Compromisso e Atitudes Face à Coabitação*. Lisboa: Universidade de Lisboa, 2010 (Dissertação de Mestrado). Disponível em: <http://hdl.handle.net/10451/2926>. Acesso em: 20 ago. 2014.

13
Jovens em movimento: política, juventude e movimentos sociais

Mariana Luzia Aron

> *"(...)Todos juntos somos fortes. Somos flecha e somos arco.*
> *Todos nós no mesmo barco.*
> *Não há nada pra temer*
> *- ao meu lado há um amigo*
> *Que é preciso proteger.*
> *Todos juntos somos fortes.*
> *Não há nada pra temer (...)"*
> (Chico Buarque de Holanda)

O senso comum nos diz que jovem não se interessa por política. Por outro lado, há de se refletir o que se entende por política. Geralmente associada ao partidarismo, leva ao imaginário o descrédito atrelado à corrupção em nosso país. Entretanto, deve-se destacar que a política está muito além disso, envolve, entre outros aspectos, as políticas públicas e os movimentos sociais.

Na história mais recente do Brasil tivemos em 1984 o movimento "Diretas Já", clamando pelo fim da ditadura civil-militar e o restabelecimento da democracia com eleições presidenciais diretas. Após isso, houve em 1992 o "Fora Collor", que exigia o impeachment do então presidente da república, acusado de corrupção. Mais contemporaneamente, em junho de 2013 houve grande movimentação social em 12 capitais e outras diversas cidades brasileiras, com participação massiva dos jovens contra os aumentos de preços dos transportes públicos, mas também contra a violência policial, a corrupção na política e a má qualidade dos serviços públicos (GOHN, 2014). No segundo semestre do ano de 2015, estudantes do ensino público encabeçaram o movimento que ficou conhecido como "#NãoFechemMinhaEscola", contra a reorganização escolar das escolas estaduais de São Paulo, que previa o fechamento de diversas salas de aula.

Parece que uma transformação na forma de participação política está em curso e isso inclui os jovens. Pois, o que é a participação em manifestações relevantes como estas se não participação política e cidadã? Estudos recentes apontavam que uma parcela muito pequena dos jovens mantinha envolvimento com a política partidária (AZEVEDO, 2012). O que talvez ajude a explicar tal fato é, como afirma Gohn (2014), que boa parte dos jovens participantes de manifestações populares recentes não se identifica com as formas organizativas que estão postas em nossa recente democracia, tradicionalmente muito distantes do povo de quem se deveria estar a serviço.

Segundo Corrêa e Almeida (2015), um movimento social é uma interação tensionada entre os que têm e os que não têm poder, deste modo, esta pode sim ser uma motivação para a participação dos jovens brasileiros, tão desprovidos de protagonismo social.

Interessante pensar também sobre qual o espaço possível ao jovem, numa sociedade como a brasileira, que não prioriza de fato os bens duráveis para esta população, a educação e a cultura, que não é valorizado nem oportunizado a ele o protagonismo. O acesso à saúde também tem estado precarizado e o espaço público de maneira geral não é acessível ao coletivo dos jovens. Para exemplificar isto podemos ilustrar com os chamados "rolezinhos" que figuraram nos noticiários, ao escancarar que os jovens não são bem-vindos no espaço público (neste caso, nos *shopping centers*).

Os jovens que figuram nos discursos políticos como "o futuro da nação" efetivamente não são valorizados ou postos em foco (MORAES *et al.*, 2010). Ou seja, o protagonismo se faz presente apenas nas falas dos políticos e nas estatísticas de mortes violentas, o que contribui para evidenciar uma vez mais a carência de propostas e atuação em políticas públicas efetivas e eficazes para esta população.

Num sentido amplo, a Psicologia Política pode ser compreendida como campo interdisciplinar de estudos sobre o poder. Os movimentos sociais também estão vinculados ao poder (CORRÊA; ALMEIDA, 2015), e por esta razão podem ser refletidos como importantes instrumentos de empoderamento da juventude e transformações.

Isto implica pensar a socialização política de crianças e jovens, desde os grêmios nas escolas, sejam elas públicas ou privadas, e os centros acadêmicos nas faculdades. Tais iniciativas preparam o jovem para o exercício cotidiano da cidadania em forma de política. E ao contrário do que pode parecer, política é uma seara muito mais ampla que partidarismo (AZEVEDO, 2012).

Neste sentido, talvez a atual geração dos jovens esteja se recuperando dos prejuízos da ditadura civil-militar, a qual não vivenciaram, mas que impactou e continua a impactar, não só a política e a economia, mas também o cotidiano e a educação dos brasileiros e brasileiras (JARDIM; ARON, no prelo), num projeto de alienação, humilhação e dominação.

Algo que há muito não se via é o envolvimento da população nas eleições presidenciais, como o que ocorreu no segundo semestre de 2014. Mas o debate não findou com a apuração da eleição, ele permanece, sobretudo, na esfera da internet e suas ferramentas: redes sociais, blogs, sites de notícia. Esta mídia constitui-se inclusive como um novo instrumental para troca de informações e conclame à participação, o ativismo digital, bastante acessível e palatável aos jovens.

No atual momento há um aumento das informações em curso, talvez não muito perceptível no cotidiano, mas quer seja por um volume crescente de pessoas com acesso à educação formal, quer seja pela maior difusão e troca de saberes por meio da internet e também das redes sociais que por ela fluem. Tal elemento constitui-se uma grande contribuição para o surgimento de novos movimentos sociais (CORRÊA; ALMEIDA, 2015). As manifestações ocorridas neste século têm sido mobilizadas pelas redes sociais, que também servem de canal para divulgar informações que à grande mídia não interessa fazer circular.

No entanto, Gros e Feertchak (2015) asseguram que as atitudes presenciais da política são fator bastante importante e que influenciam o nível de performance política, o que pode contribuir para a compreensão do fenômeno dialético que tem se dado nas manifestações no

Brasil, mas também na França, Egito, Tunísia, Argélia, Estados Unidos, entre outras nações.

Em comum, além da predominância da participação de jovens, característica do presente século segundo Gohn (2014), as articulações, convocações e chamamentos para as manifestações se deu principalmente pela internet, mas os eventos e as ações presenciais foram fundamentais para o fortalecimento dos movimentos e das causas defendidas por eles. Além disso, Gros e Feertchak (2015) pontilham que a eficácia política é um fator necessário para engajar uma ação militante ao nível político e para seguir com as reivindicações e contestações.

Na arena política, a eficácia se revela nas crenças dos participantes em sua própria capacidade coletiva de produzir as mudanças sociais através da ação política. Gros e Feertchak (2015) afirmam que esta eficácia percebida não é a soma das crenças de cada um dos participantes, mas sim uma propriedade que emerge do grupo. O que fortalece a ideia de que os movimentos sociais, com sua coletividade, podem sim proporcionar a transformação necessária, e não a revolta individual. Gohn (2014, p. 431-432) afirma que:

> As manifestações fazem parte de uma nova forma de movimento social, que se caracteriza por participação de uma maioria de jovens escolarizados, predominância de camadas médias, conexão por e em redes digitais, organização horizontal e de forma autônoma, e crítica às formas tradicionais da política da atualidade – especialmente os partidos e os sindicatos. As convocações para os atos foram feitas através das redes sociais, e a grande mídia contribuiu para a adesão da população ao noticiar a agenda, os locais e a hora das manifestações.

Entende-se que em junho de 2013, assim como nas ocupações das escolas públicas do estado de São Paulo em 2015, não havia a presença de uma questão ideológica e a causa era nobre e objetiva: resistência a uma precarização da educação, um dos postos-chaves nas políticas públicas voltadas para os jovens. Este talvez seja um dado relevante para uma análise mais aprofundada sobre a participação dos jovens em movimentos sociais. Segundo Vilas, Gómez-Román e Sabucedo (2016, p. 85):

> A principal característica dos movimentos sociais é desafiar o senso comum dominante e conseguir que uma parte da cidadania aceite sua versão. Dessa maneira, a ação coletiva é, simplesmente, um meio para visibilizar

o problema e colocá-lo na agenda pública e assim poder confrontar seus argumentos com os dos seus adversários.

De acordo com Gohn (2014), muitos dos jovens que participaram das manifestações de 2013 fizeram naquela ocasião sua participação política pela primeira vez. Agora é acompanhar o futuro que se faz presente, destas manifestações de 2013 em diante, acerca da presença dos jovens nos movimentos sociais. Nos atos públicos de 2016 em torno da temática do processo de *impeachment* da presidente Dilma Rousseff houve participação da juventude, vinculada a partidos políticos e entidades estudantis como a União Nacional dos Estudantes (UNE), e também de maneira independente.

Concomitantemente permanece em uso o ativismo digital, a troca de informações e denúncias sobre os diversos espectros da política, como por exemplo a má qualidade na prestação de políticas públicas, desrespeito a direitos humanos, crimes de corrupção e de discriminação racial e homofóbica. E os jovens são quem melhor, e há mais tempo, dominam esta nova tecnologia, que suporta um novo jeito de mobilizar movimentos sociais e de fazer política.

Faz-se necessário, portanto, abordar a socialização política. Pois, não é possível cobrar participação se não há uma introdução ao tema. Cidadania não se faz apenas com o voto no dia das eleições, está atrelada à ideia de participação, participação política e popular (COSTA, 2008). E a ação ou participação política se dá de diversas formas.

Violência, liberdade, trabalho, relacionamentos, sexualidade, consumo são temas abordados cedo ou tarde no processo de socialização dos indivíduos. Entretanto, a participação política, que perpassa todas essas temáticas, não. Isto provavelmente tem relação com o modo como se desenvolveu nossa cultura brasileira desde o Brasil colônia: exploração, submissão e dominação.

Assim, o espaço para debater temas relacionados à política e formar cidadãos ativos e participantes não é dado, não foi construído. De modo geral, as famílias não o fazem e, tampouco, as escolas. Abordamos isso num momento em que se discutem no âmbito federal projetos de leis que visam retirar a possibilidade de contribuir para a formação de cidadãs e cidadãos críticos nas escolas.

Em um estudo sobre juventude e participação política, Moraes *et al.* (2010, p. 93) afirmam a relevância dos processos de socialização política na constituição da subjetividade e, portanto, também da identidade dos jovens e suas implicações:

> [...] descrições de acontecimentos importantes na formação política dos sujeitos. Estão datados tanto eventos antigos, quanto eventos mais próximos e atuais. Seus diálogos, motivações e interações com familiares, amigos, professores, militantes e representantes dos partidos políticos também aparecem como componentes significantes.

Parece haver diferenças na participação política também no que diz respeito a gênero, não necessariamente com a quantidade de participantes nos movimentos sociais, mas com relação ao modo de participar. Historicamente há uma discrepância grande entre os gêneros na participação política. Por tratar-se de uma esfera mais pública em que sempre predominou o homem, enquanto às mulheres reservava-se as tarefas mais privadas, domésticas, estas raramente eram socializadas com o tema (ARON; PUCCINI; SANTIAGO, 2015). Ou seja, a mulher, que por muito tempo esteve mais reservada da vida pública e também era a grande responsável pela educação da prole, não possuía elementos para abordar a educação política.

Na sociedade atual a mulher não está mais restrita, na maioria dos casos, ao espaço doméstico, inclusive sendo ela muitas vezes responsável pelo sustento e funcionamento da casa. Isso provavelmente tem implicância no nível de participação que esta pode ter nos movimentos sociais e na própria formação que ela dá aos filhos.

Aos jovens também não é oportunizado participar da mesma maneira dos movimentos sociais. Muitos jovens trabalham, além de estudar, há os que também já constituíram novo núcleo familiar. Sem mencionar a desigualdade econômica e social, que empurra muitos jovens para residirem nas periferias, dificultando assim a participação efetiva nas ações presenciais dos movimentos, como manifestações, protestos e atos políticos.

Algumas mudanças ainda precisam ocorrer visando valorizar ainda mais a participação juvenil em movimentos sociais, que teve sua retomada recentemente, no atual século. A circulação de informação, sobretudo na internet, em que a notícia não está somente na mão do pequeno grupo de donos da grande mídia contribui. O aumento do número de jovens nas instituições educacionais e a maior permanência dos mesmos nestas instituições também parece operar transformações nas subjetividades dos indivíduos e consequentemente na sociedade e nas cidades. Importante que não haja retrocesso neste sentido e que haja ainda mais avanços no currículo educacional a fim de formar cidadãos críticos: uma forma de socialização política. E as diferenças sociais abissais também têm sua influência.

Referências

ARON, M. L.; PUCCINI, B. C.; SANTIAGO, E. B. "Trabalhadora e Mãe: Papéis, Identidade, Consciência Política e Democracia". *Revista Psicologia Política*, 15 (34):587-597,set.-dez.2015. Disponível em: <http://pepsic.bvsalud.org/scielo.php?script=sci_arttext&pid=S1519-549X2015000300009&lng=pt&nrm=iso>. Acesso em: 01 nov. 2018.

AZEVEDO, L. R. "Um Estudo Sobre a Consciência Política de Jovens Universitários". *ECCOM*, 3 (6): 7-22, jul./dez. 2012. Disponível em: <http://publicacoes.fatea.br/index.php/eccom/article/viewFile/535/370>. Disponível em: 20 jun. 2016.

CORRÊA, F.; ALMEIDA, M. A. B. "Teorias dos Movimentos Sociais e Psicologia Política". *In:* SILVA, A. S.; SILVA, F. C. (Orgs.). *No Interstício das Disciplinaridades: a Psicologia Política*. Curitiba: Prismas, 2015.

COSTA, G. P. *Cidadania e Participação: Impactos da Política Social num Enfoque Psicopolítico*. Curitiba: Juruá, 2008.

GOHN, M. G. A Sociedade Brasileira em Movimento: Vozes das Ruas e seus Ecos Políticos e Sociais. *Caderno CRH*, 27 (71): 431-441, maio/ago. 2014 (Salvador).

GROS, M. H.; FEERTCHAK, H. « Penser la Compétence Politique des Jeunes». *Les cahiers Psychologie Politique*, (27), jul. 2015. Disponível em: <http://lodel.irevues.inist.fr/cahierspsychologiepolitique/index.php?id=2995>. Acesso em: 14 de mar. 2016.

JARDIM, L. E. F.; ARON, M. L. "Ditadura Brasileira e seus Desdobramentos em Desigualdade e Humilhação Social" (no prelo).

MORAES, L. G. *et al*. "Juventude e Representações Sociais de Participação Política". *Revista Electrónica de Psicología Política*, 8 (23): 88-101, jul./ago. 2010. Disponível em: <http://www.psicopol.unsl.edu.ar/Agosto2010_Nota4.pdf>. Acesso em: 15 mar. 2016.

VILAS, X.; GÓMEZ-ROMÁN, C.; SABUCEDO, J. M. "Cidadania e Ação Política: as Marchas pela Dignidade". *In:* HUR, D. U.; LACERDA JÚNIOR, F. (Orgs.). *Psicologia Política Crítica: Insurgências na América Latina*. Campinas, SP: Alínea, 2016.

V
A FAMÍLIA

V

A FAMÍLIA

14
A família está em crise?

Ceneide Maria de Oliveira Cerveny
Andreza Maria Neves Manfredini Tobias

Em meio a uma crise política, econômica, social, de valores, entre outras, difundidas pelos meios de comunicação em todo Brasil, neste abril de 2016, encontramos diante do nosso capítulo neste livro. A pergunta não é nova! A crise da instituição familiar está em pauta há séculos assim como a discussão de seu papel na sociedade, na educação dos filhos, na responsabilidade da transmissão de valores, entre outros. Economia, conflitos, catástrofes, novas descobertas, prolongamento da vida, melhoria da qualidade de vida, ou seja, fatores positivos ou negativos influenciam na estrutura e na dinâmica das famílias.

Bilac (1997, p. 30) ao falar da preocupação da Sociologia e Demografia da família contemporânea e das mudanças observadas usa a expressão "face nova da atual 'crise' da família e de como esta nova face se articula com as anteriores". Portanto, podemos imaginar crises antecedentes e faces diferentes nas crises pelas quais a família vem passando. Este mesmo autor reforça também a ideia de crise política, social, econômica e de pensamento e coloca no campo de estudo da família questões desafiantes e novos equívocos.

Um exemplo atual é a adolescência expandida na nossa realidade que resulta no fenômeno dos filhos cangurus. Fatores como necessidade de mais profissionalização, habitações caras, maior liberalidade dos pais entre outros, fazem com que os filhos saiam mais tarde da casa dos pais. A função parental muda e também fica estendida. Os pais se lembram que: *na sua época, com 20 anos já trabalhavam e estudavam e com um pouco mais de idade começavam a pensar em casamento*. No entanto, esses pais aceitam hoje os filhos por mais tempo em casa porque sabem que a situação econômica e social não é mais a mesma.

Hoje convivemos com uma pluralidade de estruturas familiares muitas das quais já existiam em nosso país como exceção. Assim os cangurus de antigamente eram os tios e tias solteirões que quase todas as famílias tiveram. Mulheres que criavam filhos sozinhas por abandono ou viuvez do cônjuge, avós que criavam os netos. Hoje, novas configurações surgem com a legalização do casamento homoafetivo, com a possibilidade da reprodução independente, e com a maior liberação social e sexual entre homens e mulheres.

A estrutura dessa família mudou, a dinâmica também, mas continuamos a ter uma família, diferente da geração anterior que também foi diferente da de seus pais. Famílias que moravam no mesmo quarteirão passaram a viver no mesmo condomínio e no mesmo prédio em andares diferentes. A dificuldade está em pensarmos a família ideal como a família do passado e nisso colabora a mídia e a propaganda que anunciam a família *margarina* ou *loteamento* felizes e risonhos em torno da mesa ou correndo pelo campo.

É oportuno trazer o que considera Shimansky (1995) com seus conceitos de família *pensada* e família *vivida*. A primeira é aquela ideal, do desejo e a segunda é a real, a que vivemos e podemos viver. O conflito pode advir da distância entre o nosso real e ideal.

Giddens (2002, p. 13), em sua obra *O Mundo em Descontrole*, lança uma pergunta: são as esperanças e ansiedades de cada período uma mera cópia em carbono das de épocas anteriores? Nossa opinião é que essas ansiedades e esperanças podem se repetir nas gerações posteriores, ocasionadas pelos mesmos ou outros fatores. Como pesquisadoras de família, encontramos nos resultados de pesquisas (CERVENY; BERTHOUD, 1997; CERVENY; BERTHOUD, 2002; SILVA, 2003) que a maior preocupação da família brasileira é a formação e a profissionalização dos filhos. Isso acontece nas diversas regiões do país e nas diferentes classes sociais. Esse padrão vem sendo repetido há décadas na nossa realidade.

Consideramos que o desenvolvimento tecnológico veloz, o aumento da globalização das culturas, o afastamento da família extensa, a fragmentação da família nuclear, a redução dos sentimentos de pertencimento à família e a submissão aos ideais culturais (as buscas por um padrão de normatização), trouxeram como consequência a imprevisibilidade e a provisoriedade dos acontecimentos, que criam crenças e valores que exercem considerável influência nas relações familiares e amorosas; ao mesmo tempo, a forma como estas relações são vividas exercem influência na cultura geral e nas manifestações sociais, culturais, políticas e econômicas.

Podemos perceber que por um lado, temos tido menos aceitação das diferenças nos relacionamentos, mais respeito pela liberdade, e um culto à eficiência e a eficácia; por outro lado, nossa sociedade tem apresentado um individualismo, uma superficialidade e uma desconsideração pelo passado e um descompromisso com o futuro e com as gerações posteriores.

Isso nos faz lembrar quando Giddens (2002) afirma que o casamento e a família tornaram-se o que denominou como "instituição casca", ou seja, ainda são chamadas pelo nome, mas por dentro deles, o caráter básico mudou e mudaram suas dinâmicas e estruturas. Percebemos que houve mudanças para as famílias na sua estrutura quanto a configurações diferentes da patriarcal, tais como: homoafetiva, monoparental, adotiva, poliafetiva, reconstituída, credenciada, entre outras. Na dinâmica familiar houve mudanças significativas que afetaram tanto a função parental quanto a conjugal.

Ainda, Giddens (2002) afirma que a globalização está reestruturando o modo como vivemos de uma maneira muito profunda. Bauman (2011) também confirma ser a globalização o fator importante para muitas mudanças que ocorreram nas últimas décadas e concordamos que nos últimos 60 anos assistimos mais mudanças do que em muitos séculos anteriores e isso evidentemente atingiu também o grupo familiar.

Para Bauman (2013), o século XX foi a passagem de toda uma era da sociedade de produção para a sociedade de consumo. Por outro lado, houve os processos de fragmentação da vida humana, sendo uma delas irreversível, que é tida como uma condição *sine qua non* de sobrevivência: o descarte rápido dos bens adquiridos. Considerada como modernidade líquida para este autor e, por outros autores, é denominada pós-modernidade (LYTOARD, 1984) ou hipermodernidade (LYPOVETSKY, 2004). Bauman (2013) entende que somos interdependentes. Com este advento, multiplicamos a comunicação e estamos numa posição de que todos nós dependemos uns dos outros. O que quer que aconteça em um lugar, influencia a vida e as oportunidades de vida das pessoas em todos os outros.

Bauman (2011) coloca que os padrões de comportamentos de consumo só podem afetar todos os outros aspectos de nossas vidas, inclusive a vida de trabalhadores e das famílias. Estamos imersos numa sociedade que somos pressionados a consumir mais e mais e nesse percurso, nós mesmos nos tornamos produtos nos mercados de consumo e de trabalho.

Isso faz sentido quando nos vemos ocupados em ganhar mais para comprar novas coisas que cremos que necessitamos para ficarmos felizes. Desta maneira, cada vez mais homens e mulheres têm menos tempo para investir nas relações mais duradouras e em negociações intensas como o processo de educação de filhos, os relacionamentos amorosos, os valores como a empatia, a responsabilidade social, entre outras.

Quanto mais a comunicação destrói as fronteiras, mais ameaçados estamos de perder os relacionamentos da identidade nacional, etnias, costumes, tradições, crenças, entre outros. Isso quer dizer que a globalização fez da individualização e da imprevisibilidade dos acontecimentos elementos constantes na nossa realidade.

Acreditamos que o fenômeno do consumismo mudou a sociedade e a família na atualidade, por conseguinte, houve um pseudoaumento da comunicação, por perceber que os avanços tecnológicos trouxeram maior acesso às informações, porém não foi um avanço no sentido de criar uma comunicação que tivesse espaço para um diálogo mais aberto, recíproco e respeitoso nos relacionamentos.

As redes sociais se ampliaram consideravelmente multiplicando as conexões, mas os vínculos emocionais ficaram mais frágeis. Porcheddu (2009) diz, baseado nas ideias de Bauman, que a solidez das coisas e das relações humanas vem sendo entendida na pós-modernidade como uma ameaça aos compromissos longos e à fidelidade, que limitam a liberdade do movimento e que reduz a capacidade de lançar voo às novas oportunidades.

Diferentemente do que vivemos hoje nas relações líquidas, precisamos de tempo para ter uma relação de intimidade. Giddens (2002) afirma que a ideia de intimidade está relacionada à comunicação como base para o estabelecimento de laços e para sua continuidade. Este autor coloca que para um bom relacionamento funcionar se faz necessária a presença do diálogo ou da conversa com confiança, por ser considerado como uma propriedade essencial da democracia.

Voltamos então ao nosso título e vemos que a pergunta é muito ampla: a família está em crise? Afinal o que significa a palavra *crise*? Buscando no dicionário Aurélio (1999) encontramos para a palavra os seguintes significados: (1) Mudança súbita ou agravamento que sobrevém no curso de uma doença aguda; (2) Manifestação súbita de um estado emocional ou nervoso; (3) Conjuntura ou momento perigoso, difícil ou decisivo; (4) Falta de alguma coisa considerada importante; (5) Embaraço na marcha regular dos negócios; (6) Desacordo ou perturbação que obriga instituição ou organismo a recompor-se ou a demitir-se.

A última definição se aplica à família quando a pensamos como um sistema que pode recompor-se após viver conflitos e voltar à homeostase por meio de seus próprios recursos ou ajuda externa.

Larousse (1999) descreve "crise" como: (1) Mudança brusca no estado de um doente, causada pela luta entre o agente agressor infeccioso e as forças de defesa do organismo; (2) Manifestação violenta de um estado mórbido que aparece em plena saúde aparente; (3) Manifestação violenta, repentina e breve de um sentimento, entusiasmo ou afeto; acesso; (4) Momento perigoso ou difícil de uma evolução ou de um processo, período de desordem, acompanhado de busca penosa por uma solução; (5) Conflito, tensão; (6) Fig. Ausência, carência, falta, penúria, deficiência; (7) Decadência, queda, enfraquecimento.

Podemos considerar a quarta descrição de Larousse aplicável à família, lembrando também que a família pode sair fortalecida das crises e mudanças. Não concordamos com a opção sete de Larousse aplicada à família, apesar da mesma ser muito utilizada em discursos políticos, sociais e religiosos como forma de campanha, porque acreditamos que a família é uma instituição em contínua mudança, mas que não perde seu valor, principalmente na nossa realidade (MATTA, 1987).

No entanto, se falta de alguma coisa considerada importante (FERREIRA, 1999) e ausência, carência, falta, penúria, deficiência (LAROUSSE, 1999) pudessem ser aplicadas à família nesse momento, acredito que possa ser em relação à comunicação. Como terapeutas de família observamos que a maioria das que chegam solicitando atendimento estão vivendo conflitos que envolvem a comunicação (CERVENY, 2004). Tomemos por exemplo um diálogo familiar pelo WhatsApp. Trata-se de uma família com mãe, pai e quatro filhos:

Filha 2 – *Aguardo sugestão de cores para os moletons...conjunto do pai, blusa do filho 1, calça do neto.*
Filha 4 – *Nossa, virou sacoleira??? Achei que era dia das mães... não de pais e filhos!*
Filha 2 – *também pensei...kkkkk*
Filho 1 – *Blusa filho 1: cor escura*
Mãe – *Seu pai precisa de meia com antiderrapante embaixo para dormir porque tem levantado a noite. As cores podem ser azul marinho ou cinza claro e escuro. Bjs, mãe.*
Filha 2 – *Okay. Falta a cor da calça do neto. Filho 1, você pode perguntar as preferências?*
Filha 2 – *Mamãe querida...Está pensando no meu presente de dia das mães!?! Graças aos filhos e filhas... você é mãe! Assim é natural que recebamos presentes kkkkkkkkk*
Filho 1 – *Qqr, menos rosa ou vermelho.*
Filha 2 – *eh eh eh*

Temos aqui cinco membros de uma família conversando entre si mediados por um celular. Prático, pois cada um deles está em um lugar solicitando um favor à filha 2 e não conseguimos ver o rosto dessa filha para observar se as encomendas estão sendo um peso ou não e só podemos imaginar ou interpretar o "kkkkkk" e o "eh eh eh".

Porém, um diálogo também no WhatsApp, pode ser áspero, com cobranças e terminar em uma fala do tipo: *"Não quero mais falar com você e ponto final!!!!!!!"*. Nesse caso, está instalado um impasse na comunicação familiar com possíveis desdobramentos entre os outros familiares que participam do mesmo grupo e mesmo o bloqueio via máquina.

As palavras que conformam uma fala podem evocar, além dos significados que comunicam, a presença do sentido da vida da qual emerge e é parte (PACKMAN, 2014). Assim, o lugar e a forma de comunicação têm uma importância fundamental nas relações humanas que são intermediadas por palavras, gestos e escritos.

As pesquisas a que nos referimos anteriormente, feitas no nosso país em 1997 e 2001 mostravam que a família ideal é aquela que tinha diálogo entre os membros. Naquela época ainda não tínhamos o WhatsApp e será que esse diálogo intermediado pela máquina torna a família ideal na comunicação? Podemos dizer que *conversamos* pelo WhatsApp?

Maturana (1996) referindo-se ao "conversar" diz que vem do *conversare* ou *dar voltas com* e esse significado mostra o "diálogo com", o estar com o outro. Estamos com o outro quando escrevemos uma carta, falamos ao telefone ou mandamos um WhatsApp? Podemos até dizer que sim, mas não estamos lado a lado, presencialmente, situação em que até o silêncio pode falar.

Diante do exposto parece mais adequado dizer que a nossa família está em transformação, transformação essa mais acelerada como o mundo em que hoje vivemos, causada pelos problemas atuais.

No entanto, em termos de futuro, podemos fazer conjecturas sobre como estarão algumas famílias que estão vivendo um presente difícil. As nossas famílias com crianças que tiveram a microcefalia nesse ano, no futuro, terão jovens com que futuro?

Nas famílias que estão se refugiando em países e continentes com culturas diferentes das suas, como viverão as futuras gerações? E aqueles jovens e adultos que consomem mais do que ganham e gastam constantemente, como estarão vivendo quando chegarem na velhice? Sabemos dos impactos dessas mudanças e também o tempo que se necessita para aculturação, se é que ela acontece verdadeiramente (FLUSSER,1998).

Moscheta (2014) leva em consideração o quanto a pós-modernidade promoveu uma desconfiança em relação ao poder das grandes narrativas explicativas sobre o mundo que permaneceram por muitos anos como uma verdade única. Desta forma consideramos que a família não é a mais a mesma e que está em constante mudança. A forma de como vivemos atualmente está diferente das gerações que nos antecederam, sendo o fenômeno do consumismo, por exemplo, capaz de gerar uma efemeridade dos valores que mudam, o que faz os pais se defrontarem com a complexidade das experiências, de fora de casa, trazidas pelos filhos e adquiridas com os amigos ou na escola.

A partir de nossas experiências clínicas, acreditamos que a maior dificuldade possível de se observar nas relações entre pais e filhos, é a falta do hábito de falar sobre valores, de nomeá-los e apontá-los. Isso nos remete a situações na educação de filhos, crianças e/ou adolescentes, nas quais os pais deixam os mesmos tomarem decisões por si próprios. Considerando esta situação e que os valores estão inseridos no jeito de ser, percebemos que há uma dificuldade dos pais em exercer a autoridade que lhes cabe, como também uma fraqueza moral para determinar limites aos filhos.

Todavia, devido à rapidez com que as coisas acontecem e a enxurrada de informações que nos acometem, torna-se um desafio para os profissionais de saúde, que atendem as famílias na pós-modernidade, estabelecer uma conversação afim de explorar ativamente as narrativas de recursos e de potencialidades a partir de um posicionamento ético e político que permita flexibilizar as metanarrativas, desnaturalizando-as (GUANAES-LORENZONI, 2014).

Acreditamos que o mundo ao nosso redor não é *determinado* e indiscutível de uma vez por todas, mas precisamos crer que ele pode ser mudado. Em nosso cenário líquido moderno, consideramos o que Bauman (2011) coloca ao dizer que a educação e a aprendizagem, para serem úteis, devem ser contínuas e vitalícias.

Referências

BAUMAN, Zygmunt. *A Cultura no Mundo Líquido Moderno*. Rio de Janeiro: Zahar, 2013.

_____. *A Ética é Possível num Mundo de Consumidores?* Rio de Janeiro: Jorge Zahar, 2011.

BUENO, Alexei (Org.). *Olavo Bilac: Obra Reunida*. São Paulo: Nova Aguilar, 1997.

CERVENY, C. M. O. *Família e Comunicação*. São Paulo: Casa do Psicólogo, 2004.

FERREIRA, A. B. H. *Dicionário da Língua Portuguesa*. Rio de Janeiro: Nova Fronteira, 1999.

FLUSSER, V. *Fenomenologia do Brasileiro*. Rio de Janeiro: UERJ, 1998.

GIDDENS, A. *Mundo em Descontrole*. Rio de Janeiro: Record, 2007.

_____. *As Consequências da Modernidade*. São Paulo: UNESP, 1990.

GRANDE DICIONÁRIO LAROUSSE CULTURAL DA LÍNGUA PORTUGUESA. São Paulo: Nova Cultural, 1999.

GUANAES-LORENZI, C. et al. (Orgs.). *Construcionismo Social: Discurso, Prática e Produção de Conhecimento*. Rio de Janeiro: Instituto Noos, 2014.

LIPOVETSKY, G.; SEBASTIEN, C. *Os Tempos Hipermodernos*. São Paulo: Barcarolla, 2004.

LYOTARD, J. F. *Postmodern Condition: a Report on Knowledge*. Mineápolis: University of Minnesota Press, 1984.

MATTA, R. da. "A Família como Valor: Considerações Não-Familiares sobre a Família à Brasileira. *Pensando a Família no Brasil: da Colônia à Modernidade*. Rio de Janeiro: Espaço e Tempo; UFRRJ, 1987, p. 115-136.

MATURANA, H. "Biologia e Psicanálise: o Amor como Interface". *In:* PELLANDA, N.; PELLANDA, L. E. *Psicanálise Hoje: uma Revolução do Olhar*. Petrópolis: Vozes, 1996.

MOSCHETA, M. S. "A Pós-Modernidade e o Contexto para a Emergência do Discurso Construcionista Social". *In:* GUANAES-LORENZI, C. et al. (Orgs.). *Construcionismo Social: Discurso, Prática e Produção de Conhecimento*. Rio de Janeiro: Instituto Noos, 2014.

PACKMAN, M. *Texturas de la Imaginación*. Barcelona: Gedisa, 2014.

PORCHEDDU, A. "Zygmunt Bauman: Entrevista Sobre a Educação. Desafios Pedagógicos e Modernidade Líquida". *Cadernos de Pesquisa*, 39 (137): 661-684, 2009. Disponível em: <http://www.scielo.br/scielo.php?script=sci_arttext&pid=S0100-15742009000200016>. Acesso em: 15 out. 2018.

SILVA, E. A. R. *Um Estudo sobre o Ciclo Vital Familiar da Família Paulista de Baixa Renda*. São Paulo: PUC, 2003 (Dissertação de Mestrado em Psicologia Clínica).

SZYMANSKI, H. et al. *A Família Contemporânea em Debate*. São Paulo: Educ, 1995.

15
Mulher e maternidade

Rosa Macedo

As mulheres que querem ser como os homens são muito pouco ambiciosas,
Elas têm uma vantagem que é impossível a eles suplantar
Podem escolher se querem ou não ser mães....
(Rosa Macedo)

A *maternidade* é o único feito exclusivo da mulher tendo sido por essa razão confundido com sua natureza. Durante séculos essa visão predominou "naturalmente", como meio de por crianças no mundo, tendo sido essa a primeira razão de diferença entre homens e mulheres. Já nas primitivas idades da terra antes da era paleolítica sabe-se apenas que as fêmeas se agrupavam em torno de um macho líder que tinha o poder, porém, a organização dos grupos era matricêntrica, ou seja, se formavam em torno das díades mães--filhos, única relação que se conhecia: de que mulher cada qual era filho(a). Começou-se a ter um pouco mais de conhecimento sobre como viviam os homens quando a subsistência passou a depender da caça, com armas de pedra, osso, arco e flecha, atividade perigosa para as mulheres, menos ágeis por estarem grávidas ou amamentando. A partir de então, as mulheres foram tendo que se ocupar da maternidade, uma vez que o cuidado dos bebês as impediam de acompanhar os homens pelas matas, em situação de igualdade; enquanto eles caçavam elas encarregavam-se de colher frutos e mel, nos arredores. Criaram assim, em função da maternidade, o espaço doméstico. Além disso, parir era algo que só dizia respeito a elas, pela sua natureza, uma vez que não se conhecia o mecanismo da reprodução nem a participação do homem ou da mulher nela (MACEDO, 2000). Pela imprevisibilidade da chegada da caça começou-se a criar os animais e aos poucos foi-se aprendendo a arar a terra (SEIXAS, 2000). Nessa época, a preocupação com a densidade populacional em relação aos meios de sobrevivência, tornava permitido o infanticídio de crianças do sexo feminino já que, ao procriarem, representavam uma ameaça maior ao grupo do que a ajuda que poderiam dar para aumentar os meios de sustento do mesmo.

A vida humana na terra foi se transformando e só na época da pedra polida, com o fim do nomadismo, a participação dos homens na reprodução foi conhecida, pela experiência de lidar com os animais no âmbito doméstico e observar como se dava o fenômeno entre eles. Foi uma descoberta empírica, que nada contribuiu para modificar a posição da mulher como responsável pelas crianças. Nessa altura, o senso de propriedade começa a se instalar; pela necessidade de proteger seu rebanho e consequentemente sua descendência, o homem cercou a propriedade e se tornou dono de tudo que dentro dela se encontrasse: mulher, filhos, animais. Surge o patriarcado que se estabelece definitivamente na idade dos metais, quando também surge a escrita e se inicia a História.

Grandes mudanças foram então ocorrendo nas diferentes sociedades ocidentais e orientais, porém, apesar das diferenças culturais entre elas, o que não mudou foi a valorização e a responsabilidade da mulher pela maternidade.

Nas aristocracias ocidentais, a mulher era importante como trunfo de negociação entre as casas da nobreza para contratar uniões e garantir a legitimidade da prole a fim de manter o poderio da linhagem. Na Idade Média elas até recebiam educação melhor que os homens, na maior parte do tempo envolvidos em guerras, pois além de fiar e tecer era sua a responsabilidade de cuidar dos bens da família.

O cristianismo reforçou enormemente o papel maternal da mulher, que então devia se espelhar na figura casta e divina da Virgem Maria. A virtude das mulheres mais do que nunca é valorizada, o sexo só permitido no casamento para procriação, sendo o prazer condenado, e qualquer relação fora do casamento sujeita ao fogo do inferno; as regras são mais severas em relação ao sexo feminino tendo em vista seu papel de tentação e desvirtuamento dos homens como fez Eva. Por essa razão são consideradas as maiores responsáveis pelo pecado original e, se acusadas de luxúria, condenadas à fogueira, vistas como bruxas capazes de manter relações carnais com o próprio demônio (SEIXAS, 2000). Portanto, na maternidade virtuosa, no casamento, estava o grande valor das mulheres e, na sua conduta subordinada e vigiada de perto por pais e maridos, a honra do nome que carregavam os homens.

Por essa razão talvez, para elas, a maternidade e os filhos não tivessem significado especial, a não ser pelo fato importante de serem eles imprescindíveis para as famílias e elas as únicas capazes de garantir o aumento dos mesmos e a manutenção da estirpe. Filhos eram um investimento de valor. Um casamento podia ser anulado se a mulher fosse infértil.

Com o Renascimento, a partir do séc. XV, dão-se grandes mudanças sociais, culturais e econômicas impulsionadas pelas navegações e o florescimento do comércio, dando origem a uma nova classe de mercadores ricos, porém sem nobreza, que vivem fora dos castelos, em casas próprias construídas em separado umas das outras, com divisões internas, reservando espaços distintos para a vida social, áreas intimas e das refeições.

Quanto ao comportamento sexual também houve um relaxamento em relação à vigilância tanto de homens quanto de mulheres da aristocracia no que diz respeito ao prazer, admitindo-se até o adultério para os membros dessa classe social. Ter amantes era uma instituição nos castelos e os filhos nascidos dessas relações eram conhecidos como "nobres de alcova". Por outro lado, as regras rígidas eram mantidas, sobretudo pela Igreja, em relação às mulheres da plebe. Tal liberalidade deu origem à disseminação da prostituição que ocorria em múltiplos locais dos burgos: casarões de alta classe, dirigido por abadessas, bordéis, tabernas, praças e até mesmo nas portas das igrejas. Aqui a prática da dupla moral se efetivava: o homem frequentava abertamente tais casas, mas isso não abalava a sua honra ou a sua família, porque a esposa, mãe de seus filhos, era mulher honesta e respeitosa.

A reforma protestante colocou um limite nesses costumes: a prostituição passou a ser condenada, o divórcio é admitido, mas a sexualidade continua reprimida mais do que nunca: admitia-se que a mulher tivesse prazer sexual desde que no casamento; meninos e meninas passaram a ser educados separadamente e o adultério se tornou um grave pecado, severamente castigado.

A partir dessa época muitas mudanças foram ocorrendo nas relações homem/mulher, das quais a principal foi a valorização do afeto e a possibilidade de livre escolha do pretendente. Manuais ensinavam a namorar, passando então a mulher a ser considerada, além de reprodutora, também como companheira, a quem se podia dedicar amizade e até paixão. Com todas essas novas atitudes mudou também a estrutura da família, cada vez menor, com menos filhos e poucos agregados e criados sob a tutela enérgica do pai, com autoridade absoluta sobre todos.

No Brasil, estamos na época da colonização e logo nos primeiros tempos produziram-se dezenas de bastardos, frutos da miscigenação dos colonos com as índias e depois com as escravas, pois as mulheres portuguesas vieram bem mais tarde. Com o estabelecimento das famílias dos brancos colonizadores e a vinda dos escravos instituiu-se na casa grande duas categorias de mulher: a sinhá branca, mãe, honesta e honrada, e a escrava, objeto de satisfação sexual do sinhô, encarregada dos serviços da casa, porém muito valorizada como mãe preta, ama de leite.

A situação era a mesma da Europa: admitia-se o concubinato e o amasiar-se, sendo a bastardia vista com indulgência e, como testemunho da responsabilidade maternal das mulheres, muitas delas criavam como seus os filhos bastardos de seus maridos. Por outro lado, surgiram muitos lares matrifocais, das amantes e concubinas que se responsabilizavam pela prole nascida fora das regras (SEIXAS, 2000).

Com o Iluminismo, séc. XVII e séc. XVIII, em consequência da mudança radical de paradigmas, passando-se do teocentrismo para o antropocentrismo, a busca da verdade pela racionalidade e inteligência do homem, renasce o livre-arbítrio protestante que, ao valorizar as pessoas como dotadas de vontade própria, capazes de fazer suas escolhas, fortalece as relações afetivas.

Por outro lado, a Igreja Católica perde força e o mundanismo se instala com ditames de comportamento: aumento da vaidade das mulheres, afetação e teatralidade e o desenvolvimento da arte da conquista pelos homens, estabelecendo-se um período de libertinagem (Casanova, Don Juan) que coincidiu com a invenção do *condon*. Pela primeira vez se tem notícia que as mulheres entregues à superficialidade dos salões e aos prazeres da carne rejeitavam a maternidade, embora a libertinagem reinante contribuísse para o nascimento de muitas crianças.

Porém, ainda nos séculos XVII-XVIII, as crianças eram tratadas sem qualquer cuidado especial, consideradas como adultos em miniatura. Como dizem os historiadores, para as mulheres da aristocracia, cuidar dos filhos, sobretudo amamentá-los, era considerado um trabalho menor, indigno, razão pela qual entregavam seus filhos a amas de leite; pagavam-nas por anos até que parassem de amamentar (ARIÈS, 1978). Logo as mulheres dos comerciantes ricos aspirando comparar-se às damas da corte também adotaram essa conduta (MACEDO, 2002).

Se de um lado havia grande número de nascimentos, de outro lado o descuido, a falta de higiene e a desnutrição, produziam grande número de mortos, principalmente dos filhos de boa parte das amas, aos quais estas davam como alimento pão molhado em água, a fim de poupar o leite para seus clientes (ARIÈS, 1978). Dessa forma pode-se facilmente deduzir que a maternidade não tinha nenhum valor especial, era algo absolutamente natural: crianças nasciam e morriam e isso era aceito como a lei da vida, pois imediatamente se concebia outro e nova criança vinha ao mundo.

Não podemos esquecer que até então o significado de família, que era baseado em negociações entre seus chefes visando sobretudo a fortalecer alianças, aumentar os patrimônios, consumando-se casamentos sem qualquer alusão a sentimento, atração, afeto, começara a mudar principalmente entre os novos ricos.

Iniciam-se então campanhas em várias áreas da sociedade: Estado, Igreja, moralistas, imprecando contra essas práticas, exortando as famílias para a criação de cidadãos saudáveis, de soldados fortes para a defesa da pátria. Nos púlpitos das igrejas e em praças públicas ocorriam veementes discursos condenando as mães que não aleitavam; surgiram manuais de educação de filhos, dos quais o mais famoso é o Émile de Rousseau (1789), que em seus discursos acusava as mulheres de "mães desnaturadas", incapazes de fazer o que qualquer animal faz para sua cria recém-nascida (ARIÈS, 1978).

As mudanças nas regras de namoro e casamento, bem como de estrutura de família, que começaram lentamente a partir dos séculos XVI-XVII, tiveram uma enorme transformação com a industrialização, principalmente pela ascensão da burguesia, o enfraquecimento da aristocracia e o êxodo dos campos para as fábricas da cidade.

O mundo se tornou hostil pela competitividade do capitalismo nascente, pelo individualismo decorrente, lugar próprio para o homem exercer seu papel de provedor, enquanto à mulher ficou reservado o espaço privado da casa, o lar, lugar de tranquilidade e harmonia para criação dos filhos, sua principal incumbência. Por influência do romantismo, século XVIII, a mulher passa a ser vista como dócil, frágil, sentimental, sendo a maternidade seu dom natural e a razão para sua máxima realização, a essência de sua feminilidade (SÈE, 1911). "Rainha do Lar" e sobretudo mãe dedicada, eram as duas possibilidades para uma moça "de família", que devia se casar virgem. As características desejáveis numa mulher eram: domesticidade, pureza, submissão, religiosidade e devoção à família e aos filhos (MACEDO, 2003).

A posição social da mulher na família e na sociedade ao término do século XIX

A família se individualizou, se privatizou, fechou as portas para a rua, segundo o modelo que começou com a industrialização e se tornou o protótipo da família nuclear moderna: pai, mãe, filhos, sob o mesmo teto. O pai era autoridade máxima, detentor do poder, e os filhos de total reponsabilidade da mãe, sendo vistos como seres em desenvolvimento, necessitados de carinho, cuidado e proteção que só uma boa e dedicada mãe poderia dar. O amor aos filhos passou a ser visto como fundamental para a constituição de sua personalidade, sua identidade, livre de problemas.

Portanto, além da saúde física, a emocional também entrou em pauta, aumentando as incumbências e responsabilidades da mãe de acordo com as recomendações das campanhas higienistas do fim do século XIX. Não bastasse esses encargos, o surgimento de Freud com a teoria psicanalítica na qual a mãe tem um papel central no desenvolvimento psíquico dos filhos a partir do tipo de relação estabelecida com o bebê, sobretudo no 1º ano de vida, ampliou a importância do papel da mãe além do nível de simples cuidado. Foi, portanto, a maternidade que elevou a mulher à mais digna posição na sociedade louvando-se sua abnegação, sofrimento, altruísmo e amor incondicional, tido como instintivo. Ainda na primeira metade do séc. XX, esse era o modelo e o *boom* de nascimentos no pós-2ª Guerra Mundial é um episódio claro da valorização desse papel.

Entretanto, ao chegar os anos 1960, movimentos feministas eclodiram tomando as ruas, principalmente nos Estados Unidos, com reivindicações de igualdade de direitos com o sexo masculino, de há muito pretendidas, não só em relação à situação de paridade no trabalho como também na censura de comportamentos, sobretudo na relação com o sexo oposto, tidos como impróprios para uma mulher de respeito. Esse tipo de reivindicação abrangia diretamente maior liberdade para atividades em público, autonomia em relação ao próprio corpo, portanto, maior liberdade sexual. Nessas questões foram amplamente apoiadas pelos grupos de homossexuais e, a partir de então, foi desencadeada uma verdadeira revolução social nas relações entre os sexos, atingindo diretamente o namoro, o casamento, a procriação, a família e a posição da mulher, tanto na esfera pública quanto privada.

A pílula desvinculou sexo de procriação, dando às mulheres o controle do seu corpo até então nas mãos do pai e do marido e fazendo cair por terra a exigência da virgindade, no casamento, mesmo para as mulheres "de família". A invenção dos anticoncepcionais, ao liberar a mulher da "escravidão de sua anatomia", como disse Simone de Beauvoir (s/d), fomentou a discussão de noções fortemente estabelecidas sobre "ser mãe" como algo natural da mulher, amor de mãe como instintivo e a maternidade como única possibilidade da mulher se realizar plenamente enquanto tal.

O sexo, ao deixar de ser visto prioritariamente com a finalidade de procriação, liberou o prazer para a mulher tendo em vista que, com a pílula, a atividade sexual se desvinculou da gravidez e a procriação do casamento, possibilitando às mulheres usarem seu corpo como lhes aprouvesse, sem a preocupação e o peso da desonra do nome de família.

Como toda revolução de ideias e costumes, as mudanças reais no comportamento ocorrem em ritmos diversos, irregularmente, em função dos aspectos complexos que envolvem, de modo que ainda hoje o peso dessa construção social da mulher-mãe, por tantos séculos reafirmada, ainda permanece em muitos grupos sociais bem como no imaginário de muitas mulheres como ideal do que deve ser uma mulher.

Se no séc. XVII era desnaturada a mãe que não amamentava, até hoje, a questão da maternidade é um problema a ser resolvido pelas mulheres, pois o mito que afirma ser a maternidade parte fundante da identidade feminina, imprescindível para a realização de sua plenitude, ainda vigora na sociedade em geral.

Meninas continuam sendo educadas de acordo com as características de gênero consideradas femininas: devem ser delicadas, amorosas, dóceis, não agressivas; sua cor é o rosa e seus brinquedos básicos são as bonecas e suas variações cada vez mais reais, mais "humanas": choram, bebem suco, urinam, falam! São impelidas a brincar de casinha, cuidar dos bebês, fazer comidinha desde a mais tenra idade; as famílias de origem veem nelas sua continuidade, desenvolvendo alta expectativa de ter netos.

Assim, se de um lado as normas sociais mudaram quanto à liberdade da mulher em relação ao seu corpo, sua vida, suas escolhas, ampliando para muito além da família e da maternidade suas possibilidades de realização, com mais espaço para uma atuação profissional em todos os níveis em igualdade de oportunidades com os homens, de outro, os costumes, as práticas educativas, continuam reforçando a maternidade como parte necessária do ser mulher.

A célebre frase de Simone de Beauvoir, "Não se nasce mulher, torna-se mulher" (s/d) dita muito antes desses movimentos eclodirem insere-se justamente no contexto da libertação feminina dos lugares predeterminados por sua anatomia, e atesta a natureza construída socialmente da identidade.

Apesar disso, decidir hoje, como mulher, ter filhos ou não e quando, se tornou para a maioria delas um sério dilema. Mesmo as mais esclarecidas, que acompanham a evolução dos significados sobre mulher e maternidade na contemporaneidade, devem lutar contra crenças arraigadas, mitos arquetípicos, lealdades familiares, e paradoxalmente pressão social, pois por mais que mudem as concepções sobre o casamento e a constituição de família, ainda se observa a convivência dessas com os ideais tradicionais: pai, mãe e pelo menos um filho.

Até bem pouco tempo atrás (anos 1980), as mulheres que não podiam ter filhos eram discriminadas pela infertilidade: eram desqualificadas como mulher, vistas como árvore seca, murcha, o que lhes causava grande sofrimento, baixa autoestima, vergonha, interferindo nas relações do casal, tanto entre si como com os amigos e as famílias de origem. O desenvolvimento progressivo das técnicas de reprodução assistida facilitou muito a resolução de tal situação, porém ainda é comum os casais guardarem segredo sobre o uso desses recursos, apontando de alguma maneira a permanência das expectativas de familiares e amigos e da pressão social do meio a que pertencem sobre o fato de não terem filhos.

Diferente do "não poder" é não querer ter filhos

As conquistas femininas alçaram a mulher para o espaço público, antes reservado aos homens; puderam estudar mais e candidatar-se para todo tipo de profissão, inclusive as anteriormente vistas como tipicamente masculinas; portanto, substituíram os cursos de economia doméstica, popularmente conhecidos como "espera marido", para buscar uma realização profissional independente do casamento. Consequentemente, deixaram a honorífica posição de "Rainha do Lar", armadilha patriarcal para mantê-las em casa, e, uma vez no mercado de trabalho com as mesmas solicitações feitas aos homens, enfrentaram dilemas sérios quanto a conciliar trabalho e filhos, com grandes crises de sentimento de culpa pela ausência da casa e menos tempo para dedicar às crianças.

Entre as mulheres profissionais que querem ter filho várias estratégias foram criadas: desde adiar a maternidade para depois dos 30 anos, até o procedimento de congelar óvulos para engravidar aos 40 anos ou mais. Entre as primeiras, é comum notar-se uma dose de ansiedade, como efeito do relógio biológico, uma vez que com a aproximação dos 40 anos surge o medo de não conseguirem por vias normais o que tanto adiaram. Grande parte delas levam a vida se equilibrando na tarefa de conciliar trabalho, casa e filhos; ou primeiro fazendo carreira, para garantir estabilidade financeira, e depois ter filhos e parar de trabalhar ou ainda ter filhos mais cedo e voltar a trabalhar quando eles já estiverem mais crescidos, podendo ficar numa boa escola, entre outros arranjos. De qualquer forma, é tarefa difícil, causa de preocupação constante, chegando a provocar altos níveis de estresse em grande parte dos casos.

Filhos hoje, ao contrário dos tempos anteriores quando se tornavam força de trabalho precocemente, representam um investimento para as famílias. Sua formação, sua educação para estarem preparados para a competitividade do complexo mundo atual exigem mais tempo e dinheiro. Nesse sentido, questões econômicas são razão invocada por muitos casais para não ter filhos; diretamente relacionada a elas a profissionalização das mulheres e sua integração ao mercado de trabalho cada vez mais competitivo e exigente de dedicação também é causa frequentemente invocada para não procriar; a miséria e violência do mundo atual são outras das razões apontadas.

Por outro lado, há os que preferem aproveitar a liberdade, evitar maiores compromissos e preocupações e usufruir da melhor maneira possível o tempo livre sem os encargos de cuidar de uma criança. Qualquer que seja o motivo, importante é frisar que se trata de um direito de escolha da mulher e não de um destino inevitável.

Social e cuidadosamente construído no decorrer dos séculos, pelas mais diversas razões em torno da distribuição de poder na sociedade, o mito da maternidade, como essencial à identidade da mulher, veio acompanhado da ideia de instinto materno reforçando a crença de fenômeno natural. A trajetória da mulher na família e na sociedade dá testemunho dessa afirmação. Natural, instintivo, responsável pela realização máxima do feminino, portanto indispensável para a concretização da identidade como mulher, "Ser mulher é ser mãe!". Essa afirmação não era contestada antes do Renascimento, pois, sob a égide do paradigma teocêntrico, Deus fez a mulher para ser mãe, como Maria, modelo de mulher e de maternidade.

O advento do racionalismo que deu origem à ciência no século XVI, manteve a visão da maternidade como fenômeno natural adstrito às mulheres, porém baseado agora nas diferenças de natureza fisiológica entre homens e mulheres, o que reforçou sua condição de verdade. No século XIX a transformação definitiva da família como ambiente privado (domínio das mulheres), distinto do ambiente público (domínio dos homens), atribuindo funções distintas e bem estabelecidas de provedor para ele e de dona de casa e mãe, responsável pelo bem-estar dos filhos, para ela, cristalizou a ideia de inseparabilidade entre mulher e maternidade.

A responsabilidade das mães – que haviam assumido papel fundamental no cuidado das crianças pela invenção do conceito de infância e pela mudança dos padrões da casa da família burguesa, que passou a ser o lar – em fins do século XIX, com o advento da psicanálise, adquiriu ainda maior importância e peso no desenvolvimento dos filhos. Através de seus trabalhos, Freud afirmou que o papel da relação da mãe com a criança é fundamental para o desenvolvimento da personalidade desta, sobretudo no 1º ano de vida, podendo a falta de cuidado e afeto, a negligência e o abandono, resultarem em um estado depressivo e até na morte (FREUD, 1972 *apud* SPITZ, 2000).

A maternidade como "natureza da mulher" e, consequentemente, o amor materno instintivo, por um bom tempo bloquearam nas mulheres a possibilidade de pensar em escolher não ter filhos, para não se transformarem em párias sociais ou criaturas egoístas e desnaturadas, incapazes de cuidar, de se dedicar a outrem. Os relatos de estudos e pesquisas, acompanhando o percurso da mudança da posição das mulheres na sociedade, dão testemunho de quão difícil foi para elas usufruir as conquistas na luta pela igualdade de direitos.

Dadas as expectativas sociais, colocando na família a responsabilidade maior de produzir cidadãos saudáveis para a grandeza da nação, e na mulher a honrosa e respeitável tarefa de se incumbir primordialmente da prole e fazer jus ao dignificante lugar de mãe, a defasagem das mulheres em relação aos homens em termos de educação e profissionalização era estrondosa. Sem formação adequada, e ocupando postos de trabalho secundários e com menor remuneração que homens em posições semelhantes, elas eram totalmente dependentes economicamente e psicologicamente dos maridos como esperado pelos costumes da época e as práticas educativas tipificadas segundo os sexos.

A dependência psicológica se explica pelas regras em relação à formação da família; até os anos 1960, o sexo fora do casamento era imoral, as mulheres honestas deviam chegar virgens ao casamento, prontas a procriar e constituir família cumprindo assim seu papel. Portanto, seu lugar no mundo adulto dependia totalmente da ordem masculina: da aprovação do pai e da aceitação do marido de acordo com regras bem estabelecidas.

De acordo com as mais respeitáveis e tradicionais famílias na nossa sociedade as filhas não precisavam ter mais do que um nível secundário de educação porque sua principal função era casar e ter filhos, e tendo em vista as normas vigentes, aceitava-se e vivia-se de acordo. Daí a profusão de professoras, enfermeiras, etc. Considerando tal situação pode-se compreender a amplitude da importância dos anticoncepcionais para as mulheres. Eles permitiram desfazer uma série de imposições atreladas umas às outras que abriram caminho para uma nova maneira da mulher viver seu corpo, construir sua identidade sem o risco de sanções maiores.

É o início da desconstrução do lugar da mulher na sociedade, que surgiu por força da organização patriarcal da mesma, fortalecida a partir dos séculos XVIII e XIX, junto às mudanças impostas à organização familiar pela industrialização crescente e o surgimento do capitalismo decorrente. Se no início da agricultura, com o fim do nomadismo e a instituição dos pertences como propriedade do homem (incluindo, além da terra e dos animais, mulher e filhos), a procriação era fundamental para produzir braços para a terra; com a industrialização, o capitalismo crescente e o surgimento da nova classe (burguesa) – sem nobreza, mas com dinheiro –, deu-se nova mudança na organização social: a separação público/privado, trabalho/casa; aquele lugar dos homens, esta, das mulheres.

Assim, mais uma vez, se fortaleceu o domínio masculino na sociedade e a submissão das mulheres, responsáveis pela casa e filhos, situação aceita pela cultura e por elas mesmas como própria de sua natureza, condição de respeito social, sinal de dignidade cantada em prosa e verso e motivo de realização pessoal da mulher.

Após tantos séculos de crença arraigada sobre o lugar e o papel social da mulher, é fácil compreender a resistência à mudança defendida pelo movimento feminista dos anos 1960; além do significado dos filhos, não mais necessários como mão de obra familiar, a força das reivindicações foi respaldada sobretudo pela liberdade que os anticoncepcionais ofereceram à mulher. Começa aqui a se desfazer a construção do arcabouço de crenças e costumes que colocou a mulher submetida à ordem patriarcal, consequentemente com menor nível educacional, menor preparo profissional que assegurava sua dependência econômica contribuindo para manter o *status quo*.

Mudanças sociais, como se sabe, são complexas, longas e difíceis. Aos poucos, porém, as mulheres foram adquirindo maior aceitação de sua liberdade nos espaços públicos, conquistando vagas nas universidades e no mercado de trabalho. Com a possibilidade de controlar a gravidez, ter menos filhos, programar o intervalo entre eles, as mulheres ganharam mais tempo para se dedicar a projetos pessoais e metas de realização além do casamento e da maternidade, como pessoas dotadas de direitos que não são subordinados ao sexo ou a papéis pré-definidos na vida. Não que tais ganhos tenham sido fáceis, como se pode perceber olhando a trajetória feminina nos últimos 55 anos. Ainda há muito para se conquistar em termos de igualdade. As primeiras consequências de toda essa reivindicação apareceram na visão social das mulheres que lutavam pela igualdade de direitos: sua estigmatização como feias, mal-amadas, incompetentes no mercado matrimonial, "sapatões", entre outras.

As casadas, mães de família, ganharam dupla ou tripla jornada de trabalho, na medida em que acrescentaram às suas tarefas de mães e donas de casa o trabalho fora do lar. Por um bom tempo os homens continuaram resistindo a assumir parte dessas tarefas e podemos aventar várias hipóteses para o fato: enfraquecer as mulheres, não saber o que fazer, ou mesmo não ter espaço para assumir qualquer tarefa por impedimento das próprias mulheres, receosas de perder o lugar de poder que sempre ocuparam ou de mostrarem-se incapazes de dar conta de tudo. Supermulheres? O preço tem sido alto principalmente ao nível das consequências físicas e emocionais do estresse (aumento de doenças do coração, crises depressivas, entre outras).

Enquanto tudo isso se passa no microssistema familiar, transformações no macrossistema socioeconômico e político vão se dando em ritmo cada vez mais acelerado com a globalização, o progresso científico e a tecnologia avançando inclusive no espaço doméstico; exigências de preparo profissional cada vez maiores, as mudanças cada vez mais rápidas exigindo grande flexibilidade e criatividade para se adaptar a tais exigências, produzindo uma variedade de arranjos familiares muito diferentes daquela família tradicional que, embora enfraquecida, ainda permanece no imaginário das pessoas. Trata-se de um ideal porque na prática o que observamos são modos variados de ser família, muitos deles reconhecidos como tal, inclusive, legalmente.

É fato que hoje as mulheres participam de todos os setores da vida pública, nos mais altos escalões como a presidência de um país, como CEO de grandes empresas nacionais e internacionais, nas Forças Armadas, na ciência, nas artes, na literatura, ganhando o Prêmio Nobel, e até no seleto grupo de astronautas, além de se formarem em qualquer outra profissão. Com toda essa evolução da sociedade, com maior espaço conquistado pelas mulheres na vida pública, e a transformação da organização da família e das relações familiares, como não mudar a posição das mulheres em relação a ter filhos?

Um dos argumentos utilizados é de ordem moral: a mulher é taxada de egoísta, árvore seca, desnaturada, e mais negativo do que isso, o amor é invocado como argumento incapacitante, arrasando com qualquer autoestima: não ter filhos é desconhecer o verdadeiro amor, o amor incondicional. Da mesma forma que maternidade foi acoplada à natureza e realização da mulher, o amor maternal foi considerado desde sempre como o mais puro e verdadeiro amor, por ser instintivo como a maternidade e incondicional.

Nesse argumento se basearam há séculos os discursos do poder, desde os moralistas do século XVIII, aos religiosos, higienistas, enfim todos aqueles relacionados à ordem social e religiosa.

Se no princípio da apresentação de sua teoria Freud contribuiu para reforçar o impacto do amor materno nas relações mãe-bebê, a evolução da própria psicanálise se encarregou de ampliar esse conceito com múltiplas interpretações dos discípulos que foram aparecendo. Bowlby (1951-2001, 1990) foi um dos primeiros a mostrar que o papel da mãe é sim muito importante, mas entre mãe e filho há a construção de uma relação desde o início, em que o bebê não é passivo. Por meio dessa relação se constitui o fenômeno do apego tão necessário quanto o alimento para satisfação das necessidades instintivas e manutenção da vida. Traço filogenético, sua função é proteger o filhote dos predadores. Uma vez estabelecido, o apego se torna o padrão de afeto e confiança na relação com o mundo. Nesse sentido, a figura da mãe é mais uma vez colocada como base para o desenvolvimento da maneira como se vão estabelecer os vínculos na vida de uma pessoa. A função é proteção, e segundo demonstraram as pesquisas de Bowlby e seus seguidores, sobretudo Ainsworth (1978), a criança se apega ao cuidador seja ele quem for, não necessariamente a mãe, isto é, à figura de proteção, sendo capaz, inclusive, de estabelecer uma lista de prioridade da figura mais importante para ela, para a de menor importância. O lugar de cada figura depende da constância, proximidade ou alcance e efetividade de sua presença e da atitude assumida por cada pessoa no atendimento às necessidades da criança. Portanto, não basta estar presente, pura e simplesmente, é preciso ser acessível à criança como base segura para enfrentar o mundo estranho.

Disso decorrem alguns corolários fundamentalmente importantes para a análise das relações criança-mãe: relativiza a necessidade de ser ela a única responsável pelo cuidado da prole e, portanto, ao deixar lugar para outras figuras de apego, diminui enormemente a possibilidade de cultivar sentimento de culpa pela presença descontínua ao lado da criança. O importante, mostram as pesquisas, é que a figura de apego pode ser a mãe ou substituto: pai, parente, enfermeira, babá, enfim, qualquer pessoa que tenha presença estável ainda que alternando com outras figuras igualmente estáveis. Além disso, é importante saber que quanto mais seguro for o sentimento de apego, à medida que a criança vai crescendo e sendo capaz de explorar e dominar situações e espaços cada vez mais amplos, vai ampliando a base de confiança permitindo um contato cada vez mais à distância, desde que a criança seja assegurada de que a mãe ou figura de apego vai voltar, ou que esteja segura de que se chamar ela virá, como se faz, por exemplo, no período de adaptação à escola.

Com essas pesquisas cai também por terra o mito do amor materno instintivo. Sendo o apego a base das relações de afeto, é forçoso reconhecer, pelos estudos e pesquisas a respeito, que o amor entre mães e filhos é como tudo o mais em matéria de relações, construído na convivência entre eles e terá a qualidade resultante do tipo de atitudes assumidas pelo par nessa relação. É célebre nesse assunto o clássico livro de Badinter: *Um Amor Conquistado* (1985). Esses fatos propiciam a desconstrução da ideia básica de que ser mãe é fundamental para que alguém do sexo feminino se realize como mulher.

O mundo mudou, as relações entre os sexos também; casamento e família adquiriram novos significados. Cada vez mais na contemporaneidade, a liberdade de cada um é aceita e valorizada; a complexidade do mundo permite a convivência de paradoxos, tornando-se necessário que cada um de nós esteja o tempo todo avaliando as situações e assumindo posições, de acordo com o contexto em que vivemos e os recursos que temos, materiais e psicológicos, portanto a relação mulher-maternidade não tem como se manter de acordo com crenças e mitos seculares.

No entanto, como já dissemos, mudar crenças sociais arraigadas é processo longo e difícil sobretudo porque, dada sua complexidade, costumes e padrões construídos durante décadas, mudam de forma sutil, não linear, e, ainda que paulatinamente, sob a influência das circunstâncias, das condições do contexto, da força da pressão dos acontecimentos nos grupos a que se pertence, sendo por essa razão um processo descontínuo, imprevisível, fragmentado, e ainda mais dependente da subjetividade dos participantes do processo, variando de acordo com o significado que a percepção das pessoas em sociedade permite atribuir a cada instância da mudança. Daí a resistência para aceitar que algumas mulheres abram mão de serem mães.

Os argumentos são os mais diversos, tanto de ordem social, política, econômica e mesmo de competência pessoal, e a pressão vem de todos os lados: família, religião, amigos, grupo social, mostrando a força do estabelecido, da manutenção do equilíbrio do sistema pela homeostase, principalmente quando há questões de perda de poder por segmentos da sociedade, até hoje incapaz de lidar com a diferença e a equidade sem ser em termos de desigualdade entre homens e mulheres.

Nesse sentido, começam a aparecer movimentos como da associação inglesa Gateway Women que se ocupa em popularizar o termo *NoMo (Not Mothers)*, para identificar esse grupo de mulheres. Uma das fundadoras desse movimento, Jody Day, autora do livro *Rocking the Life Unexpected*, número um nas listas da Amazon em 2015, dedica o livro às mulheres dos Estados Unidos entre 15 e 44 anos que não tem filhos (47%). Dizendo que o assunto é complexo, que vai muito além de uma decisão própria ou questão biológica propõe-se a ajudá-las a se adaptarem a essa condição com assistência psicológica, "destacando a alegria de viver nessa situação" (LAGUARDIA, 2014, p. 1). A chamada geração NoMo, da qual fazem parte várias atrizes famosas de Hollywood, "reivindica o respeito de uma sociedade fundamentada na crença absurda que uma mulher tem de dar à luz pelo menos uma vez na vida" (LAGUARDIA, 2014, p. 1). Alguns depoimentos de atrizes como Helen Mirren, Audrey Tatou, afirmaram não ter o menor complexo com a escolha. Cameron Diaz disse textualmente quando inquirida a respeito: "Tenho uma vida genial em muitos sentidos precisamente por não ter filhos. É só uma opção" (LAGUARDIA, 2014, p. 2).

No Brasil, pesquisas de opinião começam a levantar a questão. Muitas mulheres indagadas se incomodam com a pecha de serem "egoístas", confirmando o que a autora americana Meghan Daun (2016) diz no recém-lançado livro *Sefish, Shallow, and Self-Absorbed* (*Egoísta, Superficial e Autocentrada*). Segundo ela, a avaliação ao fato de não querer ser mãe é de caráter moral, razão pela qual consideram-nas "egoístas", "escapistas". Diz ainda um coautor do livro: "as pessoas creem que quem não tem filhos deixa de dar um sentido à vida" e critica essa afirmação determinista como se esse fosse o único sentido que pode ser dado ao viver.

Em um debate televisivo para o qual foram convidadas 9 mulheres das mais variadas gerações, profissões e cidades, os depoimentos apresentam razões diversas para a escolha de não ser mãe, como se pode ver em alguns deles a seguir:

> -C, não suporta a ideia de criar um filho em meio a um mundo tão violento
> - Ja. diz não aceitar o argumento biológico de que ser mãe é natureza da mulher,

e afirma que para ela as pessoas têm filhos por razões de cunho afetivo.

-Ju. afirma que a luta pela igualdade de direitos entre mulheres e homens está longe do fim: "Nossa cultura é machista. Mudar isso é mexer com as relações de poder, e quanto mais as mulheres ficarem livres mais poderão ocupar espaços antes exclusivos dos homens. Dessa forma seria impensável nossa sociedade patriarcal não opor resistência a isso".

-N. diz ser comum ouvir das pessoas que, sem filhos, ela irá morrer sozinha, sem ninguém para enterrá-la, e afirma não conseguir achar correto esse pensamento de que um filho é garantia de futuro.

-H. concorda com N. e diz que para ela filhos não são enfermeiros de idosos.

Para simplificar a conversa e não esticar a argumentação, muitas mulheres preferem dizer que não podem ter filhos, e com isso angariam de imediato a simpatia dos interlocutores penalizados com sua situação. Há ainda aquelas que se sentem pouco capazes de ser mães, ou têm dificuldades com a gestação e ainda outras que se sentem "preenchidas", se esse for o termo, assumindo e vivendo, felizes, o papel de tias ou madrinhas.

Dadas as condições em que se encontra esse mundo, com a urgência de admitir outro paradigma que não o das verdades absolutas, mas da construção da realidade, com o reconhecimento da legitimidade da subjetividade na construção dessa realidade, a decisão de não ter filhos é uma opção tão válida quanto qualquer outra, não cabendo a quem quer que seja enquadrar esse fato em normas rígidas, como algo necessário, aprisionando a mulher a sua anatomia, numa visão anacrônica e parcial do que é ser mulher ou do que pode ser a mulher, além de mãe.

Referências

AINSWORTH, M. *et al. Patterns of Attachment; a Psychological Study of the Lawrence Erlbaum Assoc.* Nova Jérsia: Publish Hillsdale, 1978.

ARIÈS, P. *História Social da Criança e da Família.* Rio de Janeiro: Zahar, 1978.

BADINTER, E. *Um Amor Conquistado.* 4. ed. Rio de Janeiro: Nova Fronteira, 1985.

BEAUVOIR, S. *O Segundo Sexo.* 8. ed. Rio de Janeiro: Nova Fronteira, s/d.

BOWLBY, J. *Cuidados Maternos e Saúde Mental.* São Paulo: Martins Fontes, 2006.

_____. *Trilogia: Apego e Perda*. São Paulo: Martins Fontes, 1990.

COLOMBO, Sylvia. "Cresce o Número de Livros que Abordam o Atual Fenômeno do Isolamento Social". *Folha de São Paulo*, 30 jan. 2016. Disponível em: <https://www1.folha.uol.com.br/ilustrada/2016/01/1735068-cresce-numero-de-livros-que-abordam-atual-fenomeno-do-isolamento-social.shtml>. Acesso em: 01 fev. 2016.

FREUD, S. *Obras Completas*. 3. ed. Madri: Biblioteca Nueva, 1972.

LAGUARDIA, I. *Geração NoMo: a Rebelião das Mulheres que Não Contemplam a Maternidade*. Madri: Ediciones El Pais, 2014.

MACEDO, R.M.S. "A Trajetória da Mulher". In: SECURATO, S. (Org.). *Nós Mulheres*. São Paulo: Oficina do Livro, 2000.

_____. "Mães Boas o Suficiente". In: SECURATO, S. (Org). *Nós Mulheres*. São Paulo: Oficina do Livro, 2003, 2 vols.

SEE, I. «Le Dévoir Maternel». In: MACEDO, R.M.S. *Mães Boas o Suficiente*. São Paulo: Oficina do Livro, 2003.

SEIXAS, A.M.R. *Sexualidade Feminina*. São Paulo: Senac, 1998.

SPITZ, R. *O Primeiro Ano de vida*. Portugal: WMF, 2000.

16
Psicanálise e depressão pós-parto: um caso clínico

Ivonise Fernandes da Motta
Claudio Bastidas Martinez

A depressão pós-parto é um transtorno que atinge inúmeras pessoas no mundo e exige o aprofundamento de estudos e pesquisas sobre diferentes aspectos, tais como as suas origens, sua psicodinâmica e seu tratamento. Diferentes fatores estão presentes na etiologia da depressão pós-parto, tais como os de ordem biológica (alterações hormonais e carga genética) e social (dificuldades da gestante em lidar com o afastamento do trabalho, em razão do nascimento do bebê, por exemplo).

Em termos gerais, o objetivo desse texto é refletir sobre um caso clínico de depressão pós-parto, levando em conta a teoria psicanalítica, notadamente as contribuições advindas da obra de Winnicott. O texto tem por objetivos específicos investigar os conceitos sobre a saúde e a depressão, à luz da teoria da psicanálise, bem como apresentar a compreensão psicanalítica da depressão e, além disso, refletir sobre processos inconscientes primitivos presentes na relação entre analista e paciente num caso clínico de depressão pós-parto.

O caso clínico é o de uma paciente de 28 anos de idade, brasileira, casada, profissional da área administrativa, grau de instrução de nível universitário, mãe de seu primeiro bebê.

Paradoxo saúde/doença

Diferentemente da psiquiatria do final do século XIX e início do século XX, que separava de modo rígido a doença mental da saúde, Freud inovou ao enxergar características patológicas no indivíduo considerado normal. O título de um dos seus trabalhos – *Psicopatologia da Vida Cotidiana* (1901, 1980) – ilustra bem a forma como o criador da psicanálise identificava aspectos que guardavam alguma semelhança com o patológico, motivados por desejos e pensamentos dos quais o cidadão não tinha consciência, em pequenas rupturas no dia a dia da vida "normal", como esquecimentos, troca de nomes e de palavras.

Motta (2006) ressalta que a saúde não implica na ausência de sintomas e aponta para o paradoxo de que a saúde pode estar contida num processo patológico:

> O aparecimento de um sintoma poderia ser enfocado também por esse ângulo, como uma tentativa de buscar a saúde. Isso só será possível se a mensagem emitida pelo sintoma for decifrada, à luz da compreensão dos processos mentais inconscientes (p. 26).

Ao tratar do conceito de saúde mental na obra de Winnicott, Motta (2006) afirma que a saúde está intimamente relacionada com o desenvolvimento e com grau de maturidade esperado para o período que se encontra o indivíduo. Estariam distantes da saúde as condições de atraso ou de processos prematuros do desenvolvimento.

A teoria winnicottiana entende que a condição de saúde mental do bebê não existe isolada da saúde mental da mãe. A mãe é parte do ambiente que pode facilitar o desenvolvimento (ou não), de acordo com as características do *self* da dupla mãe-bebê e das suas necessidades. Ao longo do desenvolvimento, o círculo inicial formado pela dupla mãe-bebê se expande. O bebê ultrapassa a dependência absoluta da mãe e ingressa num tipo de dependência relativa. Mesmo ao atingir a maturidade, Winnicott afirma que a pessoa normal não é vista como absolutamente livre de dificuldades psicológicas eventuais: "Há possibilidade de recuos [no desenvolvimento normal]. Mesmo um indivíduo normal pode se defrontar com certa tensão social além do que ele poderia suportar [...]" (1963, 1990).

Para Winnicott (1993, 1995), certas condições que parecem "patológicas" à primeira vista podem se revelar como apenas uma etapa de um processo que o paciente atravessa rumo a um desenvolvimento mais integrado. Um exemplo é o do incômodo que pessoas do convívio do paciente podem sentir quando ele manifesta comportamentos antissociais. Caso o ambiente – a mãe, o professor ou outras pessoas que se preocupem e cuidem do paciente – identifique o pedido de ajuda que existe oculto por trás da manifestação antissocial e dispenda o acolhimento e os cuidados necessários que reassegurem o paciente da posse do objeto, grande parte das vezes, o comportamento antissocial desaparece.

A depressão na teoria de Winnicott

Em linhas gerais, podemos afirmar que a teoria de Winnicott sobre a depressão acompanha a sua mesma concepção paradoxal do binômio saúde/doença. Falhas ambientais e do desenvolvimento maturacional estariam relacionadas com processos depressivos. Por outro lado, a depressão toma parte também do desenvolvimento saudável.

Winnicott (1959, 1990) comenta que Melanie Klein transformou a classificação psiquiátrica da época ao identificar dois tipos diferentes de depressão: um deles, que contém aspectos esquizoides (como a despersonalização, por exemplo) e é fruto de falhas no desenvolvimento emocional primitivo e outro tipo, que representa uma conquista no processo de amadurecimento (notadamente, da capacidade de sentir culpa).

Segundo Winnicott (1958, 1993), a repressão intensa da destrutividade e da agressividade resultaria na melancolia, que "[...] se manifesta como doença" (p. 88). Porém, nesse mesmo trabalho do psicanalista inglês, longe da patologização estanque e rígida, a depressão da criança – que não pode ser entendida como um fenômeno isolado da família e está intimamente relacionada com os pais – surge como parte do contínuo processo de elaboração de dificuldades dos pais:

> Não há um limite preciso entre o desespero de uma mãe ou um pai com seu filho e as dúvidas gerais que eles têm sobre a vida e o propósito final desta. Na prática, o que se vê é uma constante oscilação entre a preocupação e o desespero, e, às vezes, uma pequena ajuda de um amigo ou de um médico pode ser suficiente para afastar por certo tempo o desespero da vida do indivíduo (p. 76).

Durante o decorrer do desenvolvimento, é preciso integrar elementos agressivos e destrutivos, bem como conter no mundo mental, sem fazer uso da projeção, a culpa. Assim, a saúde pode contemplar a depressão:

> [...] quando chamo a atenção para a depressão, não me refiro apenas a um severo distúrbio psiquiátrico, mas também a um fenômeno quase universal entre indivíduos sadios, e que está ligado de perto à capacidade que estes têm, quando não estão deprimidos, de agir construtivamente (p. 77).

Nesse caso, a depressão deve ser aceita e, alerta Winnicott (1958, 1993), deve-se ter cuidado com os anseios apressados de "curá-la". Ele observa que, não raro, a depressão tende a curar a si mesma – processo durante o qual uma pequena ajuda do mundo externo pode também contribuir favoravelmente.

A questão dos componentes depressivos contidos no desenvolvimento normal é retomada por Winnicott (1963, 1995) ao tratar da vida do adolescente. De certa forma, o adolescente retoma a luta do bebê para superar o isolamento narcísico e estabelecer relações reais com o mundo externo:

> O adolescente é essencialmente um isolado. É a partir de uma posição de isolamento que ele se lança no que pode resultar em relações. São as relações individuais, uma por uma, que levam finalmente à socialização. O adolescente está repetindo uma fase essencial da infância, pois o bebê também é um isolado, pelo menos até que seja capaz de estabelecer a capacidade de relacionamento com objetos que estão fora de seu controle mágico. O bebê torna-se apto a reconhecer e a acolher com satisfação os objetos que não são parte integrante dele, mas isso é uma grande façanha. O adolescente repete essa batalha (p. 152-153).

A pessoa que conquista a depressão e a supera – ao final de um processo do qual a depressão é um componente da saúde, portanto – se "liberta" do que Winnicott (1963, 1997) denominou de "impurezas do humor deprimido". Essas "impurezas" são agrupadas por Winnicott em sete categorias diferentes: a primeira delas diz respeito aos fracassos da organização egoica e que apresentam características esquizoides ou de tendências à esquizofrenia (divisão do ego, despersonalização, sentimentos de irrealidade e outras); a segunda contempla pacientes que têm depressão acompanhada de delírios persecutórios; a terceira categoria é a de depressão associada a sintomas hipocondríacos ou doenças somáticas; a quarta categoria relaciona-se aos pacientes com defesas maníacas (conceito psicanalítico) ou hipomaníacos (termo psiquiátrico);

na quinta categoria encontramos as oscilações maníaco-depressivas; a sexta categoria contém casos de rígida organização da personalidade em padrões depressivos, como defesa frente ao medo da irrupção de mecanismos esquizoides de divisão; por fim, a sétima categoria está relacionada com a melancolia como produto da repressão intensa do ódio e da destrutividade.

Nesse mesmo trabalho, Winnicott enfatiza que, além dos casos psicopatológicos de depressão, os indivíduos saudáveis apresentam a depressão como um estado de humor passageiro, num fenômeno presente em quase todas as pessoas.

Aspectos da relação paciente-analista e a depressão

Para que o analista conduza satisfatoriamente o processo terapêutico que envolve depressão, é necessário que ele lide com a própria destrutividade, que está ligada ao amor. Assim, é indispensável que o analista lide com a sua própria depressão:

> O paciente deprimido exige de seu analista a compreensão de que o seu trabalho implica, em certa medida, no esforço de dar conta de sua própria depressão (do analista), ou melhor, da culpa e da dor resultantes dos elementos destrutivos de seu amor (do analista) (WINNICOTT, 1945, 2000, p. 220).

Por vezes, no trabalho em instituições, Winnicott (1958, 1993) afirma que cabe ao psicanalista identificar a origem depressiva de um sintoma que pode surgir de diferentes formas – mães que levam filhos para uma consulta com uma queixa de algum problema de ordem corporal, por exemplo – e apenas acolher esses sintomas. Dizendo de outra maneira, o psicanalista deve demonstrar interesse pelo sintoma e abordar o que nele está envolvido, porém, sabendo que essa queixa mascara uma depressão. Isso pode trazer alívio a todos os envolvidos.

Dessa forma, o paciente depressivo coloca em cena o desafio para o analista tomar contato e superar a depressão contida nele mesmo. Esse processo de ter que lidar com elementos de seu próprio mundo mental aponta para o fenômeno da contratransferência, classificada por Winnicott (1947, 2000) em três modalidades: a primeira delas contempla os problemas do analista, relacionados com identificações e sentimentos reprimidos que necessitam da análise pessoal, para serem superados; a segunda modalidade de contratransferência diz respeito a sentimentos de amor e de ódio pelo paciente, que é percebido de modo objetivo e realista; a terceira modalidade refere-se a identificações originadas do desenvolvimento do analista, que fornecem as bases produtivas para o trabalho clínico.

Entre as inúmeras possibilidades de pensamentos, desejos e sentimentos que podem surgir na relação entre o paciente e o analista está o que Winnicott (1961, 1994) denominou "delírio do fracasso". Quando ocorrem falhas nos cuidados maternos, uma das maneiras que o bebê encontra para tentar sobreviver é desenvolver em demasia o pensar, como uma função que tenta se tornar totalmente independente da mãe. Outra maneira de tentar lidar com as falhas da mãe é desenvolver estados que implicam em falhas do pensar e da formação de símbolos, tais como a diminuição do vigor intelectual ou a perda "da mente e do funcionamento mental" (p. 168). Desse modo, forma-se o "delírio do fracasso", que na situação analítica é direcionado para a figura do psicanalista e também para as expectativas sobre o processo analítico como um todo.

Para analisar favoravelmente o delírio do fracasso é necessário que o analista acolha o fracasso:

> [...] o êxito da análise deve incluir o delírio do fracasso, a reação do paciente à análise como um fracasso. Este paradoxo precisa ser levado em consideração. O analista tem de poder aceitar este papel de analista que fracassa, tal como aceita todos os outros papéis que surgem das neuroses e psicoses transferenciais do paciente. Muitas análises fracassam no final porque o analista não podia permitir um fracasso delirante, devido à sua necessidade pessoal de provar a verdade da teoria psicanalítica através da cura de um paciente (WNINNICOTT, 1968, 1994, p. 169).

Nos casos que envolvem colapsos clínicos reais, ocorridos na primeira infância, a ameaça do aniquilamento se repete na relação transferencial. Novamente, cabe ao analista acolher o paradoxo de aceitar o fracasso para contribuir para o desenvolvimento:

Num tratamento bem-sucedido, o paciente se torna capaz de pôr em cena o trauma ou o fracasso ambiental e experiênciá-lo dentro da área da onipotência pessoal, e, dessa maneira, com um ferimento narcísico menor. É assim que, como analistas, repetidamente nos tornamos envolvidos no papel do fracasso e não nos é fácil aceitar esse papel, a menos que vejamos o seu valor terapêutico. Somos transformados em pais que fracassam e somente desse modo alcançamos sucesso como terapeutas (WINNICOTT, 1968, 1994, p. 60-61).

Winnicott (1954, 1991) diferencia a regressão do retraimento. A regressão é entendida como o retorno à dependência (e não no sentido freudiano de regressão a fixações em zonas erógenas). O retraimento implica num desligamento passageiro da realidade externa, que pode ocorrer em alguns casos, na forma de um breve estado de sono.

Durante as sessões de análise, se um paciente razoavelmente bem integrado apresentar um episódio de retraimento e o analista não oferecer o *holding*, o paciente sairá desse estado e nada de produtivo ocorrerá, em termos dos objetivos terapêuticos. Porém, se o analista oferece *holding*, o retraimento pode evoluir para a regressão e então, uma interpretação oportuna pode contribuir para o processo analítico.

Caso clínico

Fernanda (nome fictício), 28 anos de idade, brasileira, casada, profissional da área administrativa, grau de instrução de nível universitário, mãe de seu primeiro bebê, sofria de depressão pós-parto. Seu bebê nascera há um mês e meio. Foi seu marido quem agendou o horário para a primeira sessão e veio com ela ao consultório. Ao chegarem, ele aguardou na sala de espera.

A paciente afirma que não tinha ânimo para fazer nada, sem saber os motivos que a levaram a sentir essa intensa depressão. Por vezes, não sentia mais vontade de viver. Passava grande parte do dia recolhida no quarto, sentada numa poltrona ou deitada na cama.

Relata que a gravidez transcorreu "num clima ótimo". Via-se entusiasmada ao fazer as compras para o bebê que iria nascer e, o tempo todo, procurava planejar detalhadamente o futuro, o que incluía o parto, a amamentação, o cozinhar dos alimentos sólidos, enfim, uma intensa programação voltada para o dia a dia com o bebezinho.

Em meio ao relato sobre o desânimo que sentia, mencionou que o bebê "estava bem". Ao discorrer sobre o suposto "bem-estar", mencionou que ele "era tranquilo e dormia com serenidade". Em toda a sessão, esse foi o único momento no qual surgiu um aspecto bom relacionado com o que vivia no tempo presente – embora parecesse pouco realista a cena que descrevia, a de um bebê que dormia com leveza, apesar de ter uma mãe com grave depressão.

Ao final da sessão, abordei sobre a necessidade de uma avaliação e acompanhamento psiquiátricos, ao que a paciente se revelou muito resistente, dizendo que "iria pensar no assunto", num tom de voz que apresentava uma boa dose de desprezo. Além do desprezo, a paciente dava claros sinais de que não tinha esperança de superar a depressão.

Como o seu estado de humor inspirava grande preocupação, fiz uso de uma intervenção de confrontação, apontando para diversos elementos da realidade da sua vivência depressiva, entre eles, a sua dificuldade de realizar as mínimas tarefas domésticas. Além disso, afirmei que, caso ela recusasse o encaminhamento para o psiquiatra, eu teria a obrigação ética de comunicar tal necessidade à família. Na mesma semana, a paciente buscou o médico, não sem alguma oposição inicial, e aceitou o antidepressivo indicado pelo psiquiatra. Porém, estabeleceu uma relação de confiança com o médico e não relutava em comparecer às consultas.

Em termos contratransferenciais, senti sono durante algumas sessões. Durante a segunda e a terceira sessões, em razão do ritmo acelerado de trabalho que vivia naquele período, creditei o meu sono à falta de um bom descanso. Entretanto, percebi depois que o meu sono era produto de processos inconscientes, trazidos para a relação analítica.

Passados cinco meses, ela relata uma lembrança desagradável da infância: sua mãe exigia que dormisse ao lado dela durante as tardes. Como não sentia vontade, algumas vezes permanecia acordada, observando detalhes do quarto. Em outras vezes, muito a contragosto, adormecia.

Selecionamos essas partes da história do caso para discutir determinadas particularidades do atendimento da depressão. Vale dizer que, após um ano e meio de trabalho analítico e do tratamento psiquiátrico, a paciente viu-se livre da depressão. Superado esse período de trabalho, a análise prosseguiu pautada por outros assuntos.

Discussão

A imagem que a paciente fazia de seu bebê era extremamente idealizada, ao retratá-lo como alguém que dormia tranquilo, imune à sua própria depressão. Assim, negava a sua própria realidade interna, bem como a realidade da vida emocional do bebezinho e tentava, de forma frágil, reparar a imagem de si mesma como mãe, por meio da fantasia idealizada de um suposto "bem-estar" do filho.

Por outro lado, o sono que senti durante a segunda e a terceira sessão, resultado inicial de uma contratransferência mal elaborada, era produto do mecanismo de identificação projetiva, por meio da qual se configurava uma tentativa de "atordoar" o analista – tentativa essa que inicialmente obteve êxito, visto que naquela altura não houve a compreensão desse mecanismo de defesa.

Nesse caso clínico, pudemos identificar diferentes tipos de sono. Ao longo do dia a dia, um tipo de sono que ela mesma comumente sentia, e que algumas vezes aparecia também durante as sessões, foi entendido como um retraimento que, por sua vez, não foi percebido no início do processo analítico. Assim, tal como Winnicott indicou que o retraimento pode evoluir para a regressão, quando o analista propicia o *holding*, o mesmo se deu no processo analítico dessa paciente. O sono foi abandonado em favor da ampliação da dependência passageira do analista, que pressupõe um fortalecimento da relação (se comparado ao estado inicial de retraimento).

Passado algum tempo, foi possível relacionar um aspecto do sono da contratransferência com as lembranças da infância da paciente, de ser forçada pela mãe a dormir ao lado dela, fato que sentia como uma invasão de seu *self*.

Winnicott considerava que a depressão poderia ser fruto de processos patológicos, como também poderia tomar parte da saúde. Ao trabalhar com a depressão, o analista se vê exigido a lidar com a sua própria depressão – algo que o caso clínico impôs desde o início do tratamento.

Por outro lado, pode surgir outra condição paradoxal interessante: o delírio do fracasso do paciente precisa ser acolhido pelo analista, que se vê também tomado pelo papel de fracassado, numa reedição de processos primitivos relacionados com falhas da mãe. O mesmo se deu no desenrolar do caso de Fernanda que, durante um tempo considerável, demonstrava impotência e fracasso frente às tentativas de vencer a depressão. Paralelamente, indicava com clareza que minhas interpretações e resultado do atendimento estariam fadados ao fracasso.

Assim, podemos concluir que a análise de pacientes com diagnóstico de depressão envolve aspectos que têm suas raízes em períodos primitivos do desenvolvimento e que, além disso, implica no contato profundo do analista com a doença e a saúde que habitam dentro de si.

Referências

FREUD, S. "Psicopatologia da Vida Cotidiana". Trad. J. Salomão. *Sobre a Psicopatologia da Vida Cotidiana* (1901). Rio de Janeiro, RJ: Imago, 1980 (Obras Psicológicas Completas de Sigmund Freud, 6).

_____. "Três Ensaios sobre uma Teoria da Sexualidade. Trad. J. Salomão. *O Chiste e sua Relação com o Inconsciente* (1905). Rio de Janeiro, RJ: Imago, 1980 (Obras Psicológicas Completas de Sigmund Freud, 7).

MOTTA, I. F. *Orientação de Pais: Novas Perspectivas no Desenvolvimento de Crianças e Adolescentes*. São Paulo, SP: Casa do Psicólogo, 2006.

WINNICOTT, D.W. "A Família Afetada pela Patologia Depressiva de um ou Ambos os Pais". Trad. M. B. Cipolla. *A Família e o Desenvolvimento Individual* (1958). São Paulo: Martins Fontes, 1993.

_____. "A Luta para Superar Depressões". Trad. A. Cabral. *Privação e Delinquência* (1963). São Paulo: Martins Fontes, 1995.

_____. "Classificação: Existe uma Contribuição Psicanalítica à Classificação Psiquiátrica?"; "Da Dependência à Independência no Desenvolvimento do Indivíduo". Trad. I. C. S. Ortiz. *O Ambiente e os Processos de Maturação: Estudos sobre a Teoria do Desenvolvimento Emocional* (1959). São Paulo: Martins Fontes, 1990.

_____. "Desenvolvimento Emocional Primitivo" (1945); "O Ódio na Contratransferência" (1947). Trad. D. Bogomoletz. *Da Pediatria à Psicanálise: Obras Escolhidas*. Rio de Janeiro: Imago, 2000.

_____. *Holding e Interpretação* (1954). Trad. S. M. Tavares e M. Barros. São Paulo: Martins Fontes, 1991.

_____. "Observações Adicionais sobre a Teoria do Relacionamento Parento-Filial"; "O Pensar e a Formação de Símbolos". Trad. J. O. A. Abreu. In: SHEPHERD, R.; DAVIS, M. (Orgs.). *Explorações Psicanalíticas: D. W. Winnicott* (1961). Porto Alegre: Artes Médicas, 1994.

_____. "O Valor da Depressão". Trad. P. Sandler. *Tudo Começa em Casa* (1963). São Paulo: Martins Fontes, 1997.

17
Convivência familiar na atualidade: a presença real da mãe em psicoterapia infantil

Veridiana da Silva Prado Vega
Ivonise Fernandes da Motta

Na psicoterapia com crianças, o brincar é uma relevante forma de contribuição para o tratamento, independentemente da abordagem que orienta o trabalho. Nos dias atuais, o psicoterapeuta se surpreende com as novidades dos dispositivos que participam do enquadre. É comum questionar a capacidade da criança para brincar, sem, necessariamente, refletir sobre as próprias limitações na adaptação às novas e múltiplas realidades.

Por mais dispostos, ativos e afetivos que sejam na participação da vida cotidiana de seus filhos, os pais também se deparam com desafios. Quando não encontram por si mesmos a solução, procuram auxílio profissional.

Pesquisas apontam para a riqueza do envolvimento dos pais em diversas etapas do tratamento psicoterápico de seus filhos. Entretanto, é comum observar o estranhamento do psicoterapeuta para pensar em novas configurações para o tratamento.

Observamos a *presença real da mãe* como um recurso, com potencial, para facilitar o trabalho em psicoterapia infantil, diante das demandas atuais.

Ao dizer "mãe" nos referimos àquela pessoa que exerce a função materna – que cuida física e psiquicamente da criança (MOTTA, 1992) – e não necessariamente à mãe biológica e, nem mesmo, a uma mulher.

Criando um mundo com sentido

Na psicoterapia com crianças, através do brincar se descortina um mundo de possibilidades, permeado por criatividade, sonho, fantasia; tudo se torna possível: as angústias se transformarem em alegria, satisfação e realização; as pulsões encontrarem um destino; as necessidades serem atendidas; o desenvolvimento e potencial humanos retomarem o movimento em busca de novas formas de significar a própria subjetividade e de encontrar sentido no mundo ao redor.

Ao brincar, pode-se vivenciar a ilusão de criar o mundo (ilusão de onipotência) e, gradativamente, ao passear pelo espaço potencial, o mundo se revela como realmente é (percebido objetivamente, princípio de realidade). No balanço no parque, o ir e vir sustenta-se pela confiança e coragem na própria capacidade de se projetar e se equilibrar. O sobe e desce da gangorra é sustentado pela confiança e coragem ao brincar com o outro.

A experiência do brincar é um processo importante, uma atividade criadora de sentido e da própria existência, que abre mundos e significações, e favorece o viver à sua maneira e o ser si mesmo. É "uma experiência mágica" (SAFRA, 1999, p. 157)

Ao valorizar a relação com o ambiente, o pediatra, psicanalista e psiquiatra infantil, D. W. Winnicott, contribuiu grandiosamente para a compreensão e tratamento do ser humano. A ênfase sobre a relação analista-paciente em analogia à relação mãe-bebê, sustentou a emergência de paradigmas para o trabalho analítico.

O trabalho com crianças exige, do psicoterapeuta, disponibilidade física e afetiva, para se lançar na experiência do imprevisível. Necessita de confiança nas próprias capacidades e tolerância sobre as próprias limitações.

As urgências do cotidiano, na atualidade, interferem na convivência. Os pais são pressionados a produzir para dar "boas condições" para os filhos – ganhar dinheiro para poder pagar uma boa escola, dar bons presentes, roupas, brinquedos, um bom celular, passeios, viagens, alimentação, plano de saúde, televisão a cabo; das crianças é exigido aprender e realizar atividades para terem um futuro promissor – tirar boas notas, frequentar cursos de línguas estrangeiras, jogar xadrez, fazer judô, dançar balé, serem prodígios; a cobrança sobre o psicoterapeuta recai sobre soluções rápidas – com o mínimo possível de sessões, que pouco seja exigido tanto em presença quanto em contato com as próprias emoções, necessidades e limitações. Pouco investimento é destinado ao repouso, ao compartilhar experiências, ao brincar.

Crescer e viver na presença do outro

Para a constituição do si mesmo (*self*), Winnicott aponta que a partir da preocupação materna primária, a mãe é capaz de se comunicar com a criança, oferecer-lhe sustentação (*holding*) e os cuidados corporais (*handling*). Inicialmente a comunicação se dá no nível *intercorpóreo*, através da experiência de mutualidade (TOSTA, 2012). A sustentação e os cuidados corporais, podem ser traduzidos por segurar no colo – ou, ainda, na vida intrauterina –, acariciar, abraçar, ninar, olhar, beijar, amamentar, trocar a fralda, dar banho, colocar para arrotar, conversar, cantar, etc. Esses cuidados devem ser envolvidos pelo afeto, pois uma ação mecânica ou padronizada, ao invés de adaptada, pode ter efeitos desfavoráveis ao desenvolvimento psíquico e repercutir em patologias. A aceitação e amor da mãe, no princípio, independentemente de como o corpo do bebê se apresenta, são fundamentais para a personalização. Através dos cuidados maternos o *self* irá estabelecer sua "morada no corpo", possibilitando a constituição do *self*, a apropriação do próprio corpo (personalização) e o estabelecimento da unidade psicossomática (WINNICOTT, 1970).

Com a maturação, as aquisições abrangem novos recursos para a comunicação e para as experiências, nas relações do dia a dia. Sucata vira brinquedo, a brincadeira corre solta e a linguagem desponta. É divertido brincar sozinho, mas brincar junto, é melhor ainda. A mamãe dá o remédio para a boneca, para a criança também aceitar. A criança dá mamadeira para o papai. A adaptação do que cuida, é exigida, não somente para o bebê, mas sempre diante da dependência, ao longo de toda a infância, juventude, no adoecimento, na velhice.

Não somente a adaptação é fundante, como a falha na adaptação, também, representa um aspecto necessário para o amadurecimento. Possibilita a apresentação dos limites, do mundo, da realidade objetiva e conceber o princípio de realidade.

A falha, no momento certo, no estágio adequado, de forma gradual, é uma função da mãe, do ambiente, do psicoterapeuta. Ao se relacionar de forma verdadeira, a mãe permite ao filho(a) conhecê-la e saber o que esperar dela, seja carinho, seja "bronca".

A adaptação compõe a previsibilidade, da mãe, do mundo, da vida; contribuindo para a confiança na capacidade de superar, de forma criativa, as adversidades que poderão ser encontradas no futuro.

A previsibilidade da mãe é necessária, tanto nos estágios iniciais, quanto mais tarde. É preciso confirmar à criança, permanentemente, o mundo e seu funcionamento da forma como ela os conhece, por exemplo, na repetição minuciosa das histórias contadas. As crianças "continuarão precisando desses limitados territórios que conhecem em detalhes, e nos quais não há surpresas para eles" (WINNICOTT, 1993 *apud* DIAS, 2006, p. 5) A previsibilidade e confiança são experienciadas e reconhecidas na presença do outro, que, portanto, participa das aquisições do amadurecimento.

Em momentos de calmaria, por exemplo, ao ver um bebê dormindo confortavelmente, o observador julga a "vida boa", enquanto nos momentos de turbulência, quando a criança grita, acusações jorram sobre os cuidadores.

Há pais que não buscam auxílio não somente pelo receio, quanto à situação nova e o estranhamento diante do desconhecido, mas também por elevarem sua responsabilidade a um nível de culpa que não podem suportar, sobrecarregados com a preocupação invasiva da sociedade. Quando eles encontram coragem para buscar auxílio no psicoterapeuta, este também pode se adaptar às suas necessidades e favorecer um vínculo de confiança, sustentado na experiência compartilhada de fornecer os cuidados necessários à criança.

> O fato de os pais poderem participar do processo de crescimento e reparação foi-lhes de grande valor. Tal participação evitou o que se pode frequentemente observar: os pais sentem que foram ignorados e, dessa forma, talvez se predisponham a sentimentos de rivalidade e competição com o terapeuta (WINNICOTT, 1979).

É notável a flexibilidade adaptativa das crianças, que pode ser ilustrada pela rapidez com que retomam a brincadeira, entre elas, após um intenso momento de adversidade, como uma briga. Winnicott aborda a importância da adaptação do ambiente, não somente nos estados de tranquilidade, mas também nos estados de excitação, quando a criança chora, grita, bate, morde, etc. É importante ajudar os pais a compreenderem e a sobreviverem a estes estados. A sobrevivência fortifica a confiança da criança, em si mesma e em seus pais, na previsibilidade do outro, do mundo e implica ainda no restabelecimento do amor.

A impiedosa demanda do bebê também se expressa na criança que, continuamente, exige da mãe a adaptação. Cada mãe, cada família, cada cultura irá sustentar as angústias e sobreviver aos ataques das crianças, de acordo com sua própria forma de ser e seus próprios limites. Lembrando que não ocorre jamais uma adaptação completa e a mãe suficientemente boa é capaz de prover "alguma coisa mais ou menos no lugar certo e no momento certo" (WINNICOTT, 1952, p. 311).

No filme de animação *Divertida Mente* de 2015 (*Inside Out*) a tristeza se revela como elemento crucial para a criança protagonista encontrar o apoio e carinho, da família e dos amigos, culminando em alegria e formando as "memórias base". Isto é, a estimada alegria foi experienciada também a partir dos momentos de dificuldade, emergiu a partir do afeto, das relações interpessoais, de viver as experiências cotidianas no mundo compartilhado.

Mesmo diante de boas bases no início e com a aquisição de maturidade, permanece a possibilidade de retorno à dependência. Expressão da esperança de integração de aspectos dissociados do si mesmo. Por vezes é necessário retornar, para se direcionar ao futuro que anuncia que a vida vale a pena ser vivida.

Conforme Dias (2006), também é importante que a mãe tenha a habilidade de reconhecer o movimento de volta para estágios anteriores ao desenvolvimento, ainda que já se tenha avançado no processo de maturação.

Quando recebemos as crianças na clínica, o resgate de sua história e compreensão da queixa, perpassam pela entrevista com os pais. Quanto a isto, não encontramos dissenso. Freud, Anna Freud, Klein já apontavam os desafios vivenciados com relação aos pais no tratamento de crianças (QUAGLIATTO *et al.*, 2008). Com sua criatividade, Winnicott pôde compreender, para além dos desafios, a contemplar a presença da mãe e do ambiente em seu entorno no desenvolvimento maturacional e no tratamento de seus pacientes. Nesse contexto, cabe citar o caso Kathleen (WINNICOTT, 1955), no qual a mãe e a família tiveram um papel fundamental no trabalho, adaptando o ambiente, a casa, seu funcionamento e até a relação com a comunidade de acordo com as necessidades da criança, naquele momento de sua vida. Além de um caso de retorno à dependência, com possibilidade de retomada do desenvolvimento, evidencia a importância da presença real da mãe para o tratamento da filha.

Psicoterapia com a presença dos pais

A eficácia do trabalho terapêutico com pais tem sido apontada em pesquisas. Motta (1999), defendeu que a intervenção psicológica pode auxiliar os pais a desempenharem suas funções como "agentes facilitadores dos processos maturativos, na direção da saúde mental de seus filhos", oferecendo sustentação à criança, quando "se procura não apenas evitar distúrbios, mas melhorar a eficácia da adaptação familiar" (p. 118-20). Destaca que, diante de crises, a família e "as pessoas que a rodeiam" podem colaborar para a saúde ou para a doença e que a mãe também necessita ser cuidada por um *ambiente facilitador*, capaz de prover suas necessidades, como na oferta de informações, proteção e confiança. Dentre os trabalhos apontados na pesquisa, vale mencionar aqui os seguintes aspectos apresentados: intervenções que compreendem a presença da mãe e recorrem ao seu potencial como um instrumento no tratamento com crianças; evidências de contribuições nas relações afetivas no trabalho com os pais; defesa da ampliação dessas práticas.

Propondo contribuições com relação aos fenômenos apresentados em uma configuração conjunta, a Psicanálise Vincular aponta para o Princípio de Incerteza – a presença do outro introduz o imprevisível – e o efeito da "interferência" decorrente das intervenções do analista (PUGET, 2009).

Se o psicoterapeuta tem confiança em sua capacidade para se disponibilizar na relação com o paciente – criança – como análogo à sua mãe, é relevante pensar sobre a participação da mãe na psicoterapia da criança, para além do fornecimento de informações e orientações. Orientações que nem sempre consegue realizar no dia a dia. A participação da mãe no *setting* terapêutico pode favorecer que ela mesma encontre novas formas de se comunicar com o filho(a), e a apropriação da própria experiência criativa na sessão tem o potencial de repercutir na relação cotidiana.

É importante ser compreensivo sobre as limitações da mãe, pois como todo ser humano, tem suas vulnerabilidades. A mãe que é capaz de reconhecer suas limitações também pode ser mais receptiva às frustrações vivenciadas pelo bebê (OSBORNE *et al.*, 1976). O mesmo serve para o psicoterapeuta.

Partindo da concepção de Winnicott a respeito da *presença real do analista*, propomos a *presença real da mãe* na psicoterapia do filho(a). Que ambos – mãe e terapeuta – estejam disponíveis no *setting* terapêutico, para brincar e disponibilizar os cuidados necessários para tratamento da criança. Presentes não somente fisicamente, mas com o corpo vivo, que se relaciona a partir do verdadeiro si mesmo, com suas potencialidades e vulnerabilidades. O psicoterapeuta pode favorecer o encontro da criança com a mãe objetivamente percebida, na medida em possibilitar à mãe ser mais ela mesma, encontrar e se apropriar dos próprios recursos e potencialidades.

Moreira (2015) aponta para a eficácia do acolhimento e suporte oferecido aos pais para o resgate da confiança na própria capacidade de fornecer os cuidados necessários aos filhos. Propõe o atendimento clínico em *Consultas Terapêuticas com Pais e Filhos* com intervenções através do brincar, destacando "o agir e o ser si mesmo no mundo" (p. 83).

Despertamos nossa atenção para alguns fenômenos que vêm se apresentando em nossa experiência clínica e no cotidiano. Pais nos consultam para compreenderem quais são suas funções e expressam suas dificuldades para exercê-las.

Palestras para os pais, grupos de mães na internet, cursos sobre gestação e os cuidados – especialmente físicos – com os bebês, ganham mercado e denotam que as demandas nos dias atuais, apontam para um distanciamento nos relacionamentos humanos.

As famílias são cada vez menores, resultado da sofisticação do planejamento familiar, principalmente em classes sociais com mais condições financeiras; casais que não querem ter filhos. Distâncias físicas entre familiares dificultam a participação de uns na vida dos outros, quando se trocam experiências, por exemplo, ao cuidar de um sobrinho, conviver com o primo e os avós.

Com o ritmo acelerado do dia a dia, há pouco tempo para conhecer e conviver com vizinhos, amigos, conhecer a comunidade ao redor. Classes menos favorecidas encontram as mesmas dificuldades, mas, a partir delas, também é possível observar grande colaboração e criatividade, na promoção de espaços de convivência; cuidar do filho de um vizinho, sentar na calçada, brincar na rua, prosear, etc.

Movimentos também buscam resgatar maior contato com a natureza humana, dos partos humanizados ao "nadismo" – prática de indivíduos que se reúnem em espaços públicos para não fazerem nada durante certo tempo.

Quando, no dia a dia, as experiências compartilhadas não são possibilitadas de forma suficiente, essas demandas surgem buscando encontrar outros lugares, como nos consultórios de especialistas. Um exemplo pode ser identificado nas Oficinas de Contar Histórias, nas quais os próprios pais puderam relatar que não sabiam fazê-lo (MOTTA, 2010). O mesmo ocorre com o brincar entre pais e filhos; há pais que receiam não saber como brincar. Costumam oferecer "coisas", ocupá-los e distraí-los.

Nesse prisma, pesquisas que tem por tema mudanças e inovações no *setting* ganham pertinência, ao verificarmos que não são muitos os trabalhos que investigam isso. Um terceiro elemento no *setting* (bebê na barriga da psicoterapeuta) propicia revivescências desde as mais primitivas até as mais atuais para o par cliente-psicoterapeuta. Bem utilizadas podem enriquecer sobremaneira o trabalho psicoterápico em desenvolvimento (MOTTA, 2009).

Ao sublinhar a presença real da mãe no *setting*, levantamos a necessidade de promover mais estudos sob essa perspectiva (mudança no cenário) e a possibilidade de proporcionar uma experiência de intimidade e contato da criança com a própria mãe. A presença real da mãe no *setting* terapêutico, propõe que a experiência seja vivida em primeira pessoa, na própria relação entre o par mãe-criança.

Considerações finais

A presença marcante do outro é fundamental ao longo de toda a existência. Do início, meio e até o fim, possibilitando a constituição do si mesmo, sentir-se real, a experiência do compartilhar e pertencer ao mundo, conferir valor à vida e o sentido de viver o dia a dia.

Participar do processo terapêutico do filho(a), pode contribuir para a adesão ao tratamento e fortalecer a confiança em seus próprios recursos. Na medida em que a mãe adquire confiança em sua própria capacidade e tolerância sobre as próprias limitações, se disponibiliza de forma mais verdadeira. Adquire a capacidade para compreender também as nuances de seu filho(a), criar sua própria forma de corresponder ao gesto dele(a), e sustentar as angústias nos momentos de turbulência.

Ao brincar com a mãe, a criança poderá se sentir real, sentir que a vida vale a pena e integrar aspectos dissociados do si mesmo. A experiência de brincar com a própria mãe, pode ser extremamente rica, uma nova base pode se constituir para a relação e a comunicação entre eles. Implica ainda em favorecer o viver criativo da criança, para a experiência de criar a mãe e o mundo, usá-los e descobrir como realmente são.

Focalizando a psicoterapia em uma de suas funções principais, a função espelho (WINNICOTT, 1975), propiciar uma experiência entre os participantes – psicoterapeuta, criança, mãe – tem potencial de um "acontecimento realizador" (SAFRA, 2005, p. 21). A experiência compartilhada, no qual está incluída a presença real da mãe, cria possibilidades para um acontecer que inaugura, transforma, reorganiza aspectos do si mesmo (*self*).

Indicamos a necessidade de realizar mais estudos que contemplem a participação dos pais, e em especial da mãe, nas diferentes etapas da psicoterapia infantil. Muitos estudos enfocam a presença da mãe na relação com o bebê, mas encontramos poucos sobre a participação real na psicoterapia das crianças em diferentes etapas da infância. Compreender os fenômenos que se apresentam diante da presença real da mãe no *setting* tem como perspectiva contribuir para o avanço dos trabalhos na área e responder às demandas da atualidade. Propomos continuar desenvolvendo trabalhos dentro dessa linha de pesquisa.

Referências bibliográficas

CATAFESTA, I. F. M. *Intervenções no Desenvolvimento Psicológico: um Trabalho Preventivo*. São Paulo: Universidade de São Paulo, 1992 (Tese de Doutorado).

DIAS, E. O. "Caráter Temporal e os Sentidos de Trauma em Winnicott". *Winnicott e-prints*, 1 (2): 1-8, 2006 (São Paulo). Disponível em: <http://pepsic.bvsalud.org/scielo.php?script=sci_arttext&pid=S1679=432-2006000200001Xlng=pt&nrm-iso>. Acesso em: 30 set. 2017.

DIVERTIDA MENTE. Pete Docter, Jonas Rivera. Emeryville, CA, Pixar Animation Studios, 2015, 1 Blu-Ray.

MOREIRA, L. M. A. G. *Consultas Terapêuticas com Pais e Filhos: Resgatando a Experiência Compartilhada do Brincar*. São Paulo: Universidade de São Paulo, 2015 (Tese de Doutorado).

MOTTA, I. F. "Quando a Psicanalista está Grávida: Facilitações de Pesquisas sobre o Interior Materno e Feminino". *Jornal de Psicanálise*, 42 (76): 91-105, jun. 2009 (São Paulo).

MOTTA, I. F et al. "Proposta de Intervenção para Crianças e Adolescentes Portadores de TDAH". *In: VII Simpósio Nacional de Investigação em Psicologia*. Braga, Portugal, fev. 2010.

OSBORNE, E. L. *et al. Seu bebê: Orientação Psicológica para os Pais.* Rio de Janeiro: Mini Imago, 1976.

PUGET, J. "Teoria de la Técnica: Qué, Cómo, Cuándo, Dónde, Por Qué, una Clínica de Pareja, de Família y de Grupo". *Vínculo,* 6 (2): 113-140, dez. 2009 (São Paulo). Disponível em: <http://pepsic.bvsalud.org/scielo.php?script=sci_arttext&pid=S1806-24902009000200002&lng=pt&nrm=iso>. Acesso em: 3 out. 2018.

QUAGLIATTO, H. S. M. *et al.* "Evoluções e Revoluções na Clínica Psicanalítica Infantil: da Orientação aos Pais à Avaliação-Intervenção Conjunta Pais-Filhos". *Contextos Clínic,* 1 (1): 43-48, jun. 2008 (São Leopoldo, RS). Disponível em <http://pepsic.bvsalud.org/scielo.php?script=sci_arttext&pid=S1983-34822008000100006&lng=pt&nrm=iso>. Acesso em: 03 out. 2018.

SAFRA, G. "O Brincar sob a Perspectiva Winnicottiana". *In:* CATAFESTA, I. F. M. (Org.). *Um dia na Universidade dialogando com Winnicott, Lacan e Klein sobre a Criança e o Adolescente.* São Bernardo do Campo, SP: UMESP, 1999, p. 157-161.

_____. "Princípios do Atendimento Clínico Winnicottiano". *Revisitando Piggle: um Caso de Psicanálise Segundo a Demanda.* São Paulo: Sabornost, 2005, p. 15-32.

TOSTA, R. M. "Os Princípios das Consultas Terapêuticas como Parâmetros para a Clínica Winnicottiana". *Rabisco Revista de Psicanálise,* 2 (1): 85-92 (Porto Alegre).

WINNICOTT, D. W. "Psicose e os Cuidados Maternos"; "Um Caso Tratado em Casa". *Da Pediatria à Psicanálise: Obras Escolhidas por D. W. Winnicott.* Trad. Davy Bogomoletz. Rio de Janeiro: Imago, 2000, p. 305-315 e p. 187-196.

_____. "Sobre as Bases para o *Self* no Corpo". *Explorações Psicanalíticas* (1989a). Porto Alegre: Artes Médicas, 1994, 203-218.

_____. *O Brincar e a Realidade* (1971a). Trad. José Octávio de A. Abreu. Rio de Janeiro: Imago, [s/d].

_____. *The Piggle: Relato do Tratamento Psicanalítico de uma Menina.* Rio de Janeiro: Imago, 1987.

18
Guarda compartilhada: o que é isso em uma visão psicojurídica?

Verônica A. da Motta Cezar-Ferreira

A separação costuma ser a forma que os casais encontram para dirimir os problemas conjugais. Atualmente, deve-se considerar com cautela o que seriam problemas conjugais, uma vez que, com alguma frequência, se veem transformar em problemas, diferenças próprias da convivência. De qualquer modo, seja na separação ou divórcio, seja entre pais que vivem juntos, os filhos incapazes – tanto pela idade como não, caso dos doentes mentais, por exemplo – necessitam de quem cuide deles, oficialmente.

Os pais são os primeiros responsáveis, mas à sociedade e ao Estado também cabe tal obrigação. Devemos todos assegurar-lhes o direito à vida, à saúde, à alimentação, à educação, ao lazer, à profissionalização, à cultura, à dignidade, ao respeito, à liberdade e à convivência familiar e comunitária, além de colocá-los a salvo de toda forma de negligência, discriminação, exploração, violência, crueldade e opressão. Isso é lei e está explicitado no art. 227 da Constituição Federal de 1988.[1]

E, se esses são deveres de todos, quando os pais se separam ou nunca foram casados ou não moram juntos, como ficam esses cuidados em relação aos filhos, uma vez que não importa a condição de conjugalidade, pais continuam a ser pais, mesmo que o filho tenha sido fruto de um encontro fortuito?

Embora a psicologia há muito saiba e proclame a necessidade de os filhos serem cuidados pelos pais, a lei também o estabelece para definir

---
1 Alterado pela Emenda Constitucional nº 65/2010.

a obrigatoriedade e como será cumprida. Para tanto, particularmente nos casos de separação ou divórcio, determina que os filhos devam permanecer sob os cuidados de ambos os pais ou de um deles. A tal atribuição dá-se o nome de guarda, sendo que, no direito brasileiro, são duas as modalidades de guarda, a compartilhada e a unilateral. O fundamental, no entanto, para a determinação é considerar que a prioridade deve ser o bem-estar da criança e do adolescente e sua proteção integral.

Sobre a guarda

A guarda nas famílias não separadas é conjunta, e o mesmo se deve esperar das famílias separadas. Assim, a boa resolução em uma separação conjugal deve conter, do ponto de vista psicológico, dois elementos fundamentais: a continuidade da saudável relação entre pais e filhos e a exclusão dos filhos dos problemas do ex-casal. Os pais, cada vez mais, tendem a se comportar dessa maneira.

Cuidar de nossas crianças implica guardá-las, no sentido jurídico e no sentido mais amplo e profundo do cuidado. Guardar é cuidar. Cuidar é amar. Juridicamente, "pode se definir a guarda como conjunto de direitos e obrigações que se estabelece entre um menor e seu guardião, visando a seu desenvolvimento pessoal e integração social" (CASABONA, 2006, p. 103).

A psicologia, enquanto ciência, não conceitua guarda, juridicamente, mas trata do comportamento humano e das relações, inclusive as de interdependência, como entre pais e filhos, com propriedade, por ser seu objeto de estudo, e também enfatiza o cuidado, o amparo, o abrigo, sempre permeados de afeto, não como obrigações a serem cumpridas, e sim, como ações que a própria relação de parentalidade afetiva deveria impor.

Até 2008, só existia no direito brasileiro a guarda unilateral; hoje, existe, também, a compartilhada.

Guarda unilateral

Guarda unilateral é a modalidade de guarda pela qual um dos genitores passa a deter a guarda dos filhos por sentença de homologação de acordo ou decisória. É a guarda atribuída a um só dos genitores ou a alguém que o substitua. Ao outro genitor é dado o dever/direito de visita, supervisão e fiscalização dos atos do guardião.

No caso da guarda unilateral, um dos pais se responsabiliza pelo dia a dia dos filhos, cabendo ao outro a fiscalização desses cuidados. Ao primeiro é dado o nome de guardião ou guardiã, e ao segundo, visitador(a). É mais frequente entre nós, ainda, que a guarda seja materna e a visitação paterna, como também é mais comum que seja o pai o provedor dos alimentos, pelo menos, na maior parte.

E a guarda compartilhada?

A partir de 2008, a lei n. 11.698 alterou os artigos 1.583 e 1.584 do Código Civil, de 2002, introduzindo a guarda compartilhada.

Guarda compartilhada é a modalidade de guarda pela qual os cuidados com os filhos são, como o nome diz, compartilhados pelos pais. É a modalidade de guarda em que os pais criam e educam os filhos de forma conjunta após a separação ou divórcio; em outras palavras, a responsabilização conjunta e o exercício de direitos e deveres do pai e da mãe que não vivam sob o mesmo teto, concernentes ao poder familiar dos filhos comuns.

É o ideal em relação aos cuidados com os filhos, e estes o desejam, por ser a que mais se aproxima da guarda conjunta de pais que vivem juntos. É, em princípio, desejável, mas de difícil execução à vista das frequentes dificuldades de diálogo encontradas nos ex-casais.

Pelo art. 1.584, § 2º,

§ 2º. Quando não houver acordo entre a mãe e o pai quanto à guarda do filho, será aplicada, *sempre que possível*, a guarda compartilhada.

Em 2014, houve nova alteração do Código Civil, pela Lei n. 13.058, e onde, antes, o parágrafo 2º do art. 1.584, dizia que, sempre que possível, a guarda deveria ser compartilhada, passou a dizer, em nova redação,

Art. 1.584

§ 2º Quando não houver acordo entre a mãe e o pai quanto à guarda do filho, encontrando-se ambos os genitores aptos a exercer o poder familiar, *será aplicada* a guarda compartilhada, salvo se um dos genitores declarar ao magistrado que não deseja a guarda do menor.

Ambas as disposições legais se referem a casos em que não há acordo, sendo que, na primeira, observa-se uma recomendação (sempre que possível), e na segunda, uma determinação (será aplicada). Atualmente, porém, a maior acuidade dos juízes de família tem dado importância ao mencionado no artigo, como a aptidão dos pais para o exercício da guarda, abrindo espaço para diferentes interpretações, o que tornou relativa aquela obrigatoriedade. Assim, nem sempre os juízes a determinam, o que nos parece razoável e salutar, até porque a guarda unilateral não é menos importante e, em alguns casos, a mais indicada para o bem-estar dos filhos.

Considerações finais

A detenção da guarda não imprime privilégio nem define, em princípio, que um dos pais seja melhor que o outro ou ame mais seus filhos. Deter a guarda do menor não representa ganhar um troféu. O que importa para a criança é ter pais que a ajudem a construir uma imagem edificante do outro. A guarda vivida de maneira amorosa, complementada pela execução serena do regime de visitas, é que proporciona equilíbrio emocional aos filhos.

A guarda existe para que a criança tenha domicílio e tenha definido o nome de quem assume os compromissos diuturnos em relação a ela. O genitor visitador tem a fiscalização dos cuidados inerentes à guarda e à educação.

O compartilhamento está, antes de tudo, situado na subjetividade que se expressa no estabelecimento de valores comuns; da tomada de decisões que, ao final, sejam uniformes; na coparticipação nos cuidados cotidianos dos filhos, sempre permeados por afeto e proximidade com eles; e por diálogo, no mínimo civilizado, polido e sensato entre os pais, o que só é conseguido com o afrouxamento dos laços conjugais, visando ao desatamento deles, e estreitamento dos laços parentais (CEZAR-FERREIRA, 2012).

A guarda compartilhada, como modalidade que melhor traduz a corresponsabilidade legal em relação aos filhos menores e filhos incapazes por razão que não a idade, após a separação, deve, o quanto possível, equiparar-se à guarda conjunta saudável de pais que vivem juntos, a qual não implica perfeição ou uniformidade no sentir e pensar.

A maioria dos estudos indica que a guarda compartilhada é a modalidade de guarda desejável, após a separação. Os exemplos são bastante estimulantes.

É de se considerar, entretanto, que casais que se desentenderam a ponto de precisar separar-se, provavelmente, não terão nível de evolução, desprendimento e compreensão para compartilhar a guarda dos filhos com a naturalidade que aparece nas pesquisas. É de se supor, portanto, que tenham sofrido alguma evolução de ordem emocional e relacional, possivelmente com ajuda externa, conforme Cezar-Ferreira (2013).

Nossos estudos e experiência profissional têm indicado que é inadequado, e até perigoso, o estabelecimento de guarda compartilhada para evitar agressividade, e que não bastam instruções para levar os pais a um real e efetivo compartilhamento, ainda que essas instruções sejam altamente detalhadas e fornecidas pela autoridade judiciária.

Para alguns casos, é possível que nem mesmo a mediação de conflitos seja suficiente, mas precisariam ser submetidos a técnicas psicológicas que, pelos objetivos e profundidade, atingem o intrapsíquico e o interpsíquico, propiciando, assim, maior possibilidade de minimização ou dissolução dos conflitos interpessoais. Lembramos Féres-Carneiro (1998) que preconiza ser a terapia de casal voltada à saúde emocional dos membros da família e do casal, e não à ruptura ou manutenção do casamento.

O fato é que em qualquer modalidade de guarda, os pais precisam ter – ou adquirir – possibilidade de dialogar, ser flexíveis, ter espírito de cooperação e poder fazer as concessões necessárias. E, para adoção de guarda compartilhada, precisam ter razoável harmonia, bom senso e menos individualismo, em sua relação, bem como reunir um mínimo de maturidade e compromisso para educar os filhos, voltando sua atenção para o que for melhor para eles, visando a protegê-los da melhor maneira possível. Esses são aspectos que precisam ser despertados e/ou desenvolvidos nas pessoas, especialmente quando se encontram em meio a um litígio.

A guarda compartilhada, em si, não evita atritos ou agressividade nem elide a alienação parental. Para compartilhar, os pais precisam ser preparados, sendo os terapeutas familiares os profissionais mais indicados para tanto, se a mediação familiar não for suficiente (CEZAR-FERREIRA, 2013).

Compartilhar a guarda é mais do que aumentar o tempo de convívio entre filhos e pais; é compartilhar, espontaneamente, responsabilidades e deveres no cotidiano dos filhos a partir do diálogo minimamente civilizado e polido, sem precisar lembrar que existe lei.

Por todo o exposto, é de se envidar todos os esforços no sentido de que os pais possam deter guarda compartilhada de seus filhos, e, para tanto, os operadores do direito – advogados, juízes e promotores de justiça – , os profissionais "psi" – psicólogos, assistentes sociais e psiquiatras – e, principalmente os pais, devem estar sensibilizados para a importância desse instituto jurídico e dos benefícios que podem trazer aos filhos, que, afinal de contas, não se separaram de ninguém nem querem fazê-lo.

Referências

BRASIL. Constituição: República Federativa do Brasil. Brasília: Senado Federal, 1988

_____. Código Civil Brasileiro. Lei nº 10.406, de 10 de janeiro de 2002.

_____. Emenda Constitucional nº 65, de 13 de julho de 2010.

_____. Lei nº 11.698, de 11 de junho de 2008.

_____. Lei nº 13.058, de 22 de dezembro de 2014.

CASABONA, M. B. *Guarda Compartilhada*. São Paulo: Quartier Latin, 2006, p. 99-103.

CEZAR-FERREIRA, V. A. M. *Família, Separação e Mediação: uma Visão Psicojurídica*. 3. ed. Rio de Janeiro: GEN/Método, 2012.

_____. *Guarda Compartilhada: uma Visão Psicojurídica do Relacionamento Parental Pós-separação ou Divórcio*. São Paulo: PUC-SP, 2013 (Tese de Doutorado em Psicologia Clínica).

FÉRES-CARNEIRO, T. "Casamento Contemporâneo: o Difícil Convívio da Individualidade com a Conjugalidade". *Psicologia Reflexões Críticas*, 11 (2), 1998 (Porto Alegre). Disponível em: <http://www.scielo.br/scielo.php?script=sci_arttext&pid=S0102797219980002000 14&lng=pt&tl> Acesso em: 10 fev. 2013.

19
A família e o idoso

Maria Arlene de Almeida Moreira
Sonia Azevedo Menezes Prata Silva Fuentes

E aqueles que foram vistos dançando foram julgados insanos por aqueles que não podiam escutar a música.
(Friedrich Nietzsche)

Conquistas, desafios, expectativas, adversidades, surpresas, e aprendizados caminham lado a lado com o novo panorama da longevidade humana, assim como as consequências imediatas deste fenômeno demográfico. Nascem menos crianças e morrem menos pessoas, porque a esperança de vida aumentou com a importação e a incorporação de tecnologias e melhores condições de saúde propiciadas pela higiene e avanços médico-científicos.

Vivemos uma época em que a preocupação com o investimento na vida profissional, o retardamento da decisão de casar e ter filhos, as migrações internas e externas e a multiplicidade de contextos regionais impactam a vida da família de várias formas.

O século XXI valoriza o privilégio de ser (ou parecer) jovem e o velho é algo que deve ficar escondido, por que é feio e sem utilidade. Bauman (2001) chama "modernidade líquida" esse valor dado à imagem e à aparência que impera na sociedade de consumo, na qual o "ter" é mais importante do que o "ser". Aponta a fluidez presente na virtualidade dos laços sociais e pessoais, muitas vezes organizados apenas pelo desejo.

Marques (2009), Debert (2004), Mannheim (1982), autores que trabalham com o conceito de geração, entendem que a identidade é gerada na família e que alguns elementos interferem na identidade de gerações, como as relações de classe, de gênero, étnicas, religiosas e culturais, entre outras. Martinelli (1995), Toni (2011), Sá (2002 *apud* SANTOS, 2003), são autores que tratam da identidade do idoso e das mudanças sofridas ao longo dos tempos.

Toni (2011) aproxima-se de Mucida (2006), e diz que a identidade social é construída nas nossas experiências e relações sociais, nos processos comunicacionais em que nos envolvemos. Que a identidade é retroalimentada pelo outro, em símbolos e significados, recursivamente, pelo fato da sociedade ser protagonista dos avanços culturais, tecnológicos e econômicos que motivam as modificações de comportamentos.

Se antes a imagem do velho representava alguém experiente e sábio, paciente, tolerante, detentor de um conhecimento trazido pela idade e a quem se recorria para aconselhamento, no advento da fluidez isso não permanece. A imagem do idoso na pós-modernidade é a de um ser social que perdeu seu lugar. Estamos na era da ilusão da saúde e juventude eternas a serem perseguidas, um corpo envelhecido pelas inscrições do tempo torna presente a instabilidade da vida (SANTOS; MOREIRA; CERVENY, 2012), que ninguém quer lembrar.

O surgimento de novas modalidades familiares, a saída da mulher para o espaço público, a diminuição do número de filhos, a redução do tamanho das habitações urbanas, as migrações com perda da rede de apoio podem ter sido alguns dos fatores que deixam lacunas no cuidado aos idosos da família e provocam alterações nos papéis desempenhados por seus membros (CERVENY, 1997). Outros atores surgem para ocupar o lugar da figura de cuidador. E, na impossibilidade de alternância ou assunção desse papel, aparecem modalidades alternativas de moradia aos idosos, lares, repúblicas, condomínio e Instituições de Longa Permanência de Idosos (ILPI).

O envelhecimento na família

Cerveny (2011) entende que a família é um sistema que perfaz um ciclo ao longo de sua existência. Cerveny (1994), Cerveny, Berthoud *et al.* (1997), são autores que observaram as mudanças da constituição familiar e como essas mudanças podem afetar a vivência plena da longevidade. A multiplicidade de tipos familiares, as separações e os múltiplos casamentos sequenciais, as migrações internas ou externas, entre outras, são causas responsáveis pela escassez de rede de apoio.

Além disso, a redução do espaço habitacional, o viver em aglomerados urbanos também favorece o distanciamento de parentes da família de origem e, com isso, mais idosos tendem a ficar sós nos seus locais de origem. Entretanto, parece haver um paradoxo, as estatísticas da Pesquisa Nacional por Amostra de Domicílios (IBGE, 2013), mostram que mais de 85% dos idosos vivem com seus familiares no Brasil.

Lopes (2007), em seu artigo sobre "Modelos em Transformação, Repercussões em Cadeia", aponta como solução para moradia, no envelhecimento, a abertura de novos arranjos sociais e revisão de conceitos em relação às Instituições de Longa Permanência, e diz:

> Na próxima geração de idosos encontraremos um significativo número que não terá filhos. Devemos atentar para o efeito que estes dados sinalizam e a necessidade de preparação dos dois segmentos etários distantes, jovens e idosos, para o diálogo (p. 14).

A percepção idealizada de que a família provê cuidados, carinho, proteção e compreensão necessários, é muitas vezes errônea, desvelada pelas pesquisas como aponta os dados de Minayo (2003 *apud* LOPES, 2007, p. 148):

> No contexto familiar as agressões são praticadas muitas vezes pelos próprios filhos homens ou parentes próximos que residem no mesmo local, muitos deles dependentes químicos. A situação social e econômica complica ainda mais este panorama, já que muitos filhos desempregados e suas famílias sobrevivem com os parcos ganhos dos idosos aposentados, invertendo a situação esperada de proteção.

O ciclo vital da família e o individual seguem em paralelo. A infância, a adolescência, a idade adulta e a senescência cursam na família como ritmos presentes em etapas ordenadas ao longo do viver da família.

Cerveny (1994) faz uma metáfora com as fases da lua, aponta quatro fases para o ciclo vital familiar que concebe, sendo que para cada fase destaca tarefas para o casal conjugal, para o casal parental e/ou para a fratria. Resumidamente, as fases são: (1) Lua Nova ou Fase de Aquisição; (2) Lua Crescente ou Fase Adolescente; (3) Lua Cheia ou Fase Madura; (4) Lua Minguante ou Fase

Última, na qual o casal parental se reconhece em pleno envelhecimento. Esta é uma fase de múltiplas perdas e, por vezes, de inversão de papéis (de cuidador passa a ser cuidado); de perda de funções (cuidador, provedor, patriarca ou matriarca); ou de insegurança biofísica; ou da autonomia econômico-financeira. Enfim, o casal conjugal passa a ter a responsabilidade e a autonomia de administrar socialmente a própria longevidade. Assim, Cerveny (2001) reconhece que a família contemporânea, muitas vezes, deve reestruturar valores e necessidades. Os pais idosos se ressentem. De um lado percebem que dão trabalho aos filhos, e por outro podem sentir-se excluídos de conversas e decisões. De acordo com Mendes (2005, p. 5):

> Em todas as fases da vida, a família exerce uma importância fundamental no fortalecimento das relações, embora muitas vezes a família tenha dificuldades em aceitar e entender o envelhecimento de um ente, tornando o relacionamento familiar mais difícil. O indivíduo idoso perde a posição de comando e decisão que está acostumado a exercer e as relações entre pais e filhos modificam-se. Consequentemente as pessoas idosas tornam-se cada vez mais dependentes e uma inversão de papéis estabelece-se. Os filhos geralmente passam a ter responsabilidade pelos pais, mas muitas vezes esquecem-se de uma das mais importantes necessidades: a de serem ouvidos. Os pais, muitas vezes, quando manifestam a vontade de conversar, percebem que os filhos não têm tempo de escutar as suas preocupações.

Pesquisas apontam que o bem-estar do idoso continua sendo a presença e o acolhimento da família. Entretanto, os contextos familiares atuais são complexos. O mundo mudou, assim como a posição que ocupamos neste mundo. Stuart (2002), em sua Teoria do Desligamento Gradual do Mundo, cita que não é só o mundo ou a sociedade que se afasta do idoso, mas é o idoso que vai aos poucos desistindo do mundo. Nesse sentido, conforme as pessoas envelhecem e sentem o declínio dos sentidos (visão, audição...), o contato com o mundo diminui. Desse modo, a interação do idoso com outros deve ser estimulada – por ser benéfica, necessária e saudável.

Considerações finais

Assim como as velhices são incontáveis, os modos de envelhecer são diversos (GOLDFARB,1996). O envelhecimento vivido entre nós é multifacetado. Não há como tecer um padrão de envelhecer, por mais que a

Constituição Federal (1988) em seu bojo nos considere como iguais perante a lei. Poucas são as políticas públicas de inclusão ou de integração entre as diferentes faixas etárias e a imagem social construída do idoso é de alguém que já viveu tudo o que era para ser vivido e está à espera da morte.

O envelhecer enquanto fenômeno ocorrido entre a primeira e segunda metade do século XX possibilitou aos países desenvolvidos implementarem ações de assistência social que atendessem às demandas desse segmento, o que não ocorreu entre nós. Tanto para eles, como para nós, a família diminuiu em número de filhos, a casa reduziu de tamanho ante a urbanização crescente, as migrações levaram e levam contingentes de pessoas a procurarem melhores condições de vida, deixando para trás outros membros da família em seus contextos e que acabam por ficarem sós e que também envelhecem.

Entretanto, o viver, a longevidade, tem se mostrado, muitas vezes de maneiras inusitadas. Mesmo com mais vida nos anos a viver e com possibilidades de realizar sonhos em etapas mais tardias da vida, ainda temos muito a caminhar na construção de uma assistência social a esse segmento, quando olhamos e comparamos a assistência prestada a ele nos países desenvolvidos e aqui entre nós.

Referências

BAUMAN, Z. *Bauman sobre Bauman*. Rio de Janeiro: Zahar, 2001.

CERVENY, C. M. O. *A Família como Modelo*. São Paulo: Pleno, 2001.

CERVENY, C. M. O.; BERTHOUD, C. E. *Visitando a Família ao Longo do Ciclo Vital*. São Paulo: Casa do Psicólogo, 2009.

_____. *Família e Ciclo Vital: nossa Realidade em Pesquisa*. São Paulo: Casa do Psicólogo, 2009.

DEBERT, G. G. "A Invenção da Terceira Idade e a Rearticulação de Formas de Consumo e Demandas Políticas". *Revista Brasileira de Ciências Sociais*, 12 (34), 2004. Disponível em: <http://anpocs.com/index.php/publicacoes-sp-2056165036/rbcs/203-rbcs-34>. Acesso em: 22 out. 2018.

_____. "Velhice e o Curso da Vida Pós-Moderno". *Revista USP*, São Paulo, (42): 70-83, jun./ago. 1999. Disponível em: <http://www.revistas.usp.br/revusp/article/view/28456/30313>. Acesso em: 07 out. 2016.

GALANO, M H. "Família e História: a História da Família". *In:* CERVENY, C. M. O (Org.). *Família e História: a História da Família*. São Paulo: Casa do Psicólogo, 2001.

GOLDFARB, D. C.; LOPES, R. G. C. "A Família Frente à Situação de Alzheimer". *Gerontologia*, 1 (4): 33-37, 1996.

GRAGNOLATI *et al.* (Orgs.). *Envelhecendo em um Brasil mais Velho. Implicações do Envelhecimento Populacional para o Crescimento Econômico, a Redução da Pobreza, as Finanças Públicas e a Prestação de Serviços*. Relatório requisitado e financiado pelo Banco Mundial. Washington, D.C, março de 2011. Disponível em: <http://siteresources.worldbank.org/BRAZILINPOREXTN/Resources/3817166-1302102548192/Envelhecendo_Brasil_Sumario_Executivo.pdf>. Acesso em: 06 out. 2016.

IBGE. *Pesquisa Nacional de Amostra por Domicílio*. Brasília, 2013. Disponível em: <http://www.ibge.gov.br/home/estatistica/populacao/trabalhoerendimento/pnad2013/>. Acesso em: 15 out. 2016.

KANSO, S. "Processo de Envelhecimento Populacional: um Panorama Mundial". *In: VI Workshop de Análise Ergonômica do Trabalho*. Ubá, MG, jul. 2013 (trabalho apresentado). Disponível em: <http://www.ded.ufv.br/workshop/docs/anais/2013/Solange%20Kanso.pdf>. Acesso em: 24 set. 2016.

LOPES, R. G. *Imagem e Autoimagem: da Homogeneidade da Velhice para a Heterogeneidade das Vivências. Idosos no Brasil Vivências, Desafios e Expectativas na Terceira Idade*. São Paulo: Edições SESC/SP, 2007.

MANNHEIM, K. "O Problema Sociológico das Gerações". Trad. Cláudio Marcondes (1982). *In:* FORACCHI, Marialice M. (Org.). *Karl Mannheim*: Sociologia. São Paulo: Ática, p. 67-95.

MARQUES, A. M. "Reflexões sobre o Envelhecer nas Últimas Décadas do Século XX". *Revista Territórios e Fronteiras*, 2 (1), jan./jun., 2009.

MARTINELLI, M. L. "Uma Abordagem Sócio-Educacional". *In:* MARTINELLI, M. L. *et al.* (Orgs.). *O Uno e o Múltiplo nas Relações entre as Áreas do Saber*. São Paulo: Cortez, 1995.

MENDES, M. R. S. S. B. *et al. A Situação do Idoso no Brasil: uma Breve Consideração*. São Paulo: Ática; Escola de Enfermagem USP/SP, 2005.

MINAYO, M. C. de S. "Múltiplas Faces da Violência contra a Pessoa Idosa". *Revista Mais 60 Estudos sobre Envelhecimento*. Edição do Serviço Social do Comércio, 25 (60), jul. 2014 (São Paulo). Disponível em: <https://www.sescsp.org.br/files/edicao_revista/c31b6bcb-842a-4b02-8a-3c-cf781ab0d450.pdf>. Acesso em: 24 set. 2016.

MUCIDA, A. *O Sujeito não Envelhece: Psicanálise e Velhice*. 2. ed. Belo Horizonte: Autentica, 2006.

SÁ J. L. M. "Gerontologia: Fundamentos Epistemológicos e Conceituais" (2002). *In:* Freitas, E. V. *et al* (Ed). *Tratado de Geriatria e Gerontologia*. Rio de Janeiro: Guanabara-Koogan, 2002.

SANTOS, S. "Gerontologia e os Pressupostos de Edgar Morin". *Textos Envelhecimento*, 6 (2): 32-5, 2003 (Rio de Janeiro).

SHEPHARD, R. J. "Exercício e Envelhecimento". *Revista Brasileira de Ciência e Movimento*, 5 (4): 49-56, 1991. Disponível em: <https://portalrevistas.ucb.br/index.php/RBCM/article/view/196/355>. Acesso em: 24 set. 2016.

SILVA, T. T. (Org.). "A Produção Social da Identidade e da Diferença". *Identidade e Diferença. A Perspectiva dos Estudos Culturais*. Petrópolis: Vozes, 2000.

STUART-HAMILTON, I. A. *Psicologia do Envelhecimento*. São Paulo: Artmed, 2002.

TONI, I. M. "Reconstruindo a Identidade na Velhice através da Educação". PUC-SP: Portal do Envelhecimento. Recuperado de www.portaldoenvelhecimento.org.br.

TÓTORA, S. "Apontamentos para uma Ética do Envelhecimento". *Revista Kairós*, 11 (1): p. 21-38, jun. 2008 (São Paulo). Disponível em: <https://revistas.pucsp.br/index.php/kairos/article/download/2509/1593>. Acesso em: 27 out. 2016

VI
TECNOLOGIA

20
Infidelidades virtuais

Maria Irene dos Santos Zerbini
Ceneide Maria de Oliveira Cerveny

"De tudo ao meu amor serei atento
Antes, e com tal zelo, e sempre, e tanto
Que mesmo em face do maior encanto
Dele se encante mais meu pensamento".
Vinicius de Morais[1]

Nosso poeta, Vinícius de Moraes, não assistiu à revolução provocada pelo surgimento da internet na vida dos casais. A simplicidade bucólica de seus versos e os relacionamentos amorosos faziam parte do antigo contexto em que casais se conheciam e se relacionavam com aspectos concretos, corporais e palpáveis da imagem do outro. Quando não se aproximavam pessoalmente eram apresentados por conhecidos e familiares, e mesmo quando os relacionamentos se mantinham a distância por meio de cartas, muitas vezes perfumadas, e longos telefonemas.

Ao pensarmos no estabelecimento das relações amorosas como tradicionalmente conhecidas, em termos gerais teremos como primeira impressão algo relacionado a uma atração baseada nos atributos físicos do outro, às vezes bastante sutis, como o olhar, a voz ou o perfume da pessoa que nos atrai. Na continuidade do processo face a face são encontradas afinidades e explicitados valores, costumes e crenças, desenvolvendo-se assim uma

---
1 Soneto da Fidelidade. Escrito em 1939 em Estoril, Portugal.

compreensão empática do outro. A relação progride rumo a uma intimidade emocional e/ou sexual.

Em um primeiro momento, nos primórdios da internet, os recursos de voz e imagem não eram utilizados. Somente na década de 1990 imagem e som puderam ser integrados aos contatos *on-line*, embora os relacionamentos amorosos e sexuais já viessem acontecendo desde os primeiros websites de encontros e namoros.

A internet nos proporcionou os e-mails, que substituíram as cartas e que estão sendo substituídos pelas mensagens de texto; o envio de fotos e vídeos em tempo real, a conexão ao outro a qualquer momento em qualquer lugar. Os geolocalizadores que promovem encontros e descobrem o paradeiro da pessoa amada. Não precisamos de interlocutores para conhecer novas pessoas e travarmos novos relacionamentos, podemos escolher a cidade e o bairro com quem queremos nos envolver, novas estratégias proporcionadas pelas novas definições de tempo e espaço.

O espaço virtual produz relações reais e toda comunicação, conhecimento e envolvimento nas redes virtuais são reais. Há a disponibilidade de espaço e tempo que pode ser traduzida como disponibilidade afetiva, recreativa ou intencional para travarem-se novos conhecimentos e relacionamentos. Na clínica com casais, novos parâmetros estão sendo exigidos para a compreensão do significado da infidelidade conjugal.

Cabe ressaltar que infidelidade é um conceito amplo que engloba vários aspectos relacionais na vida de um casal; infidelidade sexual, amorosa, financeira, religiosa, familiar, social, política e tantos outros aspectos quanto possa permitir a criatividade e o sofrimento provocado em um dos parceiros.

Toda relação, em qualquer âmbito, vive a possibilidade de ser quebrada, violada, ou de que um de seus membros seja infiel. Não existe garantia em nenhuma relação, e esta vulnerabilidade é vivenciada de diferentes maneiras pelos parceiros na construção da conjugalidade, com várias nuances em culturas distintas.

Na cultura ocidental o modelo de casamento instituído é o monogâmico, exigindo-se a exclusividade emocional e sexual do parceiro. Este modelo é reforçado pela ideia do amor romântico, na qual o outro é incumbido de prover a completude e a felicidade plena do amado. Ao falarmos sobre casamento estamos nos referindo a todas as uniões – formais e informais – nas quais possa ocorrer coabitação ou não, mas que sejam compreendidas como relações de compromisso. Como veremos em alguns estudos, pesquisadores analisam a infidelidade também nas relações de namoro, pois a expectativa da fidelidade existe independente do nome dado ao vínculo amoroso.

Há tempos a linguagem trazida pelos casais no consultório vem se transformando: a tecnologia faz-se presente na comunicação entre os parceiros, mensagens imediatas requerem uma resposta rápida, a forma como se escreve adapta-se ao vocabulário de cada casal, símbolos ganham novos significados que são compartilhados e transformam o espaço da intimidade. Imaginamos o antigo ideal romântico entrelaçar-se com a transformação social, enquanto a tecnologia redimensiona tempo e espaço, público e privado.

A escolha do objeto amoroso, os jogos de sedução e a conquista no momento atual estão refletidas em protocolos que são aprendidos no uso de aplicativos e a cada instante novos sites para encontros amorosos são lançados (ILLOUZ, 2011).

Com o advento da internet surgem novas possibilidades e oportunidades para a aproximação entre pessoas – amizades, trocas de mensagens, conversas íntimas, ocultação desses contatos e até mesmo o sexo virtual fazem parte do cotidiano dos casais, de acordo com Zerbini (2014, p. 168):

> A infidelidade virtual é ampliada pela facilidade do espaço virtual, onde os riscos da interação e da rejeição pelo outro são amenizados pelo anonimato garantido. Nas relações virtuais os limites definidos são decorrentes do que consideramos desejado e idealizado na relação com o outro; portanto, a demora na resposta, a palavra dúbia ou a não demonstração do interesse esperado podem simplesmente antecipar o desfecho de uma história. Como as possibilidades existentes são muitas, o desfecho de uma história passa a não ser significativo e amplia a sensação de poder – posso entrar e sair de relações sem envolvimento e sem sofrimento –, uma forma de apego que parece ser o retrato da "liquidez" das relações que vivemos.

Os flertes *on-line* no Brasil, de acordo com Neto, Mosmann e Lomando (2009), fazem parte do hábito de um a cada três adultos, enquanto a média mundial é de uma a cada cinco. Outro dado interessante é que 25% dos adultos brasileiros já se apaixonaram pela internet sendo que a média mundial é de 14%. Em 2011, três grandes sites internacionais de infidelidade chegaram ao Brasil, em meio a grande estardalhaço nas manchetes de jornais e revistas. O objetivo desses sites era possibilitar envolvimentos com discrição para pessoas casadas. Ao final de 2012 um dos sites alcançou a marca de um (1) milhão de inscritos no país.

Na clínica surgem os questionamentos sobre os riscos de se inscrever nos sites de infidelidade; sobre a colocação de fotos no perfil e a possibilidade de ser descoberto pelo cônjuge.

Em reportagem da revista *Isto É* (2012), sobre o binômio infidelidade e redes virtuais, o alerta deixado nos sites é para evitar o "batom virtual" – deixar rastros como *e-mails* ou conversas expostas –, pois, assim como a infidelidade virtual, cresce o número de casos de desconfiança e policiamento dos hábitos do parceiro na internet, com o rastreamento dos seus passos, conhecido como *stalker*, isto é, a pessoa que segue alguém ilegalmente. Tal conduta pode se tornar uma obsessão para alguns; afinal, além da dor da traição, há também o incômodo de descobrir que o fato era compartilhado (como um vírus) pela internet.

Esta outra face dos relacionamentos virtuais, o rastreamento do parceiro – e muitas vezes do ex-parceiro – surge como uma tentativa de não ser surpreendido, ou mesmo a título de um pseudocontrole. Tornam-se mais sofisticados os detetives virtuais e os apetrechos tecnológicos de escuta e filmagem; crescem os sites "traída.net". A reportagem sintetiza: "Em tempos de relacionamentos pela internet, ainda não há vírus que vacine contra a traição" (COSTA, R.; COSTA, F., 2012, p. 62).

Apesar dos receios e temores dos usuários serem descobertos, a adesão aos sites de infidelidade permanece se expandindo ao redor do mundo. Em julho de 2013, o Ashley Madison foi lançado em Portugal, e de acordo com o jornal *Público.Pt*, de Lisboa, contava com 20 milhões de usuários em 29 países, com um faturamento de 100 milhões de dólares no ano de 2012.

As justificativas de um dos sites criados para a busca de um envolvimento amoroso fora do casamento é assim descrita em seu site:[2]

> Um estudo recente realizado pelo Second Love revela que 82% dos seus membros consideram um "flerte" como um estimulante à sua criatividade. A maior motivação para trair: experimentar as fantasias (secretas). O primeiro encontro ocorre frequentemente num restaurante, seguido por um hotel. O estudo também mostra que "um *affair*" se tornou mais aceitável e que os homens estão mais abertos a isso do que o seu parceiro. Cada vez mais e mais casais (casados) decidem, por diversas razões, dar um novo estimulante

---

2 Disponível em: <www.secondlove.com.br>.

(faísca) para os seus relacionamentos existentes, tendo um caso. Necessita de um flerte secreto no Second Love? Comece então a sua aventura se cadastrando gratuitamente.

Nos relatos trazidos pelos pacientes que se inscreveram nos sites, alguns demonstravam o desejo sexual como preponderante, a busca por um parceiro sexual ou apenas uma noite de sexo, enquanto outros desejavam ser valorizados, conquistados e terem um envolvimento romântico e duradouro. Duas posturas distintas diante de um mesmo aparato tecnológico designado para a infidelidade. Afinal, o que buscavam os usuários nos sites de infidelidade?

Na pesquisa realizada com o perfil de 314 mulheres e 317 homens, que se diziam pertencentes ao estado de São Paulo, em um site de infidelidade, foram selecionados 200 mulheres e 150 homens que possuíam escritas espontâneas e, destes selecionados, somente os que eram comprometidos: 154 mulheres e 116 homens. O objetivo era integrar as informações disponíveis nos questionários do site com as expressões espontâneas dos usuários.

A análise das expressões espontâneas não será discutida neste capítulo, mas está disponível na versão da tese online. Apresentaremos alguns dados do perfil dos usuários, o que os atrai e o que preferem na intimidade e assim tentarmos compreender o que buscam nos sites de infidelidade.

Análise do perfil dos usuários

A faixa etária feminina declarada situava-se entre 18 e 59 anos e os homens entre 19 e 70 anos. Os limites permitidos pelo site estão entre 18 e 70 anos.

Quadro 1. Distribuição por sexo e faixa etária

	18-24 anos	25-35 anos	36-45 anos	46-60 anos	61-70 anos
Mulheres	5	47	76	26	0
Homens	2	22	39	52	1

Fonte: Zerbini (2014, p. 122)

A faixa etária escolhida para esta análise foi de 25 a 60 anos. O site permite que os usuários escolham aspectos de dois grandes blocos que serão analisados de acordo com as três faixas etárias definidas.

A análise dos blocos "O que me atrai" (quadros 2, 3 e 4) está distribuída por idade e sexo assim como "O que prefiro na intimidade" (quadros 5, 6 e 7):

Quadro 2. *O que me atrai* (25-35 anos)

Escolhas	Mulheres	Homens
1º. Lugar	Boa higiene pessoal 43%	Discrição e sigilo 91%
2º. Lugar	Elegância e estilo 38%	Senso de humor 82%
3º. Lugar	Senso de humor, romantismo e um ninho de amor secreto 32%	Elegância e estilo, criatividade e boa higiene pessoal 73%

Fonte: Zerbini (2014, p. 134)

De uma forma geral, os dados expressos no quadro 2 exibem uma nítida diferença entre o número de escolhas feitas por homens e mulheres. Cabe então a pergunta: As mulheres praticamente não escolheriam... para serem escolhidas? Uma síntese deste grupo, pela prevalência entre mulheres e homens, seria a procura por características físicas como a boa higiene pessoal, a elegância e o estilo, bem como a criatividade como característica de personalidade do parceiro.

Quadro 3. *O que me atrai* (36-45 anos)

Escolhas	Mulheres	Homens
1º. Lugar	Boa higiene pessoal 43%	Senso de humor 79%

2º. Lugar	Senso de humor 38%	Discrição e sigilo, imaginação e boa higiene pessoal 77%
3º. Lugar	Criatividade 36%	Criatividade 74%

Fonte: Zerbini (2014, p. 136)

Poderíamos caracterizar este grupo como imbuídos na busca por parceiros que tenham a higiene pessoal como característica física, e o senso de humor e a criatividade como caracteres de personalidade.

Quadro 4. *O que me atrai* (46-60 anos)

Escolhas	Mulheres	Homens
1º. Lugar	Saber se comunicar 62%	Discrição e sigilo 71%
2º. Lugar	Imaginação 54%	Não usar drogas e boa higiene pessoal 67%
3º. Lugar	Senso de humor, pessoa com muito tesão, boa higiene pessoal 50%	Senso de humor 65%

Fonte: Zerbini (2014, p. 140)

A síntese dos representantes desta faixa etária, homens e mulheres, seria por parceiros com boa higiene pessoal (aspectos físicos) e com senso de humor quanto à personalidade.

Ao finalizarmos este primeiro bloco, podemos considerar que o que atrai homens e mulheres presentes no site de infidelidade estudado, com idades entre 25 e 60 anos, é a boa higiene pessoal e o senso de humor do parceiro.

Os mais jovens (25 a 35 anos) também valorizam a elegância e o estilo; os de 36 a 45 anos desejam que o parceiro seja criativo. Já os usuários entre 46 e 60 anos nos proporcionam temas que, apesar de não serem escolhidos por homens e mulheres igualmente, como saber se comunicar, pessoa com muito tesão e não usar drogas, favorecem a reflexão e inspiram novas possibilidades de pesquisas.

Quadro 5. *O que prefiro na intimidade* **(25-35 anos)**

Escolhas	Mulheres	Homens
1º. Lugar	Gosto de fazer sexo oral, Longas preliminares 43%	Gosto de fazer sexo oral 95%
2º. Lugar	Muito beijo na boca, carinhos e abraços 40%	Gosto de receber sexo oral, muito beijo na boca 86%
3º. Lugar	Banheira com espuma para dois 38%	Compartilhar fantasias 73%

Fonte: Zerbini (2014, p. 142)

A síntese deste grupo inclui o desejo de sexo e de afeto: fazer sexo oral e muito beijo na boca.

Quadro 6. *O que prefiro na intimidade* **(36-45 anos)**

Escolhas	Mulheres	Homens
1º. Lugar	Gosto de fazer sexo oral 66%	Gosto de fazer sexo oral 92%

2º. Lugar	Longas preliminares 61%	Gosto de receber sexo oral, Muito beijo na boca 87%
3º. Lugar	Gosto de receber sexo oral 58%	Carinhos e abraços 82%

Fonte: Zerbini (2014, p. 144)

Nesta faixa etária a preferência de homens e mulheres se complementa na intimidade. Referem-se à busca pela reciprocidade, fazer e receber sexo oral. Podemos pensar que alguns encontros ocorram dentro de limites claros e desejados por ambos, isto se os participantes realmente declararem o que desejam.

Quadro 7. *O que prefiro na intimidade* (46-60 anos)

Escolhas	Mulheres	Homens
1º. Lugar	Muito beijo na boca 62%	Gosto de fazer sexo oral, Muito beijo na boca 81%
2º. Lugar	Gosto de fazer sexo oral 58%	Gosto de receber sexo oral, Longas preliminares 79%
3º. Lugar	Longas preliminares, Falar sacanagem 54%	Carinhos e abraços 75%

Fonte: Zerbini (2014, p. 145)

Gostaríamos de acreditar que esteja ocorrendo uma mudança no padrão da sexualidade centrada na genitalidade, presente na juventude, para a sexualidade do jogo e da exploração sensual, a sexualidade centrada no erótico, nesta fase. Temos como representativas desta faixa etária as escolhas pelo afeto – muito beijo na boca; pelo sexo – gosto de fazer sexo oral; e pela fantasia – longas preliminares.

Ao final deste bloco percebemos que algo em comum permeia as três faixas etárias aqui exploradas: gostar de fazer sexo oral. Alguns aspectos as distinguem: (1) A faixa dos 25 aos 35 anos parece preferir sexo e afeto na intimidade, ao passo que a faixa seguinte (36 aos 45 anos) deseja a reciprocidade no sexo oral; (2) A faixa dos 46 aos 60 anos prefere intimidade, afeto, sexo e fantasia – parecem ser os mais exigentes deste grupo.

Considerações finais

Percebemos que o desejo pela infidelidade principia muito antes da inscrição em um site de infidelidade. A simples inscrição pode provocar sentimentos dolorosos no cônjuge, pois aspira-se buscar outro, desejar outro que não o parceiro; abre-se uma disposição para eventualmente substituir o outro na relação. Ao mesmo tempo, a excitação provocada pelas fantasias geradas pelas inúmeras possibilidades de encontros, que o site promete, faz a adrenalina permanecer elevada. A infidelidade é uma ambivalência em si: ao mesmo tempo em que magoa e destrói a autoestima e confiança do parceiro, proporciona um inegável prazer vivido na relação extraconjugal.

Dentre todos os matizes escolhidos para a construção de nosso "eu amoroso", a sustentação de nossa ambivalência nos torna vulneráveis pela existência destes dois sentimentos antagônicos: a necessidade de segurança em um relacionamento e a excitação de uma nova conquista.

É na ambivalência que percebemos o sucesso dos sites de infidelidade. Enfatizando a manutenção da relação assentam-se no hiato entre a segurança do casamento e a possibilidade de novas e intensas emoções. Asseguram o contato sem compromisso, garantem a discrição e o sigilo, expõem depoimentos de sucesso e possuem facilidade de acesso, além de fomentar o fascínio de infinitas possibilidades de prazer.

As características escolhidas na confecção do perfil favorecem o investimento da sedução, portanto escreve-se somente o que se deseja que o outro saiba a seu respeito, enaltecem-se as qualidades, ocultam-se os defeitos e idealiza-se o ser buscado.

A intimidade construída sobre a base da idealização, mediada pelos perfis, é suficiente para desfocar a realidade: o que passa a valer é a imagem que o outro tem a meu respeito, e a imagem que recebo do outro deverá se encaixar no desejo idealizado. A imagem criada não necessita de privacidade, ela se transforma a cada interação, é parte daquela relação. Anonimato, confidencialidade, autonomia e privacidade são preocupações para os pesquisadores.

Ao finalizar este trabalho percebemos que o papel representado pelos sites de infidelidade "colabora" na manutenção dos antigos códigos conjugais quando investe romanticamente na manutenção da relação estável, proporcionando emoções prazerosas e excitantes instantâneas. Poderíamos finalizar com outra canção de Vinícius: "São demais os perigos desta vida, pra quem tem paixão", e é na internet que pode estar a próxima paixão.

Referências

COSTA, R.; COSTA, F. "Infidelidade na Internet". *Revista Isto É*, 2.206, 16 fev. 2012. Disponível em: <http://istoe.com.br/191181_INFIDELIDADE+NA+INTERNET/>. Acesso em: 03 mar. 2017.

ILLOUZ, E. *O Amor nos Tempos do Capitalismo*. Rio de Janeiro. Ed. Zahar, 2011.

NETO, J. A. S.; MOSMANN, C. P.; LOMANDO, E. *Relações Amorosas e Internet*. São Leopoldo: Sinodal, 2009.

ZERBINI, M. I. S. *Infidelidade: O Virtual Invade a Conjugalidade: o Que Buscam os Usuários dos Sites de Infidelidade*. São Paulo: Pontifícia Universidade Católica de São Paulo (Tese de Doutorado).

21
Onde vocês se conheceram? A busca amorosa mediada por aplicativos para *smartphones*

Lígia Baruch de Figueiredo
Rosane Mantilla de Souza

Por isso quando ouvi que tua voz repetia
"Virás comigo", foi como se desatasses
dor, amor, a fúria do vinho encarcerado.
(Paulo Neruda)

No Ocidente, vivemos séculos de casamentos arranjados pelas famílias, até nos acostumarmos à ideia de que o que nos mobiliza a formar um casal é o amor, e não os interesses sociais, políticos ou religiosos. Mas, onde encontramos o amor? Na pracinha, na escola, no trabalho, no ônibus, na praia, na festa... na internet. É cada vez mais frequente que os dispositivos tecnológicos sejam o intermediário na formação, manutenção e mesmo rompimento de vínculos amorosos e conjugais, mas ainda são poucos os que afirmam confortavelmente: "*nos conhecemos na internet!*".

Na contemporaneidade, a *web* se tornou uma via fundamental de contatos sociais. As redes digitais cresceram de maneira exponencial e fazem parte do cotidiano de um número imenso de pessoas. É fácil imaginar que, como consequência, houve um incremento dos encontros iniciados *on-line*.

E, à despeito do mito de que quem o faz é um "incompetente amoroso", as informações internacionais indicam o contrário: estas relações têm qualidade, duração e vêm se tornando cada vez mais frequentes, independentemente de classe social, sexo, faixa etária ou orientação sexual (BRYM; LENTON, 2001; HITSCH, HORTAÇSU; ARIELY, 2010; HOGAN; LI; DUTTON, 2011; CACIOPPO *et al.*, 2013; SMITH; DUGGAN, 2013; BORROW, 2014).

Com o advento das tecnologias móveis conectadas à rede, a busca amorosa tornou-se ainda mais fácil e prática. Na era da mobilidade, grande parte dos indivíduos é portador de um smartphone. Conectados uns aos outros de forma permanente e ubíqua, a busca amorosa via aplicativos tornou-se um desdobramento natural da convivência diária com os *smartphones*.

Seguindo uma linha do tempo, os encontros amorosos que tiveram seu início nas salas de bate-papo – os *chats* da década de 1990 – migraram para os *sites* e hoje acontecem, principalmente, via aplicativos para *tablets* e *smartphones*.

Os celulares transgrediram a relação inicial com a internet por serem capazes de incluí-la nos espaços públicos, trazendo à tona a noção de "espaços híbridos", não mais a separação entre espaços físicos e digitais (DE SOUZA E SILVA, 2006). Nós não *entramos* mais na internet, praticamente vivemos nela. Os aplicativos para aparelhos móveis tornaram-se, nos últimos anos, uma alternativa aos *sites* de namoro *on-line*. Parecem fazer mais sucesso devido à facilidade, rapidez de uso e maior segurança. O funcionamento é simples: basta entrar no aplicativo por meio da Apple Store ou pelo Google, e permitir seu *login* na conta do Facebook; o serviço cria uma lista automática com os amigos de seus contatos do Facebook, que sejam do sexo e orientação sexual de seu interesse e estejam inscritos no aplicativo. Quando aparece um perfil que agrade, clica-se nele, caso a outra pessoa também se interesse e clique, aparecerá um aviso de *match* para os dois usuários, que poderão iniciar um contato.

Aplicativos tais como o Tinder, Flert e Kickoff, que, aliados ao gigante Facebook, se utilizam da lista de amigos da rede social para localizar possíveis parceiros sexuais ou namorados, investem na aparente vantagem e segurança de se lidar com pessoas conhecidas pela lista de amigos virtuais, e não com desconhecidos.

Apps para sexo e namoro são lançados em todas as partes do mundo. Sexo se fala, se digita, se vende, não só se faz. Na contemporaneidade a lógica de mercado chegou ao amor. O que se procura, existe para vender e encontra-se pelo Google. Na busca amorosa mediada por aplicativos é possível observar uma curiosa mistura de capitalismo afetivo, ideais românticos atualizados e a vivência da *sexualidade plástica*, desvinculada das necessidades reprodutivas e focada no prazer (GIDDENS, 1993).

Em tempos de internet, a sexualidade plástica, o relacionamento puro, o amor confluente (GIDDENS, 1993), assim como o conceito de orientações íntimas (BOZON, 2004) se aplicam bem aos tipos de relacionamentos que podemos encontrar por meio do ambiente virtual. Liberdade de escolhas, erotismo, romance, jogo, velocidade, enfim, a possibilidade de múltiplas vivências de acordo com a orientação íntima de cada um.

A chegada dos aplicativos para encontros com sistema de geolocalização, que primeiro fizeram sucesso entre o público homossexual masculino, hoje ampliou-se para o público heterossexual. Encontros puramente sexuais, até pouco tempo atrás pareciam fazer parte do repertório considerado exclusivamente masculino, seja heterossexual ou homossexual. Com os aplicativos, essa prática é ampliada para o universo feminino. A vivência de uma sexualidade recreativa, desvinculada de um compromisso, para grande parte das mulheres ainda é uma experiência transgressora que traz sentimentos contraditórios, momentos de culpa, outros de liberdade e prazer.

Com os aplicativos as mulheres têm a possibilidade de se transformar em caçadoras, e a pergunta é: por que não? O senso comum pode alegar que "caçar" é comportamento de homem, que dessa forma elas se masculinizam, se desvalorizam enquanto mulheres e tornam-se "galinhas". Bem, a partir de uma visão tradicionalista e naturalizante das diferenças entre os sexos, sim. Mas a partir de qual visão de mundo estamos tentando enxergar esse fenômeno?

A compreensão a partir de uma visão mais atual e democrática das relações entre homens e mulheres só é possível, a nosso ver, por meio do olhar sobre as questões de gênero. Kimmel (2013) compreende *gênero* como um conceito relacional e não estático, como algo que os seres humanos *fazem*, e não algo que eles *têm*. Em nenhum outro aspecto das nossas vidas íntimas, aparecem tão expressivamente as diferenças de gênero, quanto nos nossos relacionamentos amoroso-sexuais.

Por meio dos estudos críticos de gênero dos autores Connell (2002) e Kimmel (2004, 2013) compreendemos de que maneira a lógica tradicional masculiniza o desejo e feminiza o amor exigindo padrões opostos para homens e mulheres. Elas têm que cuidar da reputação, eles têm que provar que são homens. O padrão sexual para as mulheres ainda é minimalista: poucos parceiros, poucas posições, pouco prazer, pouco sexo sem compromisso emocional (KIMMEL, 2013).

Os aplicativos para encontros podem favorecer uma flexibilização dos padrões estereotipados e rígidos de gênero. Trazem uma lógica mais ativa de encontros para homens e mulheres e, com a introdução dos geolocalizadores nos *smartphones*, podem priorizar os que estão por perto, que moram ou circulam pela região ou bairro em que se vive, favorecendo os rápidos encontros sexuais. Essa mudança faz sentido num contexto de vida urbana e de agendas lotadas, pois quanto mais perto a outra pessoa estiver, mais rápido e prático poderá ser o encontro.

O aplicativo Tinder se insere nestas características. Foi criado em 2012 nos Estados Unidos, chegou ao Brasil em agosto de 2013 e rapidamente tornou-se muito popular em terras brasileiras. Conhecido como um aplicativo de "azaração" para fins unicamente sexuais, no entanto, mostrou-se muito mais versátil. Abordaremos suas possibilidades de uso a seguir.

Em pesquisa que buscou identificar possibilidades diversas de uso de aplicativos para encontros e compreender como a tecnologia está sendo apropriada na vida de mulheres adultas não casadas – solteiras, viúvas ou separadas – identificamos (FIGUEIREDO, 2016) três estilos de uso de aplicativo para encontros que servem à diferentes propósitos. Os estilos identificados foram: o *curioso*, o *recreativo* e o *racional*. Nesta pesquisa as mulheres entrevistadas foram nomeadas de Tinderelas numa alusão à princesa romântica dos contos de fada.

As Tinderelas são mulheres urbanas, com alto nível educacional e cultural. Elas trabalham, viajam, têm uma vida cheia de atividades e são adeptas das tecnologias de última geração, à exemplo dos aplicativos de busca amorosa para *smartphones*. Vivem conectadas ao mundo e na rede. São solteiras ou separadas e estão em busca de parceria amorosa. Observamos que as Tinderelas podem variar de estilo de uso dos aplicativos de acordo com o momento de suas vidas. Eventos tais como férias ou fim de um relacionamento afetam o estilo de uso dos aplicativos.

O estilo *curioso* é exploratório, por isso mesmo é o estilo inicial escolhido por muitas mulheres. Quando neste estilo elas não fixam objetivos claros, sabem principalmente o que *não gostam* e *não querem* numa parceria. Experimentam muitos aplicativos, conversam com muitas pessoas diferentes, mas falam pouco de si. Podem ser mais ativas, no sentido de "puxar conversas" ou mais passivas, numa preferência maior pela observação, sem iniciativas de contato. O estilo *curioso* funciona como uma boa estratégia de preservação da intimidade, quando ainda se está na dúvida sobre o uso do aplicativo.

Neste estilo há maior recuo na autoapresentação e autorrevelação que faz muito sentido quando a pessoa se encontra numa postura mais "evitativa", como no final de um relacionamento difícil, por exemplo. Quando há o receio de sofrer de novo, pode-se ficar muito tempo só no estilo de uso *curioso*, como sinalizado por uma Tinderela entrevistada na pesquisa *"[...] se chegasse alguém perto de mim que falasse alguma coisa que eu não gostasse eu não queria nem ouvir o resto"*. No entanto, quando recebiam *feedbacks* positivos de suas fotos, algumas mulheres abriam-se para novas experiências e em alguns casos se encontravam presencialmente com pessoas que conheciam via aplicativos. Estes encontros presenciais resultavam, por sua vez, em boas conversas, amizades, namoros, noivados ou, na pior das hipóteses, desapareciam de forma rápida e quase indolor.

O segundo estilo identificado, o *recreativo*, alude à imagem de jogar, brincar, mais próxima à ideia de leveza e diversão. Conhecer pessoas para se divertir, viver emoções e novidades é a tônica deste estilo de uso.

No estilo *recreativo* a Tinderela já dominou o funcionamento do aplicativo e não sente mais medo de encontros. Está com a vida preenchida de amizades, de trabalho ou de viagens, por isso não aparenta ansiedade na busca amorosa. Este estilo de uso está mais de acordo com o padrão culturalmente caracterizado como masculino (KIMMEL, 2013), pois a vivência de encontros puramente sexuais é admitida juntamente com encontros para fins de namoro e amizade, tudo depende do momento de vida e da vontade na "hora".

No estilo *recreativo*, há chances de maior empoderamento feminino, por meio do agenciamento do próprio desejo, e também de maior autoconhecimento por meio de um padrão sexual "maximalista": com muitos encontros e muitas experiências. Há também maior presença de conversas com pessoas de diferentes idades e níveis socioeconômicos. Esse estilo de uso recreativo possibilita uma ampliação da rede de contatos: *"[...] entrei porque era um catálogo, era divertido, e eu saí com vários caras na sequência, foram dois meses que eu saia quase toda semana com um diferente"*.

Quando suficientemente seguras, Tinderelas recreativas conseguem revelar-se paulatinamente, aprofundando o contato somente à medida que o outro dá sinais claros de estar fazendo o mesmo. Os relacionamentos geralmente fluem, pois têm menos ansiedade quanto ao abandono, já que o que desejam é, principalmente, diversão.

Nesta pesquisa, levantou-se a hipótese de que o estilo recreativo exija certa dose de segurança pessoal para ser adotado com resultados positivos para a autoestima da Tinderela. Enquanto as mais autoconfiantes sentem-se poderosas e exercem seus direitos à liberdade de escolhas, as menos confiantes apresentam dilemas de gênero: *"Por que, que raios, na semana passada eu fui sair com um cara de 26 anos?! Rsrsrs. Gente, eu tenho 36 anos, um cara de 26 que nem se formou ainda, pelo amor de Deus!"*.

O dilema surge quando a presença de comportamentos mais sexualmente ativos esbarram na crença tradicional de que *"isso não leva a lugar nenhum"*. Trazendo a reboque o medo de que esse comportamento interfira em seu propósito de encontrar uma relação para compromisso. O mesmo dilema: prazer *versus* propósito, já identificado por Kimmel (2013) em universitárias norte-americanas.

O terceiro e último estilo encontrado, o *racional*, tem um objetivo claro: encontrar um bom namorado com intuito de casar e formar família. O aspecto que mais chama a atenção neste estilo é a presença de uma racionalidade que se assemelha muito à uma entrevista profissional, mesclada ao antigo ideal romântico. A utilização de palavras dos meios corporativos confirma essa impressão: *"Pelo Tinder e pelo WhatsApp a gente tinha conversado por 3 horas e eu tinha sido aprovada, passei para a próxima fase, entrevista presencial, exatamente igual..."*.

No estilo *racional* que é também o mais r*omântico*, a conexão de almas típica do ideário romântico, surge em versão mais assertiva e tecnológica e a ordem de gênero é sustentada justamente por essas crenças românticas.

O cupido sabe muito bem aonde "deve" mirar sua flecha, com isso a crença popular que diz que "o amor é cego à razão" cai por terra.

Pessoas mais ansiosas, ou em momentos de vida específicos, como mulheres acima dos 35 anos que desejam ter filhos, tendem a preferir o estilo racional, pois esse vai direto ao ponto.

Além dos três estilos de uso identificados, foram também observadas algumas mudanças trazidas pelos aplicativos às relações românticas contemporâneas. Dentre elas está a maior exposição, quantidade e velocidade dos encontros.

A partir de nossa pesquisa, pudemos concluir que os aplicativos trazem um aspecto mais amplificador do que transformador às relações amorosas. O ideário romântico continua presente com algumas atualizações, dentre elas ressalta-se a presença da cultura terapêutica, observada por meio da crença: conhecer-se para desenvolver-se, do priorizar-se, de um linguajar terapêutico e da ideia menos romântica de relacionamento como *negociação*, *investimento* e *construção*.

Observou-se ainda a crença na tecnologia e na racionalidade para uma melhor seleção de parceiro. "Informação é poder", o Facebook e o Google funcionam como recursos de checagem de informação. A partir destes procedimentos de confirmação de dados acontece o processo de eliminação ou de continuidade do contato com os possíveis candidatos.

Os aplicativos de busca amorosa de maneira geral refletem os comportamentos tipificados de gênero da nossa sociedade, mas também facilitam a emergência de comportamentos sexuais femininos mais ativos e revolucionários, principalmente no estilo de uso *recreativo*.

Os aplicativos são meios que podem facilitar o agenciamento do próprio desejo por parte de algumas mulheres, pois buscar uma parceria, mesmo sem a certeza do encontro, pode favorecer a sensação de controle sobre a própria vida amorosa e sexual. A sensação de controle e agenciamento da própria vida amorosa pode minimizar o risco de possíveis frustrações.

Essa cultura contemporânea moldada pelas mídias digitais, mais individualista, racionalista e voltada para o prazer, impacta as buscas amorosas e sexuais, principalmente de homossexuais e mulheres heterossexuais, pois passam a preponderar critérios de escolha mais pessoais que dependem menos do entorno social para acontecer.

Antes vistos como perigosos, os aplicativos agora podem ser considerados como uma "nova balada de encontro" mais prática e segura do que as festas convencionais. Uma balada em que as primeiras interações acontecem sem a presença de bebidas alcóolicas, no conforto de casa ou em qualquer outro lugar em que se esteja, e ainda com a possibilidade de se checar informações via Facebook, antes de dar prosseguimento à interação face a face. Estes aplicativos de encontros facilitam o flerte também para o público acima dos 35 anos, mais ocupado e menos contemplado com locais de "azaração" para não adolescentes.

Concluímos que este é um momento histórico no qual: tecnologia; amor e sexo; questões de gênero; e consumo, se misturam, trazendo novas maneiras de se relacionar. E é justamente *a busca*, e não necessariamente *o encontro*, o aspecto mais inovador trazido pelos aplicativos de encontros à vida das Tinderelas contemporâneas, as verdadeiras heroínas da nossa estória romântica hipermoderna.

Referências

BORROW, B. *More than a Pretty Profile. Exploring the Social Norms and Technical Affordances that Shape and Mediate Identity Performance on Tinder*. Utrecht: Utrecht University, 2014 (Tese de Mestrado).

BOZON, M. *Sociologia da Sexualidade*. Rio de Janeiro: FGV, 2004.

BRYM, R. J.; LENTON, R. *Love Online: A Report on Digital Dating in Canada*, 2001. Disponível em: <http://www.nelson.com/nelson/harcourt/sociology/newsociety3e/loveonline.pdf>. Acesso em: 10 ago. 2015.

CACIOPPO, J. T. et al. *Marital Satisfaction and Break-ups Differ Across On--line and Off-line Meeting Venues*. Santa Monica, CA; Boston, MA: Department of Psychology, Center for Cognitive and Social Neuroscience, University of Chicago; Gestalt Research and Department of Epidemiology, Harvard University. Disponível em: <http://www.pnas.org/cgi/doi/10.1073/pnas.1222447110>. Acesso em: 10 ago. 2015.

CONNELL, R. W. *Gender*. Cambridge: Polity Press, 2002.

DE SOUZA E SILVA, A. *From Cyber to Hibrid: Mobile Technologies as Interfaces of Hibrid Spaces*, 2006. Disponível em: <https://www.tvdigital.

files.wordpress.com/2008/09/mobile-2006-adriana-silva.pdf>. Acesso em: 15 maio 2015.

FIGUEIREDO, L. B. de. *Tinderelas: Busca Amorosa por Meio de Aplicativos para Smartphones*. São Paulo: Pontifícia Universidade Católica de São Paulo, 2016 (Tese de Doutorado em Psicologia Clínica).

GIDDENS, A. *A Transformação da Intimidade: Sexualidade, Amor e Erotismo nas Sociedades Modernas*. São Paulo: Editora Unesp, 1993.

HITSCH, G. J.; HORTAÇSU, A.; ARIELY, D. *What Makes You Click? Mate Preferences in Online Dating*. Chicago: University of Chicago Booth School of Business, 2010, p. 1-37.

HOGAN, B.; LI, N.; DUTTON, W.H. "A Global Shift in the Social Relationships of Networked Individuals: Meeting and Dating Online Comes of Age". *Me, My Spouse and the Internet Project*. Oxford: Oxford Internet Institute, University of Oxford, 2011.

KIMMEL, M. S. *The Gendered Society*. Oxford: Oxford University Press, 2004.

_____. *The Gendered Society*. 5. ed. Nova Iorque: Oxford University Press, 2013.

SANTAELLA, L. *A Ecologia Pluralista da Comunicação*: Conectividade, Mobilidade, Ubiquidade. São Paulo: Paulus, 2010.

SMITH. A.; DUGGAN M. *Online Dating Relationships* (2013). Disponível em: <http://www.pewinternet.org/files/old-media/Files/Reports/2013/PIP_OnlineDating 202013>. Acesso em: 4 nov. 2014.

22
Você tem Facebook?
Parabéns, você é tiozão

Rosane Mantilla de Souza
Boris B. Keiserman

A introdução das tecnologias de informação e comunicação alteraram e continuam alterando a vida cotidiana e os relacionamentos interpessoais. Se antes "entrávamos na internet" em computadores de mesa, grandes e pesados, atualmente, podemos estar *on-line* em qualquer lugar público ou privado via os, já considerados antigos, *laptops*, ou por meio dos *tablets* e *smartphones*, cada vez mais populares. Estamos sempre conectados e não há mais sentido em falarmos de mundo virtual e mundo real.

Os hábitos de ação e consumo se modificaram porque compramos, pagamos contas, fazemos declaração de imposto de renda, procuramos hotéis, fazemos pesquisa acadêmica e um sem número de coisas, via internet. Mas agora, também podemos, facilmente, nos expressar e nos relacionar por meio de *blogs*, *fotoblogs*, *sites* pessoais ou profissionais e fazer parte de redes sociais, ou seja, ter uma vida na internet usando-a para nos encontrar com pessoas com quem compartilhamos informações sobre nossa vida pessoal, trabalho, lazer.

O Facebook é um exemplo de rede social, uma das muitas plataformas de interação social disponibilizadas na internet. "Por meio delas, somos capazes de contatar outras pessoas, trocar mensagens, imagens ou outros contatos por via de texto, imagens, vídeos ou links para outras páginas na internet" (KEISERMAN, 2012, p. 18). O Facebook é a rede social mais usada no Ocidente, destacando-se por ser mais do que uma rede que conecta pessoas, permite ao usuário acessar a muitos outros aplicativos interativos.

Com o lema "conectá-lo às pessoas a seu redor", o Facebook, lançado em 4 de fevereiro de 2004, de fato, transformou o que significa redor. Em outubro de 2014 atingiu a marca de 1 bilhão de usuários espalhados por todo o planeta. No último bimestre de 2015 este número já era de 1,591 bilhões de usuários que o acessam ao menos uma vez ao mês (STATISTICA.COM, 2015).

Criado em um quarto estudantil da Universidade de Harvard, a história do Facebook e seus fundadores[1] é por si só um exemplo de novos tipos humanos: jovens, inteligentes, grande capacidade de domínio de tecnologia de informação e comunicação, alguma desadaptação social associada e um retumbante sucesso econômico. Quando foi criado, tinha como público alvo os estudantes da própria Universidade de Harvard; expandiu-se a outros estudantes universitários, depois para alunos de ensino médio e foi crescendo.

Nos seus primeiros tempos, os usuários tinham um perfil assemelhado ao de seus criadores. Jovens e/ou estudantes que criavam um persona *on-line* cujas postagens os mostravam sempre felizes e fazendo coisas extremamente interessantes. Exibiam-se e avaliavam como seus iguais estavam se comportando, como forma de balizamento da personalidade ainda com contornos em definição, e para a construção de nichos de pertencimento. Não que não se faça isso hoje. Mas seria este apenas o público atual do Facebook?

Dados da Pew Research Center - Internet, Science & Tech, instituição de pesquisa de alta respeitabilidade acerca do comportamento de usuários de internet, e sob cujos dados numéricos nos basearemos ao longo deste texto, indicam que 3,3 milhões de norte-americanos com idade entre 13 e 17 anos saíram do Facebook, acompanhados de outros 3,4 milhões de usuários com idade entre 18 e 24 anos, de 2011 a 2014, enquanto 12,4 milhões de pessoas de mais de 55 anos entraram, o que significa um aumento de 80,4%. O êxodo continua. Ou seja, o Facebook envelheceu. Como funciona hoje?

Ainda há poucos estudos sobre as diferenças de ação dos grupos etários, mas também têm surgido diferenças associadas a gênero e status conjugal. Embora a idade seja apenas um fraco indicador do desenvolvimento psicológico, dado que as pesquisas tratam dela, procuraremos indicar aqui como o Facebook funciona diferentemente ao longo da adolescência e vida adulta.

Os resultados acerca da população norte-americana em 2014, permite-nos perceber que a distribuição etária dos usuários é hoje muito diversificada.

---
1 Mark Zuckerberg, Eduardo Savenin, Dustin Moskovitz e Chris Hughes.

Cada vez mais, gente mais velha está no Facebook. Assim, 16% dos usuários têm entre 18 e 24 anos, 41% têm entre 25 e 44 anos, 33% entre 45 e 64 anos e 10% mais de 65 anos. Sob esta distribuição, que podemos intuir ser semelhante em nosso país, pais, filhos e avós se encontram no Facebook.

Há similaridades e diferenças entre estas pessoas. Em todas as idades há usuários muito frequentes, casuais e infrequentes, bem como todos os tipos de personalidade e tendências ideológicas. A estrutura da rede, o que e como se faz têm sutilezas de diferenças.

Considerando o número de contatos, isto é, "amigos", este é bem maior entre os mais jovens. Segundo dados de 2013, a média de amigos dos usuários entre 18 e 29 anos é de 300 indivíduos, declina à 200 entre 30 e 49 anos, depois para 75, entre 50 e 64 anos e chega à média de 30 contatos entre os usuários com mais de 65 anos. É difícil pensar que adultos e idosos se relacionam com tão poucas pessoas, o que ocorre é que suas redes pessoais (a soma de todos os seus contatos significativos), está e não está nas redes sociais.

A estrutura da rede composta pelos usuários depende não somente do número de contatos estabelecidos por ele, mas também de como os seus contatos estão ligados entre si e com outros usuários da rede.

Segundo pesquisa de Keiserman (2012) o número de contatos no Facebook é de menor importância. Muitos "amigos" tendem a gerar a formação e manutenção de laços sociais fracos. Tais laços são caracterizados pelo pouco contato entre os membros fora da rede, além disso, a plataforma ajuda indivíduos a manterem contato com pessoas que têm pouco em comum, veem-se pouco ou são meramente conhecidos casuais. Os laços fortes, por sua vez, são mantidos dentro e fora da rede, são laços de amizades fortes, laços românticos e familiares para os quais a manutenção se dá primordialmente fora do âmbito da internet. Assim, os muitos amigos de Facebook dos mais jovens tem funções e significados diversos do número menor indicado pelos mais velhos, porque suas motivações são diversas, envolvendo menos o fortalecimento de laços fortes do que a ampliação de contatos e a possibilidade de experimentar novos papéis.

As pessoas com menos de 25 anos usam o Facebook para enviar mensagens, para conversar, compartilhar eventos e marcar encontros. O nível de postagem e atualizações é alto, bem como a prática de comentar e reenviar postagens dos outros. Tendem a usar o Face como indicador do delineamento da própria identidade. Também utilizam mais os jogos e aplicativos disponibilizados.

O que cabe destacar é que na adolescência e mesmo entre adultos jovens, a demanda com o eu e a busca de redefinir contornos separados da família de origem é central. As redes sociais permitem estar em contato contínuo e diversificado com amigos e com uma cultura pop, ganhando destaque o significado de socialização e construção identitária por meio delas (SOUZA, 2016). Em pesquisa brasileira (TIC KIDS ONLINE BRASIL, 2014), dos participantes com idade entre 15 e 17 anos, 93% afirmaram ter visitado um perfil em sua rede social na última semana e 73% postaram fotos, vídeos e músicas.

O jovem usuário de redes sociais, mais do que os mais velhos, cria para si uma *persona* online que, mesmo refletindo suas angústias e desejos, edita a personalidade buscando maior impacto sobre seu discurso. Tal impacto pode vir na forma de aceitação, polêmica, aumento do número de contatos, promoção de melhoria na sua reputação, aumento de popularidade ou até causar um impacto negativo em um terceiro.

Para os jovens, na atualidade, as redes sociais são um sistema de referenciamento de identidade poderoso, funcionando tanto para favorecer a saúde mental em situações de transição psicossocial – por exemplo, a entrada na Universidade – quanto como ameaça, como é o caso do *cyberbullying*. Podemos perceber que são também os usuários mais jovens (18 a 29 anos) que vivenciam maior assédio na rede (*bullying*) ou acerca da composição de sua rede. Recebem com maior frequência o pedido para excluir alguém de sua rede social, ou pedem a alguém para fazê-lo. A solicitação é mais frequente por parte de amigos e em segundo lugar de parceiros amorosos.

O grupo de 25 a 44 anos, que provavelmente compõem-se extensivamente dos primeiros usuários da Facebook, são seus mais fiéis usuários, talvez porque tenham uma rotina e vida social associada a ele. Sua atuação é mais próxima a dos grupos mais jovens do que dos mais velhos, no que diz respeito à demanda de postagem, mas, ao contrário deles, é atualmente o grupo mais discreto no que se refere a exposição. Segundo dados obtidos na Pew Research Center (2013) podemos perceber que são o grupo que percentualmente mais reclama das pessoas que expõem coisas ou fotos deles sem pedir permissão, ou que comentam postagens ou pressionam para o comentário de postagens de conteúdo pessoal. Agora, tendo família e carreiras, também são contrários a exposição de filhos e preservam a vida profissional.

O ritmo de uso do grupo de 25 a 44 anos parece decorrente do momento de vida e uma pessoa pode estar ausente por determinados períodos e postar intensamente em outros. McAndrew e Jeong (2012) verificaram também diferenças de gênero e status. As mulheres gastam mais tempo no Facebook, têm mais amigos por meio dele e postam mais fotos para administrar a própria imagem do que os homens. O *status* (solteiro, comprometido, casado), impacta a atividade no Facebook dos homens, mas não das mulheres. Observamos também que mudanças no *status* alteram a frequência, tanto no sentido de informar, quanto buscar apoio.

Segundo McAndrew e Jeong (2012), o grupo de 25 a 44 anos se assemelha aos mais velhos no que se refere a manter atividades familiares via Facebook. Por meio dele, também podem manter amizades que por outro meio se extinguiriam.

Os mais velhos tendem a ser neófitos e usuários de ocasião. Criam um perfil devido a motivações específicas, registrando-se para manter contato com familiares e amigos ou mesmo para encontrar amigos e amores perdidos ao longo da vida. Tendem à um uso mais passivo, menos frequente e por lapsos de tempo mais breves. Suas atividades são menos voltadas a postagens do que a comentar ou "gostar e desgostar" das postagens alheias. Quando mais ativos, como os jovens, usam mais aplicativos e jogos. Dominam menos os instrumentos de privacidade.

De fato, a segurança e privacidade, têm se tornado um dos focos centrais das discussões sobre a internet e particularmente das redes sociais. Dey, Jelveh e Ross (2012) avaliaram a tendência à privatização de perfil de mais de um milhão de nova-iorquinos tendo identificado que, em março de 2010, somente 17,2% dos usuários usavam instrumentos de privacidade; quinze meses depois, a taxa aumentara significativamente e 52,6% deles só compartilhavam suas informações pessoais em listas específicas. Foi observado também que na faixa etária dos 25 aos 44 anos, havia a maior tendência a estabelecer restrições no compartilhamento de informações, tanto de perfil quanto de postagens, do que entre as pessoas mais velhas. Os autores afirmam que a atenção da mídia frente ao redesenho do Facebook, no que se refere à privacidade, era o fator mais impactante neste crescimento. Acreditamos que a situação é mais complexa.

Podemos considerar que o que define o uso da plataforma é, em primeiro lugar, a apropriação dela mesma: o quão adaptado o usuário está com as ferramentas disponíveis ali. Um usuário, que ainda não esteja acostumado com as diferentes possibilidades dentro do Facebook, não tem o total controle das diferentes ferramentas e pode, por exemplo, não fazer uso adequado das preferências de privacidade. Em segundo lugar, devemos considerar que o domínio dos instrumentos *on-line*, como um todo, é mais fácil para os mais jovens do que para os mais velhos. Com isso, o que se observa é que os primeiros fazem uso da privacidade por meio dos instrumentos do próprio Facebook, enquanto os mais velhos preservam-se à moda antiga, restringindo a postagem de conteúdos entendidos como privados.

A contraparte disso é considerar que os adolescentes se expõem muito e querem exposição por um lado, e estão deixando de usar o Facebook, por outro. No início de 2015, apareceram muitas manchetes em jornais e *sites* de que "O Facebook é coisa de velho". Pois é! A aderência ao Facebook, bem como ao Twitter, entre os mais jovens, vem declinando em prol de outras redes ou instrumentos mais "desconhecidos" ou ágeis, como por exemplo o Tumblr, Snapchat e o Instagram (MAGRID.COM, 2014).

Qualquer pessoa que declare ter mais de 13 anos pode fazer seu registro no Facebook. Violando os termos de serviço do próprio site, o levantamento realizado no Brasil (TIC KIDS ONLINE BRASIL, 2014) indica que 75% dos participantes com 11 e 12 anos de idade tinham perfil em rede social. À despeito disso, os adolescentes, entram no Facebook apenas se seus amigos também o fazem, caso contrário, já partem para as outras redes.

A causa da imigração dos adolescentes é alegada como a ausência de privacidade, mas não no sentido de falta de segurança, mesmo porque, segundo dados brasileiros, a maioria deles sabe mudar a configurações de perfil de privacidade (TIC KIDS ONLINE BRASIL, 2014). Eles querem ter privacidade, também no sentido antigo do conceito, ou seja, ter preservado o que fazem e suas interações com seus amigos, dado que seus pais, avós, professores e outro adultos estão lá, e eles não podem excluí-los, sem consequências. Para um adolescente, expor-se é causar impacto nos iguais, e para isso precisam estar longe dos adultos, além disso, não tem nenhuma graça sua mãe comentando como você está lindinho naquela foto, na frente de todo mundo!

Desde o início da expansão tecnológica, muito se discute sobre seu perigo da tecnologia dominar a vida humana, tanto quanto que os mercados iriam determinar o modo de viver. Mas, o que vemos é um caminho de ao menos, mão dupla. Frente a um novo artefato tecnológico, as pessoas têm que se adaptar a ele, mas, com o uso, elas delimitam como este funcionará e para quê.

Os programadores do Facebook propuseram-se a torná-lo um ponto central na vida dos usuários. Para alguns, realmente ele é um organizador centralizado de contatos sociais, além de fornecer acesso a uma série de eventos, quer se seja ou não convidado a eles; é fonte de informações do cotidiano, de notícias de dentro e de fora da rede, de amigos diretos, amor, trabalho e entretenimento em uma só plataforma.

Como mostramos, é fato que o Facebook envelheceu. A maior parte de seus usuários são pessoas que têm família, trabalho e problemas específicos para muito além do lema "conectá-lo às pessoas a seu redor", ou ser o centro de suas vidas. Elas cada vez mais fazem dele, o que precisam.

Se você for imigrar, ou for imigrante brasileiro, encontrará grupos de todo o tipo: brasileiros em Bogotá, na França, brasileiros mundo afora... A pertinência e a troca nestes grupos pode facilitar a adaptação, diminuir o isolamento social e favorecer tanto a integração em novos países, quanto a manutenção dos vínculos com o próprio.

Se você tem uma doença, ou um filho com qualquer demanda especial, encontrará orientação, pertinência, apoio, em grupos de e para quase tudo. Iguais com os quais trocar experiências, ajuda mútua e interação com outros pacientes, o que favorece melhor agenciamento de adoecimento, diminui o isolamento, gera mais autonomia na relação médico-paciente. O Facebook tornou-se um instrumento de promoção de saúde.

Há muito mais do que pessoas no Facebook. Há todo o tipo de instituição. Das universidades aos grandes hospitais, da Organização Mundial de Saúde, aos bazares de móveis usados, tudo pode ser encontrado. Mais facilmente do que por meio alguns dos buscadores da internet em geral, e frequentemente comentado ou indicado por alguém em quem você confia. Com uma população maior do que a da Índia, o segundo país mais populoso do mundo, e com apenas 12 anos, o Facebook não é um adolescente e não serve mais apenas para autoexposição, para "causar" ou se divertir.

Referências

DEY, R.; JELVEH, Z.; ROSS, K. "Facebook Users Have Become Much More Private: A Large-Scale Study". *In: 2012 IEEE International Conference on Pervasive Computing and Communications Workshops, PERCOM Workshops, 2012*, p. 346-352.

KEISERMAN, B. B. *Significados das Mensagens Publicadas no Mural do Facebook: Uma Análise Temática*. São Paulo: Pontifícia Universidade Católica de São Paulo, 2012. (Dissertação de Mestrado em Psicologia Clínica). Disponível em: <https://tede2.pucsp.br/handle/handle/15208>. Acesso em: 05. jun.2016.

MAGRID, 2014. Recuperado de: <http://www.magid.com/sites/default/files/pdf/20141230MagidSocialMediaStudy2014Overview.pdf>

MCANDREW, F. T.; JEONG, H. S. "Who Does What on Facebook? Age, Sex, and Relationship Status as Predictors of Facebook Use". *Computers in Human Behavior*, 28: 2359-2365, 2012.

PEW RESEARCH CENTER - INTERNET, SCIENCE & TECH. Recuperado de: <http://www.pewinternet.org/search/?query=age%20diference%20facebook%20users>.

SOUZA, R. M. "Família e Comunicação: os Desafios do Século XXI". *In:* PINTO, E. V-C; PERAZZOLO, J. R.; SILVA, M. A. M. (Org.) *Família: Patrimônio da Humanidade*. São Paulo: Quartier Latin, 2016, p. 177-196.

TIC KIDS ONLINE BRASIL 2014. *Pesquisa sobre o Uso da Internet por Crianças e Adolescentes no Brasil*. São Paulo: Núcleo de Informação e Coordenação do Ponto BR. Brazilian Network Information Center e Centro Regional de Estudos para o Desenvolvimento da Sociedade da Informação - Cetic.br, 2014. Disponível em: <http://cetic.br/media/docs/publicacoes/2/tic-kids-online-2013.pdf>. Acesso em: 11 out. 2018.

VII
PSICOLOGIA NA CONTEMPORANEIDADE

23
Entre a criação e a destruição de mundos: a sobrevivência do analista como metáfora ilusória da (in)consistência egoica do paciente

Nadja Nara Barbosa Pinheiro

Partindo da escuta clínica psicanalítica, propõe-se uma reflexão sobre um tipo específico de sofrimento psíquico frequente na atualidade. Indicando que esse adoecimento se refere a uma problemática relativa ao Ego em exercer sua função mediadora entre corpo, psique e realidade externa, inicia-se pelo estudo das considerações freudianas sobre a passagem do autoerotismo ao narcisismo, para nela destacar como a paradoxal ambivalência dos investimentos pulsionais indica a necessidade de existência de um movimento capaz de ultrapassar a potência destrutiva implícita no processo de constituição egoica. Nesse sentido, a noção forjada por Winnicott em torno da "sobrevivência do objeto" é tomada como ponto de interlocução na compreensão desse paradoxal processo. Finaliza-se propondo que, na condução do trabalho clínico, a sobrevivência do analista se configura como metáfora ilusória da (in)consistência egoica do paciente.

Em uma tarde de trabalho cotidiano, aguardava Julia, em meu consultório, para sua sessão semanal. Duas horas se passaram até eu receber um telefonema no qual ela justifica sua falta. Relata que, ao longo do caminho para a análise, havia sentido dores intensas que a fizeram desviar de seu trajeto e se encaminhar ao hospital. Lá chegando, o médico, embora ainda não soubesse exatamente o que se passava, aventara duas hipóteses: cálculo renal ou biliar. Alguns dias se passaram até Julia chegar para sua próxima sessão e me dizer, sorrindo, que estava grávida. Informa, ainda, que, desta constatação, brotaram a angústia e o medo que Julia justifica por meio de suas dúvidas em poder desempenhar, a contento, as funções maternas.

Destaco alguns aspectos desse episódio clínico que me parecem dignos de atenção. O fato das dores de Julia se intensificarem ao longo de seu caminho para a análise me parece indicativo de que uma questão estava sendo endereçada a mim, sua analista. Endereçamento que se fazia sob a égide da relação transferencial por meio da qual a paciente me solicita compartilhar consigo uma experiência, atual, com a qual estava encontrando dificuldades em lidar. Segundo, a percepção de que o primeiro contato dessa jovem mulher com a gravidez tenha sido efetuado por meio de um estranhamento intenso e doloroso o qual tomou duas vias de expressão: a corporal (dores fisiológicas) e a psíquica (angústia e medo).

Tomarei esses dois aspectos, destacados no caso de Julia, como modelos paradigmáticos de uma observação que venho alcançando por meio do trabalho clínico, nos últimos anos. Neste, a escuta analítica vem me oferecendo indícios sobre a ocorrência de um tipo de sofrimento psíquico que me parece ser decorrente de uma certa fragilidade do Ego em lidar com vivências que requerem uma disponibilidade corporal, psíquica e afetiva intensa, tais como a gravidez, a amamentação, o envelhecimento, os adoecimentos orgânicos. O fato de que a saída encontrada, pelos pacientes, para lidar com essas tarefas vivenciais seja a de recorrer, simultaneamente, ao corpo (desordens fisiológicas) e ao psiquismo (afetos penosos) me permite indicar que tal problemática se situa nos processos que sustentam e constituem a trama instituída entre corpo/psique a partir da qual o Ego se organiza e assume suas funções, sobretudo, mediadoras.

Partindo dessas percepções, na presente oportunidade, focalizarei, inicialmente, as postulações freudianas sobre os processos que sustentam a passagem, no desenvolvimento da sexualidade, do estágio do autoerotismo àquele do narcisismo. Passagem na qual, segundo o autor, ocorre a superação da fragmentação corpórea em prol da emergência de uma sensação de integração egoica que se efetua, prioritariamente, a partir de duas direções:

a potência pulsional emergente no bebê e o investimento libidinal dos pais em seu filho.

Destaco que, como bem observa Freud, levando-se em conta a característica ambivalente das forças psíquicas, as organizações delas resultantes portam, paradoxalmente, tanto a conjunção quanto a disjunção, a ligação e o desligamento, a construção e a desconstrução, a integração e a desintegração. Nesse sentido, se a passagem do autoerotismo ao narcisismo se sustenta sobre esse paradoxo, ela coloca em risco, simultaneamente, a consistência do Ego e das figuras parentais. Razão pela qual, tomarei a noção forjada por Winnicott sobre "sobrevivência do objeto" como ponto estratégico para a compreensão de que dependerá dessa sobrevivência as possibilidades de sobrevivência do Ego em seus mais variados matizes de (in)consistência e, em decorrência, suas possibilidades de exercer a função mediadora.

Ao final de minha exposição, retornarei, brevemente, ao atendimento de Julia para situar que, na clínica, os pacientes endereçam, ao analista, um apelo em prol de sua integração egoica e que dependerá da capacidade do analista em sobreviver às investidas amorosas/agressivas de seus pacientes, as possiblidades destes se tornarem mais autônomos para lidarem com as difíceis tarefas que o viver inexoravelmente impõe.

Do autoerotismo ao narcisismo: percursos da fragmentação à sensação de integração

Sabemos que a noção singular sobre sexualidade edificada por Freud (1914a, 1986) se iniciou pelo trabalho clínico que o autor desenvolveu com pacientes neuróticos. Sua refinada escuta o encaminhou à hipótese de que a etiologia das neuroses se situava sobre um conflito que girava em torno de questões sexuais. O fato de Freud perceber o fundamento sexual do conflito edípico, portanto da neurose, o obrigou a definir, em sua proposição, a especificidade de "sexual". Para tal, apoiando-se sobre uma referência à biologia, Freud (1905, 1986) destacou a existência de duas forças básicas no homem: a autopreservação (fome) e a preservação da espécie (sexualidade). O interessante é que ao desdobrar seus argumentos, o autor tenha produzido, sobretudo, uma ruptura com a perspectiva biológica e naturalista, para inserir a sexualidade no campo das relações humanas.

Nesse trajeto, inicia sua argumentação pela apresentação da "norma biológica" que entende a sexualidade como um instinto que surge na puberdade, a partir da atração que pessoas de um sexo exercem sobre pessoas do sexo oposto objetivando a união dos genitais que levariam ao gozo e à procriação de forma a assegurar a preservação da espécie. No entanto, a observação da vida sexual cotidiana, e o relato que seus pacientes fazem sobre esta, levaram Freud (1905, 1986) à percepção da existência de inúmeros "desvios" em relação à essa suposta "norma", quer seja em relação ao seu objeto (pessoas do sexo oposto) quer seja em relação ao seu objetivo (reprodução e conservação da espécie).

O entendimento de que o objetivo da sexualidade seja o de alcançar o prazer, por meio da utilização de diferentes atividades e de diferentes objetos, indicou a Freud que, em termos de sexualidade não há norma natural que a encaminhe da fonte (excitação) ao objeto, entendido como elemento por meio do qual atinge-se o objetivo (prazer). O que implica que esse caminho será estabelecido ao longo da história singular de cada sujeito, a qual proverá uma parcial organização ao indeterminado da pulsão. Razão pela qual, o autor tenha iniciado todo um trabalho de apreensão sobre os modos de organização da excitação sexual desde o mais tenro início da vida.

Para compreender esse processo, Freud (1905, 1986) toma a atividade do chuchar com deleite como protótipo. Propõe, então, que ao nascer, o bebê necessita ser alimentado para sobreviver. A excitação da fome impõe um estado de urgência que o leva a abocanhar o seio e dele retirar o alimento necessário à nutrição. A repetição contínua dessa atividade nutricional introduz um tipo de prazer que não se relaciona com a nutrição e pelo o qual o bebê começa a ansiar, mesmo quando não está com fome. Ao excluir a função de nutrição, a atividade rítmica prazerosa se torna sexual. Freud (1905, 1986) destaca que nessa atividade encontram-se as características principais da sexualidade infantil: ser autoerótica, isto é, concentrar-se na obtenção do prazer sem levar em conta qual o objeto que a permite; apoiar-se em uma necessidade vital para dela se dissociar; estabelecer-se em torno de uma zona (local do corpo) em que um certo tipo de estímulo produz uma certa qualidade de prazer. Partindo desse princípio, o autor propõe que qualquer parte do corpo pode se constituir uma zona erógena, na medida em que sua estimulação produza uma sensação de prazer sensual.

O autoerotismo, primeiro modo de organização pulsional, se apresenta, assim, como modos de obtenção de prazer, em torno de zonas erógenas dispersas que marcam e mapeiam um corpo fragmentado. Vemos aqui, que o corpo, nesse estágio de constituição psíquica primitiva, ainda que não constitua uma unidade, já se apresenta como uma construção subjetiva, como uma membrana sobre a qual a energia pulsional circula. Uma energia que porta, de forma ambivalente, a ligação (erotização) e o desligamento, posto que, uma vez a excitação encontre o escoamento, o objeto que proporcionou esse movimento é abandonado. Acontecimento este que, em termos psíquicos, significa que o objeto foi destruído. Creio que não seja à toa, portanto, que Freud (1914b, 1986) se questione sobre qual seria a força capaz de superar o circuito mortífero da erotização/destruição de forma a suplantar a fragmentação corpórea relativa ao estágio do autoerotismo em prol da construção de uma unidade corporal que opera a emergência de uma sensação de singularidade denominada Ego.

Nessa trajetória, a psicopatologia da psicose se mostra como fundamental ao apresentar, a Freud (1911, 1986), um movimento egoico distinto daquele existente na neurose. Nas psicoses, o Ego é posto sob suspeita e se fragiliza e se desorganiza. Analisando o adoecimento de Schreber, o autor observa que diante de questões sobre a sexualidade e a legalidade, o paciente começa a perder os contornos de seu Ego, iniciando, a partir daí, um processo intenso de desorganização que o remete à vivência do estado de fragmentação corporal relativa à fase autoerótica da organização da sexualidade por meio das sensações de que estaria perdendo partes de seu corpo: intestinos, nervos e cérebro. A decomposição do corpo é acompanhada de uma sensação de derrocada do mundo externo indicando a Freud que a fantasia de fim de mundo, apresentada pelo paciente, representa a derrocada de seu mundo interno. Uma ameaça de esfacelamento extrema que requer um movimento extremo de recomposição. Em Schreber percebemos que a saída construída pelo paciente para "re-unir" seus pedaços corporais e "re-construir" seu Ego estilhaçado tenha sido a de produzir um investimento maciço em si próprio: um delírio de grandeza forte o suficiente para exercer uma função "re-organizadora" que encaminha o paciente rumo à recuperação de sua saúde. Freud

(1914b, 1986) destaca, então, que esse movimento de investimento maciço no Ego, evidente por meio do delírio de grandeza presente na paranoia, indica o caminho do processo comum a todos os seres humanos ao longo da passagem do autoerotismo ao narcisismo. Ou seja, Freud, nesse texto, percebe, nessa força de união do delírio, um equivalente à força de união imposta pelo investimento narcísico que os pais efetuam sobre seus filhos de tal forma que, diante de um corpo-fragmentado, instaura-se um Ego-unificado, o qual se torna, a partir daí, o reservatório primordial e ponto distribuidor da energia libidinal. Motivo pelo qual, Freud (1914b, 1986) demonstrará, detalhadamente, nesse texto, a centralidade da função mediadora do Ego não apenas na neurose e na paranoia, mas também, na melancolia, na hipocondria, no adoecimento orgânico e nas escolhas amorosas.

Nesse sentido, destaco os principais elementos para a minha argumentação na presente ocasião. Primeiro, o fato de que o mais remoto modo de organização da sexualidade (o autoerótico) se estabelece a partir da contribuição de dois polos: a tensão imposta pelas necessidades vitais do bebê que o impele a algo e a ação da mãe no atendimento dessas necessidades e no consequente alívio das tensões. A erotização pulsional do corpo-fragmentado resulta do encontro entre essas duas linhas: esforços do bebê e da alteridade. Em segundo lugar, se o circuito pulsional autoerótico é marcado pela destrutibilidade, a passagem para o narcisismo (e a consequente emergência do Ego) suplanta o circuito mortífero autoerótico em prol de uma emergente sensação de integração e unidade. Movimento que Freud (1915, 1986) identifica como relativo à passagem de um corpo fragmentado a um Ego-prazer "purificado". Percebendo que Freud não esclarece claramente essa noção, Green (2010) propõe que podemos entender que Freud indique tratar-se de um processo de "purificação" da destrutividade inerente ao circuito da erotização de forma a manter integrada a fragmentação. Na trilha dessa indicação de Green, na minha opinião, as contribuições de Winnicott sobre os estágios primitivos do desenvolvimento emocional, centradas em torno da ideia de "sobrevivência do objeto", nos auxiliam a compreender como se dá esse processo de ultrapassagem (purificação) da destrutividade em prol da manutenção de uma sensação de integração egoica.

Sobrevivência do objeto: o fundamento ilusório da (in)consistência egoica

Partindo de um pensamento paradoxal, Winnicott (1952, 1975) introduz as funções exercidas pelo ambiente/objeto no seio dos estudos acerca da constituição subjetiva. Ao formular, diante da Sociedade de Psicanálise Britânica, a tese segundo a qual aquilo que denominamos de bebê não existe, posto que quando vemos um bebê vemos, na verdade, uma mãe segurando um bebê, o autor condensa seu posicionamento a respeito da questão (KHAN, 2000). Para Winnicott (1952, 1975), se por um lado, nos primórdios da constituição subjetiva, o bebê não possui recursos psíquicos para armazenar cognitivamente suas vivências, por outro lado, há uma rede ambiental que sustenta a possibilidade de que essas vivências ocorram e sofram um processo paulatino de catalogação, memorização, temporalização, espacialização, simbolização. Em sua opinião, essa rede é formada por todas as experiências, fantasias, expectativas, ideais culturais dos genitores (e de todos aqueles que os antecederam) que se conjuram na construção de um lugar singular a partir do qual um bebê é concebido, gestado e acolhido ao nascer.

Dessa forma, ainda que, ao nascer, a mãe seja o primeiro ser humano com quem o bebê trava seus primeiros contatos, a rede/ambiente a sustenta no desempenho de suas funções. Razão pela qual, para Winnicott (1945, 2011), o desenvolvimento emocional será o resultado do encontro entre duas linhas distintas: por um lado o potencial ao amadurecimento de cada bebê e, por outro, as condições ofertadas pelo ambiente para que esse amadurecimento ocorra. Situando as coisas dessa forma, Winnicott (1989, 2013) proporá um entendimento para a ultrapassagem do potencial destrutivo implícito no circuito alucinatório do desejo que inclui de forma ativa a rede ambiental que o sustenta.

Em sua proposição, o autor parte do princípio freudiano de que pelo lado do bebê, há a emergência de um impulso em direção a algo/objeto que aplaque seu estado de excitação. Esse impulso inclui em seu bojo a potência agressiva necessária para o abocanhamento e a sucção do seio, assim como a ingestão do leite. Por seu turno, a mãe possui a capacidade de produzir leite e o desejo de oferecer seu seio para aplacar a fome de seu bebê. No desempenho de suas funções a mãe é auxiliada tanto pelo fato de se encontrar em um momento de desenvolvimento emocional adequado (preocupação materna primária[1]) assim como pela rede ambiental que a suporta. Ambos os fatores confluem de forma a permitir que a mãe sustente o encontro de seu bebê com seu seio para que esse encontro se configure como o primeiro contato que o bebê estabelece com a realidade externa. Para tal, faz-se necessário que ambos vivam, em conjunto, uma experiência compartilhada, isto é, uma experiência de ilusão. Ilusão que em termos winnicottianos significa que o bebê tenha a sensação que o seio apareceu devido a seus próprios esforços, e que a mãe sinta que ela ofereceu exatamente aquilo que seu bebê precisava naquele momento. Nesse sentido, o autor frisa que, nesse movimento, seja necessário percebermos que, paradoxalmente, o seio, é um objeto alucinado/desejado (criado), isto é, pertencente à realidade interna, e, simultaneamente, real (encontrado), isto é, pertencente à realidade externa (WINNICOTT, 1952, 1975).

Importa salientar que, que no plano das sensações, esse "encontro/criação" com/do o objeto, provê ao bebê uma gama de material (cheiros, gostos, texturas, temperaturas, sons, imagens, sensações sensitivas) que poderá ser, por ele, evocada em seu próximo estado de excitação e de eclosão do processo alucinatório. Tal material comporá a malha subjetiva do bebê, na medida em que ele continue a alucinar (desejar) o seio, e a mãe continue a oferecer material a ser usado pelo bebê, sustentando as vivências e experiências de ilusão. Fato que determina que a construção do mundo interno se enriqueça com o material ofertado pelo mundo externo. Material que ao ser organizado de forma subjetiva, constitui o campo das fantasias primitivas indicando um modo de relação com o objeto "criado/encontrado", inicialmente, onipotente e mágico (WINNICOTT, 1945, 2011).

No entanto, Winnicott percebe que deverá haver um processo que permita ao bebê ultrapassar esse modo mágico e onipotente (portanto, destrutivo) de se relacionar com os objetos criados/encontrados. Em sua proposição, tal ultrapassagem se inicia pelo fato do objeto real não se encaixar exatamente e completamente no objeto/desejado/ alucinado. Há sempre uma decalagem, um lastro, um desencaixe, uma diferença entre os dois. E será justamente essa não identificação total aquilo que possibilita a ultrapassagem de uma relação objetal onipotente e mágica, em prol do encontro de uma relação objetal percebida como real. Interessante perceber que, por meio de

---

1   Winnicott (1956, 2000)

seu pensamento paradoxal, Winnicott (1952, 1975) esteja indicando que a ultrapassagem do circuito mortífero do desejo se estabelece por duas linhas contraditórias. Por um lado, ele é dependente de uma ilusão que o seio alucinado é o mesmo que o seio real. Por outro lado, é necessário que ocorra um processo de "desilusionamento" a partir do qual se inscreve a percepção da existência de uma diferença entre os dois. O importante será que o bebê vá, gradativamente, adquirindo a capacidade de fazer a integração/distinção entre seio/alucinado/criado e seio/real/encontrado. Um processo que, segundo o autor, permitirá que o bebê vá, progressivamente, enlaçando e separando as realidades interna e externa. Nesse movimento, o autor aponta que dois elementos são fundamentais: que o impulso erótico siga retornando (isto é, que a satisfação não beire à plenitude de forma a apagar o desejo e, com isso, aniquilar o objeto – e consequentemente o próprio sujeito) e que a mãe permaneça apresentando o seio e com esse gesto continue sustentando a experiência de Ilusão. Para tal, o autor (1989, 2011) destaca a necessidade de que, entre a destruição e a criação/encontro, o objeto sobreviva à sua própria destruição. Nesse sentido, a sobrevivência do objeto situa-se como condição primordial para a consolidação tanto do mundo interno quanto do externo, ou seja, tanto do sujeito quanto da alteridade.

Objetivando melhor esclarecer esse movimento, o autor fornece o exemplo de dois bebês mamando ao seio. O primeiro, no qual não há, ainda, uma distinção entre ele e o seio, o bebê alimenta-se de si mesmo e não pode tirar proveito de seu potencial agressivo pois, destruir o objeto significaria destruir a si mesmo dada a indiferenciação entre os dois. O segundo bebê, pelo fato de já ter sido construída uma membrana limitadora entre ele e o seio, pode agir sem piedade e preocupações com os efeitos que seu potencial agressivo produzirá sobre o seio. Nesse momento, os modos por meio dos quais o ambiente maneja o agir impiedoso do bebê serão derradeiros para a ultrapassagem da destrutividade aí implícita. Pois, na medida em que, a criação do objeto passa por sua destruição, ao sobreviver, o objeto oferece recursos ao sujeito para consolidar sua criação, suportar sua destruição (afastamento) e perceber sua existência como "outro-diferente-de-si", ao "re-encontrá-lo" inúmeras vezes. Nessa sequência, destruição/sobrevivência/criação-encontro, Winnicott (1989, 2011) entende a instituição do contorno necessário à destrutividade em prol da emergência e sustentabilidade dos mundos interno e externo, uma vez que o objeto sobreviva à sua própria destruição e permaneça lá, o tempo que for necessário, sendo destruído (em fantasia) e sobrevivendo (em realidade). Importa assinalar que Winnicott (1989, 2011) destaca que utilizou a palavra "destrutividade", para caracterizar esse movimento fundamental, não por um suposto poder destrutivo natural inerente ao impulso primordial do bebê, mas pela possibilidade do objeto não sobreviver a seu impacto.[2] Ou seja, nesses momentos primitivos do desenvolvimento subjetivo, a destruição não possui um carácter intencional, mas de sua ação e da sobrevivência do objeto, dependem a construção da experiência de ilusão, que sustenta os processos de diferenciação Eu-Não/Eu, assim como sustenta a criação/encontro da externalidade. Um movimento, portanto, que define a (in)consistência do Ego e dos objetos de investimento que se veem, assim, alocados fora da área de onipotência destrutiva para se inscreverem na área compartilhada da existência na qual a vida coletiva pode proceder.

Considerações finais

O exercício da escuta psicanalítica, ao longo dos últimos anos, tem me possibilitado a circunscrição de uma problemática clínica específica em torno de um sofrimento psíquico peculiar à contemporaneidade: a dificuldade evidente apresentada por alguns pacientes em lidar com vivências que convocam de forma intensa o corpo, os afetos e o psiquismo. Levando-se em consideração a trajetória clínico/teórica de Freud, que nos permite entender que o Ego seja a instância psíquica entronizada para proceder a mediação entre esses três elementos, destaquei a passagem, no processo de desenvolvimento sexual, do estágio do autoerotismo ao narcisismo para nela desvelar as condições de possibilidades que confluem para a organização egoica. A partir desse estudo, propus cernir que tanto no movimento de mapeamento corporal, sustentado sobre a marcação das zonas erógenas, quanto no movimento de integração em prol da emergência de uma sensação da singularidade, sobre a qual o Ego delimita suas fronteiras e instaura seu nível de

---

[2] Em outro trabalho procurei demonstrar como uma análise da teoria winnicottiana sobre a agressividade conduziu o autor à abertura de um diálogo com a teoria pulsional freudiana a partir do que pude traçar importantes interlocuções entre impulso primitivo agressivo e pulsão de morte (PINHEIRO, 2016).

consistência, concorrem os investimentos do bebê e do ambiente que o gesta e o acolhe ao nascer.

A partir dessas considerações, creio que dois níveis de questões se impõem. Por um lado, somos encaminhados à reflexão dos modos por meio dos quais as funções parentais estariam sendo exercidas, na atualidade, de forma a favorecer a emergência de tal tipo de sofrimento psíquico. Isto é, o que a percepção da fragilidade egoica estaria denunciando sobre os modos por meio dos quais os laços sociais estariam se estruturando atualmente e se transmitindo intergeracionalmente?[3]

Por outro lado, em termos clínicos, sabemos que as questões de cada paciente são endereçadas ao analista no eixo da transferência/contratransferência. Nesse sentido, em relação ao sofrimento psíquico, aqui tratado, o analista é convocado a sustentar o trabalho clínico a partir da ambivalência pulsional que tende, paradoxalmente, à constituição e a desconstrução do vínculo transferencial/contratransferencial. À guisa de exemplificação, explicitando esse movimento, Julia, ao longo de sua gravidez manteve suas sessões agendadas, embora as faltas a essas tenham se tornado muito frequentes. Interpretei essas recorrentes faltas como um modo encontrado pela paciente de me fazer "esperar" por ela, enquanto ela "esperava" por seu filho. Situação que, por um lado, me colocava, amorosamente, no lugar de sua mãe e, identificatoriamente, em seu próprio lugar: uma mulher em espera. Por outro lado, tal movimentação, me situava, hostilmente, no lugar de um analista sem paciente, impedido de exercer seu trabalho, destituído de sua função. Na direção de um manejo clínico, a partir da ambivalência implícita, optei por manter o agendamento das sessões e a posição de espera. Com essa decisão, minha proposição é a de que seja função do analista sustentar essa tensão contraditória em prol da "purificação" do espaço clínico. Purificação da potência destrutiva que poderia pender para a destruição do espaço clínico, mas da qual, paradoxalmente, sua criação é dependente. Ou seja, sustento que sobre o fio da navalha destruição/criação, a sobrevivência do analista se apresenta como o manejo possível frente os movimentos agressivos/eróticos que lhe são endereçados, via transferência, por seus pacientes.

---

3 Promovi uma reflexão sobre esses dois elementos tomando como ponto de sustentação para minhas argumentações as ideias de Freud e Winnicott sobre a construção da subjetividade e de Foucault sobre as sociedades disciplinares e seus modos peculiares de exercer as modulações de controle subjetivo. (Pinheiro, 2017)

Com essa posição, o analista pode abrir espaço para a sustentação da tensão pulsional e paradoxal em prol da abertura de novas formas de singularização desatreladas das cadeias de repetição mortíferas. Em minha opinião, assim como Freud sugeriu que a fantasia de fim de mundo seria uma metáfora da derrocada do mundo interno, a noção winnicottiana sobre a "sobrevivência do objeto" nos encaminha para a percepção de que a ilusão, instaurada no paciente, de que o analista sobrevive aos efeitos de seu potencial agressivo/erótico, se manifesta como metáfora da (in)consistência de si próprio. Em última instância, portanto, seria isso que permitiria a manutenção do trabalho clínico para além da ameaça de seu esfacelamento.

Referências

FREUD, S. "A História do Movimento Psicanalítico"; "Pulsões e Destinos das Pulsões"; "Sobre o Narcisismo, uma Introdução". *A História do Movimento Psicanalítico, Artigos sobre Metapsicologia e outros Trabalhos* (1914-1916). Trad. J. Salomão. Rio de Janeiro: Imago, 1986 (Obras Psicológicas Completas de Sigmund Freud, 14).

_____. "Notas Psicanalíticas sobre um Relato Autobiográfico de um Caso de Paranoia (Demência Paranoides)". *O Caso Schreber, Artigos sobre Técnica e Outros Trabalhos*. Trad. J. Salomão. Rio de Janeiro: Imago, 1986 (Obras Psicológicas Completas de Sigmund Freud, 12).

_____. "Três Ensaios Sobre a Teoria da Sexualidade". *Um Caso de Histeria, Três Ensaios sobre a Sexualidade e Outros Trabalhos* (1901-1905). Trad. J. Salomão. Rio de Janeiro: Imago, 1986 (Edição Standard Brasileira das Obras Psicológicas Completas de Sigmund Freud, 7).

GREEN, A. *Pourquoi les Pulsions de Destruction ou de Mort?* Paris: Ithaque, 2010.

KHAN, M. "Introdução". In: WINNICOTT, D. W. *Da Pediatria à Psicanálise*. Rio de Janeiro: Imago, 2000.

PINHEIRO, N. "Winnicott e a Radicalização do Conceito de Pulsão de Morte: Sobre a Positividade da Destrutividade e a Inexorabilidade do Conflito. *In:* M. CARDOSO; A. Holanda. (Orgs.). *Psicanálise e*

Fenomenologia: Estudos e Pesquisas Clínicas. Curitiba: Juruá, 2016, vol. 1, p. 33-45.

_____. "Sim? Existo dentro do meu corpo? Considerações Psicanalíticas sobre o Sofrimento Psíquico na Contemporaneidade". *In:* PERES, R.; HIASHIMOTO, F.; CASADORE, M.; BRAZ, M. (Orgs.). *Sujeito Contemporâneo, Saúde e Trabalho: Múltiplos Olhares.* São Carlos, SP: EDUFSCAR, 2017, vol. 1, p. 93-110.

WINNICOTT, D. W. "A Preocupação Materna Primária". *Da Pediatria à Psicanálise: Obras Escolhidas.* Rio de Janeiro: Imago, 2000, p. 399-405.

_____. "Objetos Transicionais e Fenômenos Transicionais". *O Brincar e a Realidade.* Rio de Janeiro: Imago, 1975, p. 13-44.

_____. "Primitive Emocional Development". *In:* CALDWELL, L.; JOYCE, A. (Ed.). *Reading Winnicott.* East Sussex: Routledge, 2011, p. 57-69.

_____. "The Use of an Object in the Context of Moses and Monotheism". *In:* ABRAM, J. (Ed.). *Donald Winnicott Today.* East Sussex Routledge, 2013, p. 293-301.

24
Psicologia e espiritualidade

Cecília Célis Altobelli
Cláudia Yaísa G. da Silva
Ivonise Fernandes da Motta
Wellington Heleno da Silva

"Há situações em que o homem pode plantar jardins e colher flores. Há outras situações, entretanto, de impotência em que os objetos do seu amor só existem por meio da magia da imaginação e do poder milagroso da palavra. Juntam-se assim o amor, o desejo, a imaginação, as mãos e os símbolos, para criar um mundo que faça sentido..."
(Rubem Alves, 1999).

O ser humano é um ser em evolução e sua tendência natural é sair do egocentrismo e se desenvolver. Ele tem a necessidade de pertencer a um determinado grupo social, seja a família, a escola, o trabalho e tantos outros. Os sociólogos afirmam que os seres humanos nascem em sociedade e, por sua vez, esta precede todos nós. Desde o nascimento dependemos de outras pessoas para sobreviver, uma criança não conseguiria viver sozinha; quando nasce não sabe os princípios básicos de sobrevivência, tudo está por aprender.

Rubem Alves (1999) nos leva a pensar o ser humano como sendo um animal que é totalmente diferente dos outros animais. Enquanto o animal é o seu corpo, o ser humano tem seu corpo. Não é o corpo que o faz. É ele que faz seu corpo. Ele quer dizer com isso que o ser humano se recusa ser aquilo que lhe foi determinado. O homem tornou-se inventor de mundos, isto é, de cultura, com todos os seus símbolos e edificações. O imperativo da natureza, do corpo, já não tem a última palavra. O homem é capaz até mesmo de ir contra o instinto mais forte, o de sobrevivência; o homem se suicida.

Criamos um mundo, uma sociedade, uma cultura para "domesticar" os nossos instintos. A psicanálise propõe que o homem faz cultura a fim de criar os objetos do seu desejo. O desejo inconsciente do Ego, não importa seu tempo nem seu lugar, é encontrar um mundo que possa ser amado, ser chamado de lar.

Por isso, o processo de socialização é importante. Se tudo começa bem para o bebê, a ilusão é marca de seu início. A ilusão dá boas vindas ao bebê no seu nascimento, nas suas primeiras semanas, nos seus primeiros meses de vida. O bebê inicia criando o mundo. E assim continua criando um viver que contém algo de pessoal, contém algo único e característico seu. A criança com seu mundo particular irá pouco a pouco aprendendo a utilizar das várias experiências de suas identificações cruzadas nos vários grupos de que participa: família, escola, grupos de esporte, grupos de amizade, grupos culturais, grupos de música.

Em 1960, Winnicott apresenta o conceito de identificação cruzada que é a condição de colocar-se no lugar do outro, identificar-se com o outro e de identificá-lo consigo próprio. A socialização tem por fundamento essa capacidade, que sendo ampliada, possibilita a condição de identificação ampla e profunda com a humanidade. O lugar e sentimento de ser um cidadão no mundo. O lugar e sentimento de ser uma amostra da natureza humana no tempo. Um sentimento de pertencimento e de responsabilidade com a história da humanidade, com o mundo, com a tradição, com o futuro.

Ora, esse sentimento de pertencimento e de responsabilidade para com a humanidade, onde todos somos irmãos, se aproxima do que podemos chamar de Espiritualidade, como a espiritualidade cristã, por exemplo, que busca libertar o homem para o amor a si, para o amor ao outro e para o amor a Deus, desenvolvendo um sentimento de irmandade universal. De um modo geral, as diferentes espiritualidades buscam esse mesmo objetivo. Por outro lado, elas também tentam dar uma resposta para os questionamentos acerca do sentido da vida, da nossa existência, do amor, da esperança.

Rubem Alves (1999) vai dizer que afirmar que a vida tem sentido é o mesmo que dizer que o universo conspira ao nosso favor, que algo invisível, um rosto invisível, vibra com nossos sentimentos, sofre a nossa dor, torce por nós, de que tudo está ligado e tem um sentido maior. Em outras palavras, ele está falando da religião, da espiritualidade que tenta dar significados aos nossos mais profundos questionamentos acerca da nossa existência, da nossa morte, da questão de Deus.

Qualquer pessoa que já refletiu sobre sua própria existência e a existência do mundo já sentiu um súbito desconforto como se estivesse à beira de um penhasco olhando assombrado para o infinito abismo da lógica. Todos os dias estamos envolvidos em nossos projetos de vida e afirmamos haver sentido e razão em todos os nossos atos; porém, no fundo temos consciência da estonteante absurdidade da existência.

A este ponto podemos nos questionar como um ser consciente de sua finitude é capaz de criar tantos sentidos para seus atos diante da irredutível insensatez do próprio ato de existir? Há algum desígnio para a existência ou somos apenas um hiato entre dois absolutos nadas?

Fizzotti (1996) diz que já não basta só falar às pessoas sobre suas necessidades frustradas. Elas se sentem realizadas quando conseguem achar um sentido na vida, por meio de escolhas livres e responsáveis. A liberdade é vista como condição interior para a pessoa enfrentar toda situação, mesmo a mais negativa, com a consciência do valor e da dignidade de ser humano.

É importante falar que não se deve identificar pura e simplesmente "religiosidade" com "espiritualidade". Segundo Edênio Valle (2002), de um ponto de vista histórico e cultural, a espiritualidade, durante milênios, se expressou muito associada às religiões, porém algumas experiências de sentido profundo não se identificam com o "sobrenatural" e o "religioso". Ou seja, todas as experiências humanas realmente criativas e profundas — sejam elas positivas ou negativas — propiciam ao ser humano uma oportunidade de exercer sua capacidade espiritual.

Quando falamos em espiritualidade logo nos vem à mente o sentimento de paz interior, que é identificada como um estado de apaziguamento das paixões e dos instintos, como também autoconhecimento e maior domínio de si. Além disso, esse sentimento de paz é também uma busca da construção de um mundo onde haja paz, um sentimento mais ativo de construir um mundo mais justo, unificado, uma consciência global de irmandade. Dessa forma, a paz é uma utopia a ser trabalhada por meio de nossas ações.

A espiritualidade é uma necessidade constitutiva do ser humano. Ela é algo tão básico e elementar como a necessidade de desenvolver uma autoconsciência ou estabelecer relações saudáveis consigo e com os demais seres humanos. A psicologia, como sendo um instrumento que ajuda as pessoas a terem mais consciência de si mesmas para se desenvolverem, pode ter uma intersecção com a espiritualidade enquanto uma busca pessoal de sentido para o existir e agir, unidas à motivação profunda que nos faz crer, lutar, amar e manter a esperança. Rubem Alves (1999) termina o seu livro, *O Que é Religião?*, dizendo que diante das perguntas: "Deus existe?"; "Qual o sentido da vida?"; "O que é a morte?", a alma religiosa responderá: *"Não sei. Mas desejo ardentemente que assim seja, e me lanço inteira, porque é mais belo o risco ao lado da esperança que a certeza ao lado de um universo frio e sem sentido..."*.

Podemos dizer que uma pessoa amadurecida possivelmente traz consigo os sentimentos de paz interior e comunhão com os outros, como acima explicado. Dessa forma, um ateu pode ser uma pessoa espiritualmente rica e uma pessoa religiosa pode ser espiritualmente pobre.

É certo que nem toda espiritualidade é saudável e conduz ao bem. Há certos valores que não levam abertura à vida nem ao crescimento. A psicologia contemporânea tem colocado que o significado de Deus, a imagem de Deus, aprofunda suas raízes nas estruturas mais primitivas do psiquismo, e se configura, deste modo, com uma imensa força para impulsionar o desenvolvimento, o progresso e a maturação do indivíduo, assim como para potencializar ao extremo as forças mais destrutivas do indivíduo ou da coletividade.

Portanto, a psicologia e outras ciências afins, bem como a espiritualidade, têm como desafio libertar o homem de várias amarras que paralisam o seu desenvolvimento e compreender melhor esta humanidade à procura de motivos válidos para crescer e ter esperança!

Psicanálise e pedagogia

A psicologia e a psicanálise têm trazido várias contribuições sobre esse tema. D. W. Winnicott, (1967/1989) pediatra, psicanalista e pensador, marca presença com um olhar esperançoso em relação à natureza humana. Para esse autor, a criança nasce com tendências herdadas para o desenvolvimento, isto é, o ser humano nasce com um potencial para vir a ser. Existe uma tendência para a integração, para a maturação, para a constituição da noção do "eu sou". Isso ocorre em um processo complexo à medida em que a criança experiencia, em suas relações objetais, o atendimento a suas necessidades. O processo de maturação é favorecido ou não pelo encontro ou desencontro com condições favoráveis ao curso de avanço para o desenvolvimento.

Nos primeiros estágios de vida podemos dizer que há a constituição do sentimento de algo que é bom (encontro) e de algo que é sentido como mau (desencontro). Neste sentimento de encontro tem origem a crença na confiabilidade. É isto o que constitui, para Winnicott, a ideia da "bondade originária" que será projetada para fora, constituindo a ideia de Deus.

Em seus escritos, Winnicott, pontua e relaciona a capacidade para "crer em", quando no início houve um ambiente suficientemente bom, que proporcionou o processo de amadurecimento e o possível elemento integrador e gerador de uma estrutura saudável que daria base para o "crer" religioso.

Para esse autor a religião não é ensinada de forma imposta.

As boas experiências iniciais, do encontro amoroso com a mãe, do encontro amoroso com o ambiente, que satisfaz as necessidades do bebê, constituem o tecido básico para as capacidades de confiar, acreditar e a esperança no viver (MOTTA, 2018).

A título de ilustração encontramos na obra de Dom Bosco, o fundador da ordem Salesiana, a preocupação com o fato de que não bastava dar somente instrução religiosa para os jovens, formando o bom cristão. Era preciso ir além, formar integralmente o jovem para que este pudesse assumir na sociedade o lugar de pessoa plena em sua integração.

Dom Bosco foi um pedagogo que revolucionou a maneira de pensar e agir na educação de jovens, desde o século XIX. Ele acreditava que o ato educativo ocorre essencialmente, por meio da relação humana. Seu método ficou conhecido como sendo a Pedagogia do Amor: Sistema Preventivo, que consiste numa tarefa constante de reflexão e de busca para uma ação coerente.

A experiência educativa desenvolvida por Dom Bosco (1815-1888) se prolongou no tempo e no espaço através da ação das comunidades de educadores que a atualizam sempre de forma dinâmica. Portanto, é um estilo de educação, feito de ação e reflexão.

Mais que um tratado de pedagogia, é uma verdadeira obra de arte educativa. Como sistema, representa um conjunto coerente e unitário de teorias e práticas educativas fundamentadas em crenças e valores específicos. Como arte, representa dinamismo, criatividade, sensibilidade, atualidade, recriação constante da vida, toque pessoal e busca de harmonia.

O Sistema Preventivo fundamenta-se numa visão positiva da pessoa humana. Toda pessoa é dotada de racionalidade, de recursos naturais e sobrenaturais e tem um potencial inesgotável de desenvolvimento.

Tem como objetivo ajudar o jovem a promover-se integralmente, em todas as dimensões (somática, psíquica, espiritual), enquanto se relaciona com os outros, com a natureza e com Deus. A educação não se reduz à relação-educador-educando no interior de um processo pedagógico. Ela se insere no processo social, como parte de um todo mais amplo, na sociedade com seu dinamismo e conflitos, afim de promover a mudança social.

A metodologia se baseia na própria convivência dinâmica com os jovens. Esse tipo de convivência educativa se realiza através da assistência-presença do educador. É com a constante presença e proximidade do educador com o educando que se estabelece uma relação de confiança. Sem familiaridade não se demonstra afeto; sem essa demonstração não pode haver confiança. Quem quer ser amado deve demonstrar que ama, *amorevolezza*.

A presença salesiana se identifica pelas atitudes de um ambiente acolhedor, por bondade, alegria e fraternidade, que criam um clima de família, pela alegria. Por meio de uma convivência aproximada e prazerosa, educadores e educandos experienciam a criatividade, a subjetividade, o emocional, o afetivo, a comunicabilidade, o diálogo, a amizade, a alegria de viver.

Dom Bosco também se preocupava com um ambiente que iria ao encontro das necessidades das crianças e jovens. Um ambiente que permitisse ao jovem se exprimir na sua riqueza de comunicação, de expressão, de movimento, de criatividade e de inquietação, até mesmo, de barulho. Através da sua participação em múltiplas práticas e vivências como nos grupos, música, teatro, celebrações, passeios e esportes, festas e associações...

Ele acreditou na potencialidade dos meninos infratores que estavam abandonados pelas ruas. Como Winnicott, entendeu que aquele comportamento antissocial era um pedido de socorro. Lançou sobre eles seu olhar esperançoso e ofereceu um ambiente acolhedor, simples, mas afetuoso e alegre onde puderam entrar em contato com o estudo, a cultura e o ensino profissionalizante.

Quais os caminhos da espiritualidade?

A espiritualidade, como busca de desenvolvimento e construção de algo maior que dê sentido à existência, pode ser identificada nos diferentes grupos sociais e culturais. Até mesmo quando a realidade parece vulnerável, instável e por que não, cruel, é possível encontrarmos indivíduos que conseguem transformar o seu lugar no mundo. Nesse caminho, destacamos os jovens que se dedicam ao movimento do *Hip Hop*, produzindo e divulgando o gênero musical *rap*.

O *Hip Hop* despontou no final da década de 1960 e início de 1970 na região suburbana de Nova Iorque, no bairro do Bronx. Expandiu-se como um movimento artístico-cultural encabeçado pela juventude local, que encontrou na expressão artística um caminho de visibilidade frente à sociedade, de manifestação dos acontecimentos cotidianos e de crítica perante os problemas socioeconômicos vivenciados. Os praticantes desse movimento, denominados *hip hoppers*, são aqueles que procuram "por meio de suas atitudes e expressões artísticas, melhorar a realidade. Essas atitudes caracterizam-se por ações coletivas e individuais que têm por objetivo expor suas ideias e seus ideais" (SOUZA; FIALHO; ARALDI, 2008, p. 16).

No Brasil, esse movimento se tornou mais conhecido a partir do gênero musical *rap*, ascendendo na década de 1980 nos grandes centros urbanos e se estabelecendo com maior força nas periferias da cidade de São Paulo. Os jovens das comunidades que se vinculam ao contexto do *Hip Hop*, seja produzindo rimas musicais, grafitando muros ou criando passos de *break* (dança), de alguma forma encontram nesse movimento um veículo que os interliga à uma noção de irmandade, fiada por contextos históricos e sociais que os aproximam e os unem.

Podemos encontrar alguns jovens *rappers* que dedicaram suas vidas à produção musical, alcançando inclusive reconhecimento nesse meio, tornando-se referências no *rap*. Em geral, as letras do *rap* brasileiras transmitem os acontecimentos cotidianos das periferias, histórias reais vividas e testemunhadas por seus autores e desejos que se agarram à esperança de um futuro melhor.

Dentre esses expoentes no *rap* podemos destacar o compositor Criolo, o qual, na música "É o Teste", evidencia como situações presenciadas nas comunidades, como a pobreza, a desigualdade social e o tráfico de drogas, muitas vezes conduzem os jovens a se associarem a grupos infratores, como uma saída frente às dificuldades econômicas que assolam a vida. Esses elementos podem ser notados nos trechos abaixo:

> [...] Eu já vivi do outro lado, eu tô ligado que é o relento
> Jaílson, Gilmar, Barrão, saudades tenho
> [...] É o teste, é o teste, é a febre, é a glória
> Procure ser feliz, pobreza não é derrota
> É o teste, é o teste, é a febre, é a glória
> Enquanto Deus deixar vou rimar até umas hora
> [...] Vários vão pro saco, na vala não tem vaga
> Criolo aqui é doido e não aceita mancada
> O que penso, família, ainda nela acredito
> Deus abençoe meus pais e fortifique meu espírito

Ao mesmo tempo em que Criolo descortina uma realidade recorrente nas periferias, também não deixa de evidenciar a sua crença na possibilidade de enfrentar esse panorama, lutando contra as adversidades. Para tanto, aponta alguns pilares que parecem sustentar a sua vida – Deus e a família –, estes que surgem como o fio de esperança existente, o recurso que possibilita acreditar em uma perspectiva de futuro positiva.

Esta fé em algo maior, que fortalece a vida e estimula a sustentação do que é essencial para o ser humano, também pode ser identificada na música "Então Toma", do *rapper* Emicida. O cantor evidencia a crença de que lhe foi dada uma missão a ser praticada durante a vida, no sentido de transmitir e compartilhar aos outros o que sente, a partir da edificação de um caminho pessoal que o leva a se apropriar de quem ele é, buscando a autenticidade da sua vivência. Tais aspectos podem sem identificados nos excertos a seguir:

> [...] Deus me fez maior, ele me fez melhor
> e deu uma missão de coração neguim
> Falar o que vejo, o que eu vivo, o que eu sinto
> [...] Eu já quis ser Pablo Escobar, Fernando Beiramar
> Hoje eu quero ser eu só que num melhor lugar
> [...] Tempo passa e a caça não lembra a mim
> De pé com fé, Ogum e Nossa Senhora

A ideia de que a espiritualidade nem sempre vem atrelada a uma doutrina religiosa, fica evidente na canção "A Vida é Desafio", dos Racionais Mc's. O grupo apresenta nesta música a potência do sonhar, do poder acreditar. Mostra um caminho de enfrentamento e superação diante de experiências difíceis permeadas por delitos e marginalidade. Revela como o ser humano pode sustentar dentro de si uma energia que o orienta para a reconstrução do próprio eu, aspectos que podem ser percebidos nos seguintes versos:

> [...] Sempre fui sonhador, é isso que me mantém vivo
> [...] É necessário sempre acreditar que o sonho é possível
> [...] Que a sua família precisa de você
> Lado a lado se ganhar pra te apoiar se perder
> Falo do amor entre homem, filho e mulher
> A única verdade universal que mantém a fé
> Olho as crianças que é o futuro e a esperança
> [...] Eu fui orgia, ébrio, louco, mas hoje ando sóbrio
> Guardo o revólver quando você me fala em ódio
> Eu vejo o corpo, a mente, a alma, o espírito
> Ouço o repente e o que diz lá no canto lírico
> Falo do cérebro e do coração

Nestas músicas, a espiritualidade parecer ser legitimada na busca por um sentido à vida, naquilo que impulsiona o ser humano para a existência, para registrar o seu lugar no mundo, fazendo acontecer. A espiritualidade pode estar na esperança, na fé, no amor, nas produções humanas, nas crenças e em tudo o mais que o indivíduo convoca a ser o elo que liga o ordinário ao transcendente. Este, que por sua vez, pode se tratar do sublime e divino, mas também do melhor que se pode alcançar dentro da existência humana.

Assim, deparamo-nos com as várias ramificações que a espiritualidade pode adquirir, em lugares nunca antes visitados, em caminhos até então desconhecidos. Portanto, somos levados a refletir que a espiritualidade em si tende a estar na singularidade do indivíduo, na forma como experiencia as suas vivências emocionais e ainda nos recursos internos que o conduzem a uma transformação pessoal.

Considerações finais

A psicologia e mais especificamente a psicanálise têm confirmado, cada vez mais, a importância da comunicação quando adentramos a natureza humana. Nesse campo, a cultura, literatura, poesia, pintura, dança, esporte, música, religião intermediam e facilitam a comunicação com o outro. Comunicação com o que costumeiramente denominamos realidade. Desde o que se interliga à nossa realidade subjetiva, quanto o que se refere à realidade objetiva. A qualidade da intervenção do psicólogo, dos pedagogos e dos religiosos junto às crianças, adolescentes, famílias e grupos sociais, pode ser influência decisiva na facilitação do encontro com a capacidade para confiar, acreditar, ter sonhos, capacidade para mudança e encontros criativos na direção de perspectivas de futuro. Em síntese, o encontro com a esperança.

Referências

ALVES, R. *O Que é Religião?* São Paulo: Brasiliense, 1999.

CRIOLO. É o Teste. [Áudio *podcast*]. Disponível em: <http://www.vagalume.com.br/criolo/e-o-teste.html. Acesso em: 31 ago. 2018.

EMICIDA. *Então Toma*. [Áudio *podcast*]. Disponível em: <https://www.vagalume.com.br/emicida/entao-toma.html. Acesso em: 31 ago. 2018.

FIZZOTTI, E. *Conquista da Liberdade: Proposta da Logoterapia de Viktor Frankl*. São Paulo: Paulinas, 1996.

MOTTA, I. F. *A Capacidade para a Esperança*. São Paulo: Instituto de Psicologia da Universidade de São Paulo, 2017, 116 f. (Tese Livre-Docência).

RACIONAIS MC'S. *A Vida é Desafio* [Audio *podcast*]. Disponível em: <http://www.vagalume.com.br/racionais-mcs/a-vida-e-desafio.html. Acesso em: 31 ago. 2018.

SCARAMUSSA, T.; FILHO, G. Z. S. *Pedagogia do Amor: o Sistema Preventivo de Dom Bosco. Projeto Formação de Professores*. Belo Horizonte: CESAP - Centro Salesiano de Apoio Pastoral, 1995.

SOUZA, J.; FIALHO, V. M.; ARALDI, J. *Hip Hop: da Rua para a Escola*. 3. ed. Porto Alegre: Sulina, 2008.

VALLE, E. *A Dimensão da Espiritualidade no Cuidado Psicoterapêutico de Sacerdotes e Religiosos*. São Paulo: Instituto Acolher, 2002 (Coleção Cadernos do ITA - Instituto Acolher).

WINNICOTT, D. W. "A Delinquência Como Sinal de Esperança". *Tudo Começa em Casa*. Trad. Paulo Sandler. Martins Fontes: São Paulo, 1967/1989.

25
A capacidade para a esperança

Ivonise Fernandes da Motta

A criança humana é um ser de comunicação. Comunicação como fator fundamental na constituição do diálogo relacional bebê-mãe na construção das bases do psiquismo. A construção de um diálogo relacional coloca em evidência a necessidade do encontro com um outro e de estabelecer uma comunicação viva com um outro.

O encontro com um outro estabelece um potencial de linguagem que insere a criança humana em uma cultura familiar que pouco a pouco irá se alargando e criando pontes entre muitos outros, entre muitos grupos e histórias. A confiança construída através desse diálogo relacional entre o bebê e a mãe, o bebê e o pai e tantos outros que vão ganhando lugar na experiência da criança humana, direcionam para o encontro com a esperança. Esperança como presença viva da capacidade de constituir um viver com tons e características singulares, que contém a certeza do valor de se sentir vivendo a cada dia, mesmo com as dificuldades naturais e inerentes a toda vida humana.

Nos dias atuais as novas conquistas advindas da tecnologia têm mostrado efeitos benéficos nos mais variados campos das ciências e da vida humana. As mudanças e consequências estão cada vez mais presentes em nosso dia a dia. A era da informática, a internet e os celulares invadem nosso cotidiano nos mais diferentes setores. A aceleração da velocidade nos traz muitas vantagens, incluindo a comunicação, que nos é bastante facilitada pelos mais modernos recursos tecnológicos colocados a nosso dispor.

Atualmente a comunicação é vital pelos mais diversos ângulos em que possamos analisar o viver. Porém, ao lado da facilitação e velocidade dos meios de comunicação, sofremos força contrária em nossas vidas quando focalizamos apenas valores como eficiência, resultados, produtividade.

Concomitante à valorização dos resultados rápidos, sinais instigantes surgem denunciando antíteses e paradoxos. Tratamentos médicos alternativos oriundos de diferentes culturas ganham peso (massagens, yoga, florais de Bach, etc.); religiões as mais diversas ganham ascendência, mostrando que o ser humano busca algo diferente ou algo além da satisfação imediata de necessidades e desejos.

Diminuição de dor psíquica e de presença de conflitos intrapsíquicos são objetivos presentes na atualidade. Seria desejável que houvesse facilitação desses aspectos com as mudanças e avanços tecnológicos tão rápidos que temos vivenciado nas últimas décadas e anos.

No entanto, ao mesmo tempo em que rapidamente podemos ter tantas informações sobre tantos e diferentes setores de nosso mundo, por vezes a comunicação com o que costumamos denominar mundo intrapsíquico ou a comunicação mais íntima com um outro ser pode ser dificultada pelas tendências tecnológicas da atualidade.

Uma época e um mundo com ângulos tão conflitantes trariam cada vez mais novos desafios e questões ao estudioso do psiquismo. Os conhecimentos e sua ampliação oriundos da psicologia e da psicanálise alargaram territórios, possibilitando seu uso não apenas nos mais variados setores da saúde, mas também em outros campos que regem as relações sociais, legais, culturais.

Para alguns autores psicanalistas, a comunicação é um dos aspectos centrais do psiquismo desde antes do nascimento, desde quando a criança ainda está no útero. Françoise Dolto (1999) compartilha desse ponto de vista, valorizando sobremaneira a comunicação e a importância da linguagem desde a concepção, nas várias fases de crescimento intrauterino, no nascimento e nas várias etapas sucessivas da infância, adolescência e idade adulta.

Psicoterapia psicanalítica e fenômenos culturais

A psicanálise desde seu início marca a importância do mundo imaginativo, colocando o sonho como um dos pilares básicos na compreensão do psiquismo. Para Freud, o sonho era o caminho régio para o inconsciente.

Da mesma maneira que Freud, Winnicott vai trazer novas contribuições sobre o conhecimento da natureza humana: a importância do ambiente, a importância dos fenômenos transicionais, a importância da cultura nas possibilidades de um ser humano ter condições psíquicas para sonhar, fantasiar, imaginar, brincar.

A ilusão que permeia a experiência nos meses iniciais de um recém-nascido constitui elemento primordial para a constituição da realidade subjetiva, para o que se denomina ego corporal, para a constituição de aspectos básicos do próprio *self*. Essa atitude ativa e de busca que um bebê teria como potencial desde seu início, em um ambiente favorável, edificaria as bases para a saúde e para o bom desenvolvimento psíquico. Sonhar, imaginar, fantasiar, brincar, surgem como possibilidades que representariam uma parte significativa do longo caminho em direção à maturidade. Seriam conquistas do desenvolvimento.

Olhando por esse prisma, podemos avaliar o quanto podemos aprender com os artistas sobre questões que permeiam e conectam o onírico e o real, conectam o brincar e o viver. Por meio da arte literária, teatro, espetáculos de dança podemos experimentar efeitos por vezes surpreendentes. Alegria, riso, bom humor, vitalidade emergem. Ilusão e atividade surgem como dois componentes que, adquirindo tons e matizes os mais diversos, vão colorindo essas produções culturais. A possibilidade de colocar angústias, vivências, sofrimento sob o domínio do ego, por vezes nos liberta de ficarmos submetidos ou limitados. Semelhante a uma criança que brinca e que ao brincar vive ativamente o que vivenciou de maneira passiva, nós adultos, ao compartilharmos certas experiências culturais, vivenciamos processo semelhante. Vivenciamos ilusão e possibilidade de transformar em atividade, quer pela palavra, quer pelo corpo, forças que poderiam ser desvitalizantes.

Nessa perspectiva, os fenômenos culturais (teatro, dança, poesia, literatura, música, religião) surgem como necessidade. Necessidade de preservar e manter viva a importância da ilusão. Em um tempo cujas características são velocidade e praticidade, ilusão ou imaginação podem parecer desperdícios ou aspectos contraproducentes do viver. Porém, ao assistir e participar dessas experiências culturais e seus efeitos vitalizantes, a confirmação da importância da ilusão se faz notória e viva.

No mundo contemporâneo, as terapias de efeitos rápidos ganham terreno e notoriedade. Psicanálise ou psicoterapia psicanalítica parecem ser revestidos com tons de ineficiência ou de perda de tempo. Paradoxo semelhante assistimos com as produções culturais antes mencionadas. Ilusão, imaginação e fantasia tomam lugar e espaço partindo do lugar nenhum para o lugar da criação, da atividade e da realização.

Nos fenômenos e grupos culturais podemos encontrar fonte e nutrição para a ilusão, para o sonho com perspectiva de futuro. É o que visualizamos no *rap*, na capoeira e em tantos outros grupos, como o futebol, como o cordel nordestino. Em situações clínicas que acompanhamos, o resgate dessa condição tem se mostrado rico e fundamental para a maturação e desenvolvimento psíquico.

Comunicação, confiança e esperança

Segundo Winnicott, um dos modos de conceber a análise e a tarefa psicoterapeutica é sugerido pelo "vislumbre do bebê e da criança vendo o eu (*self*) no rosto da mãe e posteriormente, num espelho. Praticar psicoterapia não é fazer interpretações argutas e apropriadas; em geral, trata-se de devolver ao paciente, a longo prazo, aquilo que o paciente traz. É um derivado complexo do rosto que reflete o que há para ser visto" (1975, p. 161).

Desde o início de minhas atividades profissionais essa definição de psicoterapia de Winnicott despertou meu interesse e foi a que mais se aproximou de minha experiência clínica. Após 40 anos de trabalho, essa noção foi fortalecida e cada vez mais confirmada. A importância da função de espelho – emocionalmente exaustiva, é bem verdade –, no dia a dia psicoterápico, é fundamental no encontro com a esperança e com o viver criativo. O paciente poderá descobrir seu próprio Eu (*self*) e será capaz de existir. E existindo, será capaz de sentir-se real. "Sentir-se real é mais do que existir; é descobrir um modo de existir 'como si mesmo'" (1975, p. 161).

O psicoterapeuta e o paciente compartilham sonhos, fantasias, enredos, ilusões e desilusões, sessão após sessão, dia após dia, construindo um idioma compartilhado que vai sessão após sessão sendo alargado, criando corpo e história.

O conceito de identificação cruzada de D. W. Winnicott, nos fala da condição de colocar-se no lugar do outro, identificar-se com o outro. Possibilidade de comunicação *eu-outro* de ambos os lados, com crescente conhecimento e profundidade (mãe-bebê; bebê-pai; bebê-irmãos; bebê-família; criança-escola; criança-grupos; criança-social).

Essa capacidade tem por origem experiências dessa ordem, vivenciadas nas relações primitivas com o ambiente e que, permeadas por confiança e fidedignidade, firmam bases para a sua construção e fortalecimento.

A socialização tem por fundamento essa capacidade, a possibilidade de colocar-se no lugar do outro que, ao ser ampliada, possibilita a condição de identificação ampla e profunda com a humanidade. O lugar e sentimento de ser um cidadão no mundo. O lugar e sentimento de ser uma amostra da natureza humana no tempo. Um sentimento de pertencimento e de responsabilidade com a história da humanidade, com o mundo, com a tradição, com o futuro.

Nesse caminho de integração do eu, cabe destacar algumas etapas que são passagens fundamentais nesse contínuo processo de constituição e diferenciação do *self*: capacidade para depressão, capacidade para ficar só, capacidade para criatividade, capacidade para esperança.

No percurso para o amadurecimento, a criança humana tem a possibilidade ou a chance de chegar ao sentimento de unidade, com o apoio egoico da mãe e sua capacidade adaptativa e identificação com o filho. A criança chega ao sentimento "eu sou" e ao sentimento de ter capacidade de contenção das tempestades instintuais. A criança atingiu a capacidade de se sentir deprimida (WINNICOTT, 1963, p. 57).

Cabe aqui discriminar o termo depressão de seu sentido psiquiátrico ou de patologias relacionadas a falhas do processo maturacional. Neste trabalho, estamos utilizando este termo com o significado de uma capacidade de se responsabilizar pelos acontecimentos. Um sentimento de preocupação que permeia a integração crescente, característica desse período, juntamente com sentimento de perda e culpa. Aparece o movimento de colaboração.

Olhando por esse prisma, quando uma criança fica triste, podemos compreender que uma base muito importante da constituição do *self* foi construída. Neste olhar, os pais poderiam ficar alegres com conquista tão significativa e valorosa do filho: a capacidade para depressão. Triunfo da integração. A depressão se vincula à saúde.

Outra capacidade que assinala constituição importante nessa caminhada rumo à integração do *self*, do "eu sou", é a capacidade para estar só. Em um primeiro momento há a capacidade para ficar só na presença da mãe, na presença de alguém e posteriormente a capacidade para só ficar, apenas e tão somente, só. Evidencia um paradoxo: para ficar só, há o pressuposto que mais alguém está presente na realidade subjetiva da pessoa, isto é, a pessoa tem a condição de ficar só, porque traz consigo o sentimento de estar acompanhada. Está confiante no que está vivendo no presente e no futuro. Há a crença e experiência de bons cuidados.

Estamos, então, situando o começo em aliança com confiabilidade. A confiabilidade de união da mãe com o bebê. A confiabilidade do encontro sem contestação com o seio, com a mãe, com o mundo que ali estavam antes que o bebê o criasse. O bebê criou o mundo.

Então, se tudo começa bem para o bebê, a ilusão é marca de seu início.

Partindo desse pressuposto, a continuidade do viver criativo ou dessa capacidade depende da preservação da ilusão, da permanência da confiança, mesmo com a experiência de doses inevitáveis de desilusão.

Nessa continuidade do viver experienciado com doses de ilusão e desilusão, a direção para a integração do "eu sou", para a capacidade ao viver criativo, para a cultura e os fenômenos culturais, poderá ter gradativamente um lugar. A criança com seu mundo particular irá pouco a pouco aprendendo a utilizar das várias experiências de suas identificações cruzadas nos vários grupos de que participa: família, escola, grupos religiosos, grupos de esporte, grupos de amizade, grupos culturais, grupos de música.

Nesse prisma, muitas das produções culturais, incluindo a religião, o teatro, a música, a poesia, podem ser utilizados para manutenção dessa experiência inicial de criação do mundo; para realimentar e nutrir a criatividade e a crença de sermos originais na criação de um viver personalizado a cada dia; para criação de um cotidiano com tons e matizes próprios. É quando, por vezes, nos surpreendemos com alguns encontros que acontecem: o encontro com o cordel.

O cordel, modalidade literária típica do nordeste brasileiro apresenta algumas características singulares: linguagem simples, coloquial, corriqueira, expressão de sentimentos, de realidades das mais diferentes tradições. Um brincar com palavras com tons e matizes típicos da cultura nordestina.

Nos versos do cordelista notamos aspectos significativos da cultura popular: o culto às forças sobrenaturais, ao criador. Uma forte união entre religião, trabalho comunitário, bem ao próximo. Sentimento de inclusão, continuidade, pertencimento, futuro.

A capacidade para a esperança

Quando vislumbramos a constituição da capacidade para a esperança, pensamos no gesto espontâneo do bebê no início buscando o encontro com algo necessitado. Quando esse encontro é experienciado, bases importantes começam a se constituir nessa direção.

A experiência ilusória de ser o criador do mundo nos aproxima à noção da qualidade de cuidados oferecidos a um bebê nos primeiros tempos de vida. Independentemente de recursos financeiros, a qualidade do contato, da adaptação da mãe ou da figura cuidadora do bebê, possibilita a entrada no mundo com condições mais positivas, promissoras em termos de saúde, quer no sentido físico, quer no sentido psíquico e, em consequência, a construção da base para suportar a dificuldade, ou seja, para encontrar o que costumeiramente chamamos princípio da realidade.

A capacidade para a esperança construída desde o início tem por base a ilusão. A ilusão de que temos capacidade criativa, para o viver criativo que se constitui e vai sendo fortalecido à medida que outras capacidades vão sendo conquistadas ao longo do amadurecimento (capacidade para tristeza, para ficar só, para socialização). A socialização se alargando e tendo por base as identificações cruzadas vivenciadas em diferentes contextos, fortalecendo gradativamente a capacidade para a esperança. As desilusões inevitáveis nesse caminho vão sendo integradas e dando direção cada vez maior à discriminação eu-outro/ eu-mundo.

Olhando por esse prisma, a religião, a arte literária, o teatro, espetáculos de dança, se fazem imprescindíveis para preservar e manter viva a presença da ilusão, a possibilidade de manutenção e resgate da capacidade criativa sempre que necessário, sempre que muitas das desilusões inevitáveis surgem no caminho.

Imaginação, fantasia, ilusão, são componentes vitais para a saúde, para o viver criativo, para a psicoterapia. O caminho constituído e compartilhado pelo par psicanalítico, sessão após sessão, possibilita pontes entre realidade subjetiva, realidade objetiva e realidade compartilhada. Possibilita a passagem e união entre passado, presente e futuro.

Empatia, confiança, discriminação, diferenciação e comunicação teriam o potencial de transformar castelos e moinhos de ventos de cada sessão analítica, em experiência que, se compartilhada, nos direciona e conecta com o viver criativo, com o sentimento de que a vida vale a pena ser vivida, com a capacidade para a esperança.

A capacidade para esperança quando presente no olhar do psicoterapeuta ao desenvolver seu trabalho, cria condições facilitadoras para um acontecer com várias características: a síntese, o brincar, o humor, o transitar entre as várias e diferentes realidades (subjetiva, objetiva, transicional).

Tendo por base o princípio da realidade, ou seja, o interjogo entre ilusão e desilusão, perspectivas e projetos de futuro se originam e se fortalecem: a marca da capacidade para esperança se faz presente.

Ao encontrar o cordel no Nordeste, em lugares do nosso Brasil nos quais limitações de várias ordens ocorrem, temos provas do viver criativo, ritmados com espontaneidade e brotando com facilidade nos põem em contato com comunicação, confiança e esperança. Encontramos os bons cuidados mesmo em situações por demais adversas. A ilusão por vezes é artigo de luxo de grandes produções teatrais e culturais, mas também é artigo da cultura popular. Faz parte da sabedoria da natureza humana e é transmitida pelas gerações.

A palavra esperança tem origem do latim, deriva de *spes*, que tem o significado de "confiança em algo positivo". Deu origem ao verbo *sperare*, "esperar", em latim "ter esperança". Esperar algo positivo em aliança com o gesto, que nos direciona para o encontro com o outro. E nesse encontro com o outro, há também a integração com o passado (cultura), a comunicação (eu-outro) e a criação (presente e futuro).

Cordel de Esperança
(Braulio Bessa, Poesia com Rapadura – Experience Day 2017)

Sobre a vida eu disse
Sendo eu um aprendiz
A vida já me ensinou
Que besta é quem vive triste
Lembrando do que faltou.
Magoando a cicatriz
Esquece de ser feliz
Por tudo que conquistou.
Afinal, meu povo
Nem toda lágrima é dor
Nem toda graça é sorriso
Nem toda curva da vida tem uma placa de aviso
E nem sempre que você perde é de fato prejuízo.

O meu ou o seu caminho não são muito diferentes
Tem espinho, pedra, buraco pra mó de atrasar a gente.
Não desanime por nada
Pois até uma topada
Empurra você pra frente.
Acredite no poder da palavra desistir
Tire o D, coloque um R, que você tem resistir
Uma pequena mudança
Que nos enche de esperança
E faz a gente seguir.
Só eu sei cada passo por mim dado
Nessa estrada esburacada que é a vida
Passei coisas que até mesmo Deus duvida
Fiquei triste, capiongo, aperreado
Porém, nunca me senti desmotivado
Eu me agarrava sempre numa mão amiga
E de forças minha alma era munida
Pois do céu a voz de Deus dizia assim:
Suba o queixo
Meta os pés
Confie em mim
Vá pra luta
Que eu cuido das feridas.

Referências

BESSA, B. "Cordel de Esperança Bráulio Bessa - ExperienceDay2017". Disponível em: <https://youtu.be/WaDejvuXlNE>. Acesso em: 28 abr. 2017.

CATAFESTA, I. F. M. "Potencialidade para a Saúde ou Algumas Reflexões sobre a Capacidade para a Integração". *In:* _____. (Org.). *D. W. Winnicott na Universidade de São Paulo*. São Paulo: Departamento de Psicologia Clínica do Instituto de Psicologia da Universidade de São Paulo, Cidade Universitária, p. 131-142.

DOLTO, F.; NASIO, J. *Tudo é Linguagem*. Trad. L. Machado. São Paulo: Martins Fontes, 1999.

MOTTA, I. F. *Orientação de Pais. Novas Perspectivas no Desenvolvimento de Crianças e Adolescentes*. São Paulo: Casa do Psicólogo, 2006.

WINNICOTT, D. W. *A Natureza Humana*. Trad. D. L. Bogomoletz. Rio de Janeiro: Imago, 1990.

_____. *O Brincar e a Realidade*. Trad. José Octavio de A. Abreu e Vanede Nobre. Rio de Janeiro: Imago, 1975.

_____. "O conceito de indivíduo saudável"; "O Valor da Depressão"; "Vivendo de modo criativo". *Tudo Começa em Casa*. Tradução de P. Sandler. São Paulo: Martins Fontes, 1989, p. 17-30; 55-61; 31-42

Esta obra foi composta em CTcP
Capa: Supremo 250g – Miolo: Pólen Soft 80g
Impressão e acabamento
Gráfica e Editora Santuário